幸福的旋律

西藏脱贫交响曲

吉米平阶 著

SPM
南方出版传媒
广东经济出版社
·广州·

图书在版编目（CIP）数据

幸福的旋律：西藏脱贫交响曲 / 吉米平阶著 .—广州：广东经济出版社，2021.8
ISBN 978-7-5454-7917-1

Ⅰ.①幸…　Ⅱ.①吉…　Ⅲ.①纪实文学－中国－当代　Ⅳ.①I25

中国版本图书馆 CIP 数据核字（2021）第 168155 号

策 划 人：李　鹏　王春蕊
责任编辑：张晓兰　邹嵴华　赵　娜　陈　潇　王春蕊
责任校对：李玉娴　黄思健
责任技编：陆俊帆
封面设计：柏拉图创意机构

幸福的旋律——西藏脱贫交响曲
XINGFU DE XUANLÜ——XIZANG TUOPIN JIAOXIANGQU

出版人	李　鹏
出　版 发　行	广东经济出版社（广州市环市东路水荫路 11 号 11 ~ 12 楼）
经　销	全国新华书店
印　刷	恒美印务（广州）有限公司 （广州市南沙经济技术开发区环市大道南路 334 号）
开　本	787 毫米 ×1092 毫米　1/16
印　张	19
字　数	300 千字
版　次	2021 年 8 月第 1 版
印　次	2021 年 8 月第 1 次
书　号	ISBN 978-7-5454-7917-1
定　价	58.00 元

图书营销中心地址：广州市环市东路水荫路 11 号 11 楼
电话：（020）87393830　邮政编码：510075
如发现印装质量问题，影响阅读，请与本社联系
广东经济出版社常年法律顾问：胡志海律师

序　曲

2019 年 12 月 26 日，中央电视台报道，西藏自治区脱贫攻坚指挥部已于 12 月 23 日发布公告：西藏最后 19 个贫困县（区）达到摘帽标准。

这是一个值得纪念的日子。至此，西藏 62.8 万贫困人口全部脱贫，74 个贫困县（区）全部摘帽，综合贫困发生率由 25.32% 下降到 0。西藏，真正彻底告别了绝对贫困。

高海拔，高山深谷，边远封闭，自然灾害频发……针对脱贫攻坚中的困中之困、难中之难、坚中之坚，西藏举全区之力，超常规发力，五级书记抓，因地制宜，精准识别，产业支撑，政策激励，就业优先，援藏助力，社保兜底，易地搬迁，一项项政策措施落地实施，一批批扶贫队伍奔赴一线。西藏实现全面脱贫，为 2020 年我国能确保现行标准下的农村贫困人口全部脱贫作出了贡献，这是一个亘古未有的奇迹！

正如战斗在一线的扶贫干部所说的那样：没有共产党的领导，没有社会主义制度的优越性，在西藏这样贫困程度既广且深的地方，实现全面脱贫是不可想象的。

时间回到并不遥远的 1959 年。那时候，西藏刚刚平息了十四世达赖集团策动的武装叛乱，广大翻身农奴也刚刚获得人身自由，从沉重的徭役和赋税中解脱出来；那时候，土地改革刚刚开始，这片土地上的真正主人们，远没有解决温饱；那时候，翻身解放的人们才开始意识到，人生的幸福，并不只在遥远的来世。

1959 年，西藏百万农奴砸碎千年枷锁，迎来世世代代生命中的第一次辉煌。新华社记者林田与中国人民解放军第18军记者蓝志贵先后来到山南，给我们留下一部日记体纪实文学作品《西藏春潮》以及大量生动翔实的土地改革时期的照片。我们不知道这两位前辈当时在山南有无交集，但他们不约而同地用手中的纸笔和镜头，为我们留下了那个光荣时代的历史记录。

60多年艰难曲折，60多年不懈奋斗。几十年跨越上千年，时间的脚步迈入了21世纪的头20年，困扰雪域高原上千年的贫困问题，历史性地得到了解决。作为全国“三区三州”中唯一一个省级集中连片地区，西藏贫困程度深，基础条件差，致贫原因复杂，如何彻底打赢脱贫攻坚战，如期实现中央向全国人民、向全世界作出的庄严承诺这一难题，历史性地摆在了西藏各级党组织和各族人民面前。

我的西藏新农村书写，始于2012年。

我是在四川藏区的一个小县城长大的，17岁之前，我基本上没离开过那个叫“康定”的小城市。那个城市小，在我长大离开那里时，县里几乎所有的人都知道彼此的底细，家住哪里，姓甚名谁。只是在我四五岁的时候，因为体质较弱，父母把我送回金沙江边的巴塘老家寄养。那里气候温和，物产丰富，非常出名的是苹果和辣椒，有“内地苏杭、关外巴塘”的美誉。我在那里第一次认识了乡村，充分享受到了乡村的乐趣，特别是对那些藏式建筑记忆犹新。那些藏式建筑都是两层的土木建筑，叫“咤口楼”，家家以独木梯和木板相连，可以在屋顶上任意从这一家跑到那一家。我在巴塘老家待了1年多，留下两个不太好听的绰号，一个叫“金豁”，一个叫“西楚”，分别是“尿床娃”和“虱子窝”的意思，可见当时的形象不佳。

自那以后，我就没有在农村待过，中学毕业后上大学、工作，走的是家门、校门、机关门路线，乡村一直是我望而不及的地方。

2011年10月，在全国开展的创先争优活动中，西藏创新模式，开展了覆盖全区的强基础惠民生活动。具体说，全区当时的5451个行政村、居委会，都要派驻由自治区、地（市）、县、乡4级分别组成的驻村（居）工作队，每个工作队4人，与最基层的老百姓同吃同住同劳动，帮助他们走上共同富裕的道路。根据本单位的具体情况，每个单位定期轮换驻村（居）工作队队员。

这样一个难得的机会，我当然不能放过，于是就积极报名，受命带领西藏文联的12名同仁前往藏东的昌都地区八宿县林卡乡叶巴村、尼巴村、普龙村3个行政村驻村工作。

八宿县的瓦乡，过去是我们单位的扶贫点，在八宿县西部，虽然距离县城只有40多公里，但当时不通公路，到那里要过溜索、骑马，相当不容易。截至2018年10月，瓦乡全乡91户已全部搬迁到八宿县城周边的易地扶贫安置点，这是后话。

当时我们的驻村点已改到了林卡乡，由于对那里的情况一无所知，单位先派了2位同志前去踩点摸底。一周以后，他们带回来的情况是：3个村都在林卡乡的东面，位于八宿县和左贡县交界之处，与左贡县的东坝乡隔怒江相望，普龙村离林卡乡所在地最近，尼巴村次之，叶巴村最远；通往普龙村、尼巴村的公路已经修通了，叶巴村的进村路正在修建中；3个村都没有电，叶巴村有移动电话信号，饮用水是水沟的溪水；3个村都有村委会的房子可供居住；等等。

经过动员、报名、安排人员，我们单位组成3个驻村工作队，指定了每个村的驻村工作队队长、副队长，制定了驻村管理规定。

因为要在几间空屋子里建3个可供10多个人生活几年的家，需要准备的东西肯定不少。单位购买了发电机等大件，以及罐头、大米、挂面、方便面、调料等物资；昌都地区强基办和八宿县强基办为大家配备了生活必需品，每个工作队计有折叠床4张、折叠椅4把、烧柴的灶具1个、锅碗瓢勺若干，还有西藏和平解放60周年中央代表团赠送的高压锅、手提太阳能灯。

我们每个人也都作了充分准备。被褥衣服鞋帽自不必说，常用药品、手电、蜡烛、零食、书籍也不可少。我还根据过去野外生活的经验，买来了防跳蚤蚊虫的沙姜粉。这么说吧，大概除了搬不动的房子和搬不了的电和自来水，我们该带的都带了。单位还派出几位后勤人员随行到驻地帮忙给发电机接电、布线。

2011年10月13日，西藏自治区在布达拉宫广场举行了西藏自治区深入开展创先争优强基础惠民生活动驻村工作队出发仪式，自治区参加驻村工作的队伍悉数出席。广场上红旗招展，人声鼎沸，真有一种大会战的气势。参加完出发仪式，我们带着1辆租来的运货的130卡车，加上4辆越野车，浩浩荡荡一行10多号人马向昌都进发。沿318国道过林芝而通麦而波密而八宿，将近900公里。通麦天险正在大规模改造，时通时堵，当天夜宿通麦的交通宾馆。这里是西藏海拔最低的地方之一，虽然季节已近深秋，但是气候宜人，一夜好睡眠。我们第二天一早出发，下午到八宿县，在县里参加全县的深入开展创先争优强基础惠民生活动驻村工作队出发仪式，与林卡乡的书记觉阿、乡长多吉接上头，就算正式开始工作了。

这些年，西藏一直强调基础设施建设、基本公共服务等向农牧区倾斜，驻村一年后我才知道，这不仅必要，而且十分急迫。在此之前，虽然有一些心理准备，但真正接触到村子里的每家每户，才切实地感觉到，基层的欠账太多，要做的事情太多。

这一干就是一年多。

对一个偏远的、不属于自己的村庄，从不熟悉到熟悉；对藏东农村的了解，从肤浅到比较深入；对西藏农牧民的感情，从模糊到亲近，亲历了一个很有意思的过程，感情上，我已经把遥远的叶巴村当作了自己生活中的一部分。

在村里的时候，我陆续记下了一些感想。2012年底，结束驻村工作后，我又整理了一些，发表在报刊上，得到了一点反响，有的还获了奖。后来几年，看望驻村工作队队员，落实新建小学的一些事情，写作驻村纪事补充材料，我又前后回去了好多次，每一次往返都有很深的感触。经历过最初的创建，村委会的一切都令我感觉亲切，村委会现在有不间断的太阳能供电，有煤气做饭，自来水接到了院子里，让人觉得恍若隔世。有村民时不时前来拉萨寻医问药，探亲访友，我听到村里的消息，也心有所动。

有一段时间，乡村成了一个热门的话题。有许多人认为乡村日益凋敝并大唱挽歌，也有许多人抱着对新农村建设的热情，投身到脱贫攻坚的一线，谱写生动感人的新曲。而我，在一年多的农村生活之后，却意外地找到了我的乡土。

2012年底，习近平总书记到河北阜平革命老区考察扶贫，拉开了脱贫攻坚的序幕。

习近平总书记说："打赢脱贫攻坚战，中华民族千百年来存在的绝对贫困问题，将在我们这一代人的手里历史性地得到解决。这是我们人生之大幸。"作为一个在脱贫攻坚战线工作过的写作人，除了幸运，我觉得我有责任记录下我的所见所闻。

2015年开始，全国吹响了脱贫攻坚战的号角，各省区市纷纷派出驻村工作队。党的十九大明确把精准脱贫作为决胜全面建成小康社会必须打赢的三大攻坚战之一，作出了新的部署。西藏是全国14个集中连片特困地区中贫困程度深、贫困发生率高、脱贫任务重的地区之一，打赢脱贫攻坚战的任务十分繁重。

这些年，只要有机会，我都会到西藏的农牧区采访，时间允许就住几天。我先后到日喀则、昌都、那曲、阿里、拉萨等地进行了比较深入的采访，耳濡目染，无不是西藏短短几十年跨越上千年的生动实践。这绝不是一句美丽的口号，只有深入西藏基层，了解西藏历史的人，才会对这句话有切实的理解。

2018年以来，我的采访多是从拉萨出发，从318国道一路向西到达阿里札达县的萨让乡和底雅乡、噶尔县的典角村、日土县的班公湖等西部边陲之地，有时又从日喀则出发，沿白朗、康马、江孜、亚东、岗巴、定日、吉隆一线，大都顺边境线而行，或者走昌都沿317大北线经那曲到阿里。不久之前，这里的许多地方还是土路，但现在已然是清一色的柏油路。冬天，山顶已被积雪覆盖，山间氤氲着的雾霭，给大地笼罩着一层纱幕，使蓝天显得更加纯净辽远。刚刚收割的青稞地里，成群的斑头雁混杂在家畜中间，觅食田里散落的麦穗，而几只黑颈鹤在旁边高蹈鸣叫，天地人显得如此和谐。驱车在这环喜马拉雅区域的高山河谷之间，天地大美，静穆不言，你会油然升起一种崇高豪迈的情怀，为祖国的大好河山赞叹。而当你深入村庄和草原，在农牧民家中时，你又会感受到另外一种情景，那就是在这个深沉内敛的初冬时节，本应该沉寂的高原大地，到处生机勃勃，是有别于过去的另外一种冬天的景象。

日喀则市康马县的艾旺寺，一座不知名的小寺庙，与其说是寺庙，不如说是一个重要的文物保护地，因为那几尊泥塑的佛像，传自唐代，至今已有1000多年的历史。许多年前我来到这里，看见它们被风吹雨淋，已破败不堪，那时候就幻想，如果用一个玻璃罩保护起来就好了。这次路过，看见这里已修起坚实的土木建筑，泥塑佛像真的用玻璃罩保护了起来，几位宗教局驻寺的同志在管理。而在不远的曲米辛古草原上，耸立着江孜宗山英雄纪念碑，此碑由西藏自治区文联的老艺术家设计，于纪念江孜抗英100周年时落成。时代的变化，让幻想很快变成了现实。

想当初我初到驻村点时，水、电、路、气、通信一样也不具备，村级组织也不健全，驻村1年多，除了帮助村里完善各种基础设施和基本制度，协助乡党委建强村“两委”，还帮助吆喝卖核桃、花椒、辣椒，对如何有效可持续提高乡亲们的收入，实现脱贫，真是绞尽脑汁却束手无策。

西藏地广人稀，自然条件艰苦，边境线长，社会生产发展滞后，如何按照总书记要求的那样，做好“神圣国土守护者，幸福家园建设者”，西藏各级党组织和各族人民发挥了极大的创造力，这几年来，根据不同的自然禀赋和客观条件，创建了丰富多彩的合作组织。从羌塘草原到藏南谷地，从藏东峡谷到阿里高原，在基层党组织和党员干部的带动下，合作生产遍地开花，呈现出了强大的生命力。

如今，我曾经驻村工作的林卡乡怒江边上的几个村庄都已整体搬迁到了县城边上的新村，那些曾经让我时刻挂念的乡亲们，不仅过上了“两不愁三保障”的生活，还享受着国家的各种优惠政策，已经彻底跟几年前的日子告别了。当然，面临一个全新的环境和生活方式，许多人会不适应，会有很大的阵痛，但几十公里之外，他们的农田还在，果园还在，房屋还在，而老人们再不会因为缺医少药饱受病痛折磨，孩子们也不会为了上学少小离家，借宿在亲戚朋友家中……

目录

CONTENTS

第一乐章 昌都：一个村庄的故事

第三乐章 ▸ 阿里：高原新牧歌

第四乐章 ▸ 噶尔：县域新模式

第一乐章

昌都：一个村庄的故事

引子

挂在怒江边上的村庄

2014 年的最后一个月，叶巴村的朗加卓玛来拉萨，说她的父亲洛桑去世了。洛桑是叶巴村年龄最大的老人之一，户口本上记载出生于 1934 年。在村子里，户口本上记载的出生日期完全不可靠，大多数人记得的是儿女出生时是什么季节，属相是什么，这是我们驻村以后重新登记户口时才知道的，所以洛桑老人到底有多少岁，谁也说不清楚。洛桑老人在去世之前一直担任叶巴村的村干部。

朗加卓玛的到来，让我再一次感觉到我和将近 1000 公里之外的那个挂在怒江边上的小山村有割舍不断的联系。细算起来，从我到叶巴村的那一天开始，到 2014 年底，已经有 3 年多的时间了。3 年多来，叶巴村像一个闯入我生活的不速之客，更确切地说，我像闯入叶巴村的一个不速之客，不断地影响着彼此的生活。遥远地方的那个村庄，是我的牵挂。

如果从我 1986 年参加中央讲师团到拉萨中学教书算起，我来西藏也有 30 多年了。不过那一次只待了 1 年，我在布达拉宫后面的拉萨中学任教，每天都能看见宫殿巨大的身影在日起月落间不断变幻出种种迷人的色彩，感触良多，但并没有真正深入西藏的基层，收获平平。

2004 年，终于有了机会，我参加中央国家机关第四批援藏工作队来西藏工作，之后延续第五批援藏、调藏，这一待就到了现在，算算也过了十六载。10 多年来，有机会我就尽量下去，但毕竟担负着一些行政工作，不可能像承担创作任务的文艺家们一样，有充分的自由时间，更没有可能在一个地方待那么长时间。现在想来，在叶巴村 1 年多的经历，成了我一生中不可多得的珍贵经历。

第一章　进村

头一天到林芝市八一镇的时间尚早，不到下午 6 点。吃过晚饭后，我们一行人决定继续东行，经过通麦天险一段，那里正在修路，5 辆车走走停停。此时天已擦黑，在路上与对面的大车会车，得有人下车指挥。考虑到行车安全，我们决定在通麦住宿。通麦是 318 国道上著名的地点，在 318 国道西藏境内，这里海拔最低，也就 2000 米左右，森林密布，湿润温暖。我们住进公路边上的交通宾馆，四周秋虫唧唧，仿佛置身内地的乡村田野。第二天早上起来，看见四周云雾弥漫，空气清新，一行人的兴致都被这样的景象和空气调动得高昂起来。

吃过早饭，登车上路，我们在波密吃过午饭继续前行。从波密到八宿已经不远了，途中接到八宿县强基办的电话，说县人大常委会副主任刘剑同志在然乌湖接我们。然乌湖是 318 国道边的一个著名打卡点，但那时还保持着比较原始的风貌。在然乌湖跟刘剑副主任会合以后，一路景色越来越荒凉，植被渐渐由森林变成灌木，灌木渐渐由茂密变得稀疏，同行许多人的心情随着景物的变化而低落下来，沉闷着到了八宿县城。后来有同行的年轻人告诉我，随着景物的变化，心越来越凉，都有弃车而逃的想法了。

八宿县城坐落在 318 国道上。网络上是这样介绍八宿的：八宿景色迷人，人文景观各具特色，交通快捷，能源丰富，是中外宾客旅游、观光、探险、科学考察和投资开发的理想之地。

可是，作为理想之地的八宿并没有打破一些驻村工作队队员的沉闷之气。

在刘剑副主任的引领下，一行人翻过海拔 4468 米的安久拉山，下了一个很长的山坡，进入八宿县城。八宿县城和西藏的许多其他县城一样，主要建筑依318国道两旁而建，从西头到东头也就一里地。我们下榻的八宿宾馆在县城的中心地带，在县委、县政府大院斜对面。宾馆的大厅外悬挂着“热烈欢迎区、地驻村工作队”的横幅。安顿下来后，县委、县政府统一安排晚上接待由拉萨和昌都前来的工作队。在八宿宾馆的餐厅里，几个包间里都有县领导居中而坐，我们被引进其中一间，有工作人员介绍在座各位。当时由于长途跋涉，加之生人太多，我基本没有记住在座的人。此后的1年多时间里，我陆续与大家都打过交道，也都会提起这一晚的饭局。

吃完饭大家早早回楼上休息，看得出县里的领导因为这样大规模的活动也十分疲惫。没想到躺下之后却被来迎接我们的刘剑副主任带人来叫起，说是到他家去坐坐。刚到一个陌生地方，主人热情邀请，我们不好意思拒绝，没承想这一坐坐就来事了。刘剑副主任拿出家里存的当地酿造的荞麦酒，喝起来觉得度数不高，也没有白酒的火辣味道，但后劲却大，回宾馆的时候，几个酒量小点的队员就已经步履踉跄了，由此也领教了当地领导的热情。

第二天早上，在县广场举行了八宿县的驻村工作队出发仪式，我们在仪式上与林卡乡的觉阿书记、多吉乡长接上头，就算正式开始工作了。仪式结束后，上午11点左右，我们与书记、乡长商量，即刻出发。临行前，县委书记四朗、县长刘莎一再嘱咐，书记、乡长一定要亲自把我们送到村里。当时我想，没有必要这样兴师动众，乡里派个向导就行，主要是接上关系。到后来才知道，没有书记、乡长亲自带下去，还真不行。

上午11点从县城出发，沿318国道东行，在28公里处有一个向南拐的岔路口，一个不起眼的牌子上标着“林卡乡”，汽车拐进去，由较大的峡谷进入较小的峡谷，便是乡间土路了。前车碾压出来的“土龙”有10多米，车辆都拉开距离，行进6公里后，我们相继抵达乡政府。昌都地区和八宿县配备的物资都已经送到了这里，3个工作队到齐之后，开始分配东西。我们拉货的130卡车当然比我们的越野车慢得多，经过连夜的行驶，这会儿也安全抵达。觉阿书记和多吉乡长安排食堂师傅准备午饭，记得是牦牛肉萝卜汤和大馒头。为什么记得这么清楚？因为后来的很长时间，我们都没有吃过这么“高大上”

的东西。

队员们分配3个村的物资，几个队长听乡里介绍情况，本以为村里会派人来接洽，但并没有一个村里的人出现。从乡政府所在地到普龙村、尼巴村、叶巴村3个行政村还得4~5个小时的车程，乡政府到普龙村47公里，普龙村到尼巴村6公里，普龙村到叶巴村12公里。

乡文书给我们的简介上这样介绍林卡乡：林卡乡距八宿县城35公里，乡政府驻地海拔3057米，与左贡县东坝乡及然乌镇宗巴村接壤。林卡乡是以农业为主、牧业为辅，农牧相结合的乡镇，全乡只有唯一一个牧业村查卡村。乡辖13个村民委员会，26个村民小组，共有485户，人口3327人，其中劳动力1853人。共有14个党支部，其中机关党支部1个、村党支部13个，143名党员，其中机关党员11名、农牧民党员132名。乡中心小学现有教学班6个，在校生387名（含在外借读），教职工20人。乡机关干部职工31人（借调在外2人），其中乡行政干部14人、下派干部5人、工人1人、聘用干部1人、“三支一扶”人员3人、卫生所卫生员3人、乡兽防员1人、派出所干警3人。全乡有7个通公路的行政村，通达率为54%。全乡有8个通电的自然村，占全乡的31%。有寺庙3座，其中黄教寺庙1座、苯教寺庙2座。共有在编僧尼39名，实有僧尼27名，其中色布寺13名、木龙寺8名、翁佐寺6名。全乡共有特困户117户，享受最低生活保障120户421人，其中A类最低生活保障117人、B类最低生活保障100人、C类最低生活保障204人。2011年农牧民安居工程建设120户，共投资120万元。

下午1点15分，饭食讫，分货毕，一行人分乘我们自己的4辆和乡里的1辆越野车前往驻村点。原以为我们租用的130卡车到乡里就到站了，没想到地区及县里分配的物资和我们自己带下来的东西，除了再租用乡里的一辆装载卡车外，还得继续租用这辆130卡车，本来在拉萨说好到八宿的，这一来不但到了乡上，还得下村里。130卡车的车主袁师傅十分不情愿，好在他跟我们单位后勤的马师傅先后在解放军拉萨汽车16团服役，算是战友，好说歹说，增加运费，才勉强答应。后来乡里的干部告诉我，这是有史以来开往普龙村方向的最大规模的车队了。

出了乡政府右拐，上了进村道路，不久就开始爬山，约莫2个小时上到山顶，到了色巴村，穿色巴村而过，继续爬山，到另一座山顶，回头遥望色巴村，只见乡里给我们拉货的装载车趴在路边。手机没有信号，我带了一架从俄罗斯带过来的望远镜，拿出来观察，发现是车胎爆了，正在换轮胎呢。此处海拔已近5000米，觉阿书记建议，到前面海拔低一点的地方去等，于是一行人上车继续前行。走过一段长长的山道，下到一处草坡，领路的车辆停下，大家爬到路边的山坡上，书记、乡长从车上拿出一些饮料、零食招呼大家休息。我们大多还没有从昨晚的荞麦酒中缓过来，书记、乡长也不勉强，各得其便。

在西藏行走惯了，对这样的风格早已熟悉。在西藏，公务人员几乎每人都有那种竹编匣子，每逢下乡出门，都会准备一些吃食。过去西藏公路条件差，一天的车程跑不出300公里，加上基础设施落后，公务人员常常会受冻挨饿。一出门，就得准备些饼子零食，条件好的煮一锅土豆牦牛肉，风干肉、糌粑这样的特色食品就更具优势了。现在条件好很多，但旧习难改，我们自己下乡出差也会照此办理，而且准备的东西更多。

下午4点来钟，换车胎的装载车和130卡车抵达，一行人继续出发。一路多是下坡，坐在车上的队员们都已鸦雀无声，只听见车胎与地面的摩擦声和刹车的刺耳声。不知道拐过了多少个回头弯，车队下到一个谷底，公路下方四五百米的地方，就是普龙村。此时已近5点30分，天还亮着，但太阳已被四周高山遮蔽，村庄显得幽深晦暗，完全不是我们印象中高原的样子。

书记和乡长站在马路上大喊，打口哨，公路下面隐隐有人回答。这边乡里的同志下去一位，我们则开始卸车，把普龙村队员们的东西卸下来。当时进行队员分工的时候，考虑到普龙村离乡里最近，又通公路，所以安排了两名女队员和两名年龄稍大的队员，一来把好地方让给他们，二来老同志可以照顾女士。普龙村的队长阿洛是摄影家协会副主席，具有丰富的下乡经验；副队长旦巴是《西藏文艺》的副主编，精通藏汉双语；两名女队员都是刚刚从部队转业的年轻人。

卸东西的时候，跟我一个村的扎西罗布悄悄跟我说，女队员流眼泪了。因为忙着指挥卸东西，我没有注意到，扎西罗布一提醒，再看看土路上杂乱地堆放着的队员的行李，天更暗了，阵阵山风刮来，掀起路面的尘土，平添一些凄凉的气氛。

普龙村的村支书也叫觉阿，他领着一支骡马驮队上来，开始搬运工作队的“辎重细软”。此时已经快下午 6 点了，乡里的觉阿书记说，现在到尼巴村已经来不及了，只好先一起到叶巴村去，叶巴村大，有住宿条件。前面两个村子会是什么情况，我心里毫不知底，看着这乱七八糟的一大堆，想着在普龙村的他们怎么收拾，两名女队员怎么适应，还真隐隐有一些担心。

第二章 入驻

告别还在路边守着一堆物资发呆的普龙村4名驻村工作队队员，我们——尼巴村和叶巴村的8名驻村工作队队员、单位送行的后勤人员，还有书记和乡长等一行人，沿着乡村公路继续向前。再下一阵山，到了怒江边上，公路顺怒江蜿蜒起伏，10多公里路，到看得见叶巴村的公路尽头，时间已接近晚上7点。

“叶巴”据说在当地的藏语里有鲜花怒放的意思。的确，远远看上去，叶巴村伫立在怒江边上，就像盛开的鲜花。

季节是深秋，10月底，远远看见静静的叶巴村环绕在郁郁葱葱的绿色之中，安卧在蜿蜒的怒江边上，说不出的安详、静谧，想来气候是很暖和的。在等待拉行李、生活物资的两辆卡车时，天已擦黑了。我们留下两个人在公路边等候，其余驻村工作队队员和单位派出的送行人员跟着书记、乡长进了村，摸黑到了一位叫群培的村医家里。

此时通往叶巴村的村级公路正在修筑，村里原本有一条人畜通行的小路，已被挖得面目全非，有的地段根本没有路。单位的司机王师傅体胖年纪大，骑了乡里的一匹马先走了，剩下的人在漆黑的山坡上连滚带爬，好不容易陆续到齐。

群培是村子里的能人，家里房子很大，一栋两层的小楼，一个抹着水泥地面的院子，旁边还开着一个小卖部和一家录像厅，是村里人们聚集的地方，也是一直以来县乡干部进村后的落脚点。在他们家的二楼，老式的、不高级的手机在某个特定的位置还有信号，可以说是全村的“经济中心”。

叶巴村的村干部都在这里等候，村党支部和村委会四五个人，都不懂汉语，拉萨下来的工作队又还没有适应当地的方言，因而只能由书记、乡长为我们翻译。村干部似乎还没有完全了解工作队的性质，大概以为还是过去那种下来住几天，填写一些表格就返回的组织，对我们并不是太热情。书记和乡长进行了很长时间的解释，并且反复强调要驻 3 年，他们才明白过来。

群培家煮了一大锅面条，还有一点米饭，从乡里到叶巴村，五六十公里，走了整整一个下午，大家肚子早饿了，在烛光下狼吞虎咽，也不知道什么滋味。心里虽然对乡下的艰苦有所准备，但面条下米饭，没有菜，还是没有料到。吃完饭，乡干部又从群培的小卖部里买来几箱啤酒和其他饮料，觉阿书记招呼大家一起喝，看来还没有要休息的意思。我们两个工作队八个人，加上单位送行的、乡里送行的，十五六号人，我在琢磨晚上怎么睡得下。觉阿书记和多吉乡长完全没有这方面的担心，好像回到自己家里一样，把自己舒舒服服地安置在藏式卡垫上，敞开喝了起来。

村干部都不喝酒，拿着一种叫“啤儿茶爽”的饮料敬酒，没有太多的语言，基本是手势加表情。书记、乡长好像觉得我们已经是这里的人了，也不再多说什么，只是频频招呼大家喝，再喝。

群培家的这间房子有四根柱子，三四十平方米的样子，大家散坐在四周的卡垫上，黑暗里看不清面目，显然情绪都不太高，酒也喝得无精打采。我提议早点休息，大家纷纷同意。这时只见群培攀上窗户，对着夜空大吼几声，夜空里有了回应，觉阿书记说旁边一家可以住几个人，于是分了四五个人到隔壁家，剩下的有的睡卡垫，有的打地铺，横七竖八安顿了下来。我们队的小廖在拉萨时就是有名的爱干净，这时在昏暗的烛光里我看见他坐在地铺上，左看右看，最后下了很大决心似的盖着自己的外套躺下。

在卡垫上和衣把自己放平，我才算嘘了一口气。这一整天情景变化，纷繁杂乱，没有条理，至于村庄是什么样子，我也全然没有印象。半夜醒来几次，听见乡干部还在喝酒，小声说话，不禁十分佩服：这是否也是基层工作人员的一项本领呢？

第二天早晨起来，队员们都两眼乌青，而几乎没有睡觉的乡干部反倒精神抖擞。没有洗漱，简单喝了一点用砖茶熬成的清茶，告别了送行的书记、乡长，告别了去尼巴村的队友们，我们叶巴村的几个驻村工作队队员，由村干部引领着，出群培家右拐，沿一山谷小道上行200米，到了村“政治中心”——村委会。说是村委会，其实还没有使用，土坯夯成的院墙大门被几根木头封着，搬开木头，看见五间凹形的平房，便是村委会了。这样的村委会是近年八宿县给各村统一安排修建的，大概是空无一物，所以村“两委”也无法在此处理公务。

这里就是我们将要生活、工作的“家”了。

工作队的到来，使这个边远的山村热闹了起来，几乎全村的小孩都集中到了村委会，昨晚为守东西在路边车里露宿的两位单位同事这时也从公路那头过来。村干部组织了村里的男女青壮年到公路尽头的山坡上帮我们搬运物资，我们的那些东西，杂七杂八，比如烧柴火的钢炉、发电机等都是很不好对付的家伙，他们人拉肩扛，一派热火朝天的景象。村“两委”派出一位同志帮助我们为搬运的年轻人记录，到时候好计算报酬。单位派来送行的同志开始铺设电线，我们则在村干部的帮助下打扫房间、院子。这一座凹形的连体建筑一共五间房子，居中是一间独立的大屋，30多平方米，东西两边分别是两间相通的10平方米左右的房间，土坯房，三合土的地面，屋顶由西藏东部常见的柳条加泥土夯成，雨季很容易漏水，墙上有明显的漏水痕迹。我们把中间大屋作为办公、做饭、吃饭的地方，四间小屋用于居住。安置完炉灶、办公桌等大件物品，我们在村民好奇的围观中打开各类箱子，拿出他们叫不出名目的各种玩意儿。

因为叶巴村是大村，有80多户500多人，所以之前就把三个工作队的总部设在了这里，我担任总领队兼队长，副队长是《邦锦梅朵》杂志的副主编、藏文专家德庆多吉，两个队员一个是《邦锦梅朵》杂志的编辑扎西罗布，一个是办公室的小廖，都精壮能干。在三个村的人员安排上，此前也充分考虑了藏汉搭配，便于工作。此时有普龙村的村民骑摩托带来一封信，是普龙村工作队队长阿洛写的，大意是两位女队员十分不适应，有回去的念头，而副队长旦巴有点幽闭恐惧症，普龙村的地理面貌让他吃不消。队伍刚刚入驻就碰到这样的情况，还真让人为难。

扎西罗布和小廖看见这种情况，主动要求去普龙村换回两位女队员，因为叶巴村虽然还没有通公路，但至少场坝要大一些。看来也没有其他办法，我只好“乾纲独断”，决定让扎西罗布和小廖去换两位女队员和旦巴，单位的工作车停在普龙村，也方便往来。这样，叶巴村就有了五名驻村工作队队员，算是大工作队了。

扎西罗布和小廖的行李都还在村口没有搬过来，说动就动，司机师傅拉着两个刚在叶巴村住了一个晚上的队员离开了。下午，两位女队员和旦巴过来了，我们热烈握手、拥抱，其实刚刚分别一天，却好像分开了很长时间似的。这时我才了解到，普龙村的东西也才全部搬到村里，普龙村的村委会是一排五间房子，也是土坯房，都有木地板，条件似乎好一点。

第一天，铺设发电机线路，安置大件物品，弄出个睡觉的地方，单位两位后勤的同志还是住在车上。第二天接着干。连续两天的方便面，都已经吃得反胃了，第二天中午弄好炉灶，我们决定煮挂面，犒劳一下后勤的同志，还闹出一段笑话来。这一干就是两天，工作队的驻地雏形初现，后勤的同志继续前往普龙村和尼巴村两个村帮助工作，而我们好歹有了吃饭和睡觉的地方了。

夜里，关掉发电机，点上蜡烛，躺在空旷的藏式屋子的一角，听着隐隐传来的怒江流水声，有一种恍若隔世的感觉。城市的喧嚣呀，此起彼伏的手机铃声呀，五味杂陈的心情呀，一下子消失得无影无踪。偶尔，隔壁村民夏多家里的小犏牛吃草时脖子下的铃铛发出一两下响声，在怒江流水的节奏里点缀一些音符。真静啊！没有来得及深想这样的日子对我们将意味着什么，只是，这样的安静让人陶醉。

邻居夏多是一个 50 多岁的妇女，但看上去很显老态，身体也不好，日后成了我们的用药大户，这是后话。她有一个 20 多岁的儿子叫洛珠，是村里最年轻的党员。在我们没来的时候，他们母子俩负责照看兼使用村委会的房子，洛珠住着一间房，另外的几间则铺满了红红的“斯宾”，就是当地特产的颜色红艳味道爆辣的辣椒，远近闻名。我们入住后，给洛珠留了一间睡觉，夏多也把她的斯宾“请”到了那里。此后，我们不时会领教到夏多用它做成的辣椒面的厉害，的确名不虚传。在入村最初的日子里，我们的柴火都是洛珠劈好的，整齐地码在墙角。

村干部商定，按过去的老传统，村里每家给工作队免费供应柴火一次，大概一二十斤，轮完之后，就轮流砍柴卖给工作队，工作队根据柴火多少给二三十元。开始的时候，村民们踊跃前来，送来的柴火占据了大半个院子，没有洛珠的帮助我们还真有些狼狈。

村干部还介绍我们的邻居罗布的妻子次西给我们背水，每天两大塑料桶，每月给她 200 元。后来我们知道，建村委会的时候，县乡两级认为要建在村子中心位置，于是建村委会的用地占用了村支书群觉金巴家和村民罗布家的果园，因此罗布成了我们的近邻。罗布的妻子次西是村委会成员洛桑老人的三女儿，也就是前面提到的朗加卓玛的姐姐。罗布前面有一个老婆，因为身体不好没有生育，后来罗布又娶了次西回家，生了一男三女，加上前妻也要照顾，这样，罗布成了四个儿女两个女人的依靠，困难可想而知，村干部让次西给我们背水，有很大的照顾成分。

另一个近邻就是村支书群觉金巴，这是叶巴村的一个人物，担任村支书已经 10 多年了，因为跟叔叔学过一些文化，所以村里的大事小情，他都记在一个本子上。我们刚到的那天晚上，他没怎么说话，这几天倒是每天都来村委会，于是便熟悉起来。群觉金巴腿不好，是严重风湿造成的，还不到60岁，走路一瘸一拐，像一个 70 多岁的人。头几天与村民打交道的事情，多是他出面解决，所以他成了我们跟村民交流的重要媒介。

最初的日子，除了夏多一家、次西和几位村干部面熟，其他人我们都叫不出名字，语言的巨大差异也使我们难以和村里人交流。因此，当川流不息的乡亲们送来黄黄的、汁多味甜的苹果，黑不溜秋、长相不佳但酸甜可口据说还有减肥功效的藏梨干，油性很大的核桃以及花椒、辣椒等礼物的时候，我们只能挂一脸傻笑，拿出那些从城市里带来的被无法降解的塑料封皮包装得花里胡哨的糖果点心给他们还礼。因为他们不要钱，虽然不太妥帖，但也只能这样了。渐渐地，村委会中间的那间大屋子就成了土特产展览馆、干杂果品铺，有好吃的队员整天嘴里就不闲着，到了最后腮帮子都痛了。

从拉萨动员、确定人员、行前准备，到一路下来的陌生、新鲜、不安，再到安顿下来，大家似乎经历了一个巨大的时空反差，有惶惑的，有安之若素的，也有想卷铺盖回家的。于我而言，这样的生活是一种全新的体验，且不说要为村里做一些力所能及的实事，就是在这未知的一年里自己会经历些什么，也是一种巨大的诱惑。

第三章　走访

安顿下来之后，首先做什么呢？

走村串户，了解村子里最基本的情况。这是工作队的要求，也是最基础的工作。此前乡里给我们提供了叶巴村的基本情况：叶巴村以农业为主，共77户，人口495人，其中劳动力399人；共有1个党支部，32名党员；总耕地面积254.8亩，2010年末粮食作物产量152.73万斤，其中小麦产量26.09万斤、青稞产量62.90万斤、荞麦产量3.86万斤；2010年末畜牧总头数1799头（只/匹）；2010年农村经济总收入达135.77万元，其中第一产业112.92万元、第二产业13.63万元、第三产业9.22万元。具体了解之后得知，真实情况跟这份材料大相径庭，究其原因，还是因为叶巴村过于偏远，过去许多数据的得来都浮皮潦草，与实际情况颇有出入。

安顿之后，村支书群觉金巴领着我们先在森果村转了转，看了过去村小学的旧址，看了村里的几块公用土地，知道了叶巴村的大概。

叶巴村有4个自然村（村民小组），果果村和玉洛村在叶巴村的下游，临怒江的东边，森果村居中，是叶巴村村委会所在地，西边上游的村子叫当热村，最小也最远，从我们所在的村委会步行要大约2小时的路程。叶巴村全村80多户500多人，在西藏算是比较大的行政村，具备了藏东河谷所有的特点——山高、谷深、居住分散、人多地少、干旱少雨、交通不便……目前，乡村公路修到了村口，但村里没有电，没有通信设备，没有学校，没有医务室，没有安全的饮用水，只有一些村民家有小型水力发电设备，可以看电视，提供照明。几年前，叶巴村通往外界的最佳路线是从现在叶巴吊桥那里溜索过怒江，从山边小路沿江而下8公里，到左贡县的东坝乡，再从东坝乡翻越一座大山到左贡县的田妥镇，现在叶巴吊桥修通了，从东坝乡出去是村民的首选。

东坝乡出过几个级别比较高的干部，10多年前就通了公路，从叶巴村的山上看过去，东坝乡的公路像一根丝线悬挂在云间。而过去村民们经常走的是从叶巴吊桥那里过江后就直接上山，翻过大山就是田妥镇了。望着村口那条高悬在山上的羊肠小道，我们都禁不住腿肚子发软，据说过去不时有驮东西的骡子和马不留神摔下来。“你能够听到马脖子上的铃铛一直响了好久才到底下。”村民们说。但很多村民会去田妥镇买卖东西，有时还当天往返哩。

走访是从当热村开始的。

既然最远，就先难后易。当热村派来了几匹马和骡子，几个年轻人牵马引路，驮上我们从县里买来送给群众的见面礼——每户一桶食用油，再驮上我们，沿着水渠兼道路的碎石满布的山道上行。马还老实，骡子尽往道边的荆棘丛里钻，搞得两位初次骑骡子的女队员大呼小叫，直往骡子屁股后面出溜。路上间或有几户村民，次第相连的梯田一直延到当热村村口。我们下马，喘气，擦汗，龇牙咧嘴，然后在当热村村主任洛桑老人的引领下，挨家挨户走访。程序如下：

洛桑老人打开院门（院门有一种自助开关装置，来人可以自己拉开门闩进去，出来也有一根引绳把门闩上，防止牲畜进去或者跑出来，是一个智慧的发明），进入院子大叫：“括热（有人吗）？”或有人应声，出迎，说：“嘎啊特（辛苦了）!”我们齐声回应：“嘎麻特（不辛苦）!”之后鱼贯进屋，上楼，多是笔直的独木梯子，上下楼得有杂技家的功夫，不然洋相百出。我年幼时在巴塘老家受过训练，自然要敏捷些。

落座，座位上多是主人家新抱出来铺上的卡垫。主人布茶碗，要倒酥油茶。我们纷纷拿出自己的杯子，要开水。酥油茶是这里难得的奢侈品，我们不好意思喝。后来村民们也习惯了，知道工作队不喝酥油茶。

洛桑老人介绍工作队来的目的，特别强调要驻3年，藏语流利的旦巴和德庆就作简单的政策宣传和背景介绍，然后掏出纸笔，了解基本信息，比如家庭人口构成、田亩、牲畜果木、有无在外打工、收入等，然后告辞，行礼如仪。主人说“亚莫松（好好走）”，大家回答“亚莫都（好好在）”，或者都简单一句“亚莫”。

如此走访下来，4个自然村，从10月24日到11月4日，我们早出晚归，中间整理内务、学习用了2天时间，花了整整10天时间。这10天分别由4个自然村的干部领着，走访完后他们说这还是头一次有工作队这么一家不落全部走到的，言语里有了一些信任和赞誉。听见这句话，我们心里美滋滋的。

一圈走下来，对于叶巴村，我们有了更进一步的印象。

叶巴村的4个自然村都坐落在一个叫“果果隆巴”的山谷里，像一个倒“丫”字分布，果果村和玉洛村在果果隆巴山谷下游江边，隔山谷相望，森果村在中间的部位，当热村高高在上，位于山谷的上游。全村由于分家现在已增至80户518人，中老年人多是文盲，只会说藏语。由于地少人多，缺水严重，部分村民粮食无法自给，以自产的辣椒、核桃等到邻近乡镇换取粮食补充。村民的现金收入主要来源是核桃、苹果等干鲜果类，猪、牛等基本自用，全村没有一家养羊、鸡，部分村民外出采挖虫草，采挖收入每年每人多少不等，最多的能有近万元。年轻人多在附近打短工，全村只有一家运输专业户，住在八宿县城，全村没有一个在外工作的干部职工。85名小学生在江对岸的东坝乡、林卡乡和八宿县借宿上学。最后统计下来，当热村16户99人73亩地，森果村26户152人105亩地，果果村21户151人98亩地，玉洛村17户116人84亩地，条件真的不乐观，比我们预想的要差得多。

虽然生产生活条件如此，但是我们并没有从村民们身上看到多少郁闷情绪，相反他们大都乐呵呵的十分开朗。是封闭使然吗？是他们不了解外面的世界没有对比吗？非也。村里许多家庭有村村通电视接收设备，群培家的录像厅也天天播着西藏卫视、康巴卫视的节目，他们同样在电视里感受着外面世界的巨大变化。有一个佐证，我们队员所说的拉萨话，他们都能听懂，而他们所说的当地话，常常让工作队里可以称为专家的两位藏文人才面面相觑，得依靠手势表情等诸多辅助手段才能搞明白村民们的意思，为此闹出过许多笑话。

村民们得知我们从拉萨下来要待3年，第一反应是我们能不能吃得消，家里该多担心，特别是为工作队的2名年轻女队员感到担心，对我们提出的要求也并不如我们想象的那么多、那么强烈，只是希望我们能够真正知道他们的困难，帮助他们更好地利用这些年的惠民政策改变现状。应该是村民的乐观情绪感染了我们，我们沉重的心情多少有一些释放，只是觉得要做的事情实在太多，那种能够干点事情的亢奋劲头是多少年来没有过的。

经过一段时间的实践，我们基本适应了乡村的生活，女队员也完全进入了状态，跟着我们走村串户，还逐步承担起了做饭洗碗的任务。工作队根据驻村实际制定了作息时间表，上午8点30分至9点30分起床、吃早餐。旦巴年龄偏大，睡眠少，早早起来点上炉子，烧一壶开水。我们主要吃糌粑，很方便，女队员就吃她们带来的糕点饼干。早餐之后，周一、周三、周五的上午学习，主要学习西藏自治区编发的《西藏自治区强基惠民财政补贴政策汇编》、《全区深入开展创先争优强基础惠民生活动学习资料》和《西藏自治区"十二五"时期国民经济和社会发展规划纲要》，熟悉政策，周一、周三、周五的下午和周二、周四全天到村里走访。女队员主要留守做饭，一般是中午做米饭，炒两个菜，下午就着剩菜煮面条，倒也省事。晚饭后是闲暇时间，因为没有电，几个人就凑在一起聊天。这时往往会有村民来，寻医问药，询问点什么事情，或者开到县里办事的证明，但主要还是来看稀奇，看发电机带来的光明，看驻村工作队队员们在笔记本电脑上看电影、从照相机往笔记本电脑上传照片……天色渐暗，晚上10点来钟，各自回屋，上床，很有规律。

日子一长，问题又来了。首先是电的问题。发电机当然很好，机器一响，几个屋子透亮，让村民们艳羡，但是太耗油，从县城带下来的汽油还没几天就快烧完了，费用也昂贵。最后我们决定，每天晚上9点~10点发电一小时，保证大家的笔记本电脑、电子书、手机充电，晚上10点以后熄灯，各自上床，看电影，看书。

最初几天就这样紧张有序地过去了，我们对乡村生活的新奇也慢慢变成了适应和安然。过了没几天，普龙村的 4 名队员来到叶巴村（车在他们那里，倒也方便），第一件事情就是在我们村委会门口的一个小土坡上找电话信号，他们那里和尼巴村都没有电话信号，一个多星期没跟外界联系，对现在的人而言，还真是饱受煎熬了。痛快过完打电话的瘾，才坐下来互相交流情况，问长问短。普龙村的 3 个自然村也是相隔较远，存在的问题跟叶巴村差不多，要想做好下一步的工作，摸清基本情况最重要。

时间到了中午，留普龙村的队友们吃完饭，我们商量着一起到尼巴村去看看，这一路也没有查超载的。但司机洛桑师傅急了，说这么险的路哪敢超载。于是决定普龙村的队员留下两个人，回头送我们回来的时候再接回去。

汽车行进在怒江边的简易公路上。之前进村的时候，大约是脑子里的事情太多，有一些麻木，我们并没有留意道路的问题，这时一切都安顿停当，再走这条路，便吃了一惊。按说我出生在横断山区，上大学的时候经常出入著名的二郎山，有一首歌是这么唱的：二呀嘛二郎山，高呀嘛高万丈……所以我对道路的险峻是很有免疫力的，但行走在叶巴村通往普龙村、尼巴村的路上，还是有一些胆战心惊。在沿怒江的这一线，一边是陡峭的山崖，另一边往下十几米甚至几十米便是奔腾咆哮的怒江，基本不能会车，有的路段因为山崖的土石滑坡，车辆会向怒江方向倾斜，没有一定定力的人不敢睁眼，后来有接替的队员来了后发誓除了结束驻村，再也不出去。

过了沿江一线，通往尼巴村的道路都是爬坡，沿着尼巴河谷上行，有司机师傅打趣道：这是山沟中的山沟，极品沟沟。有两处地方，越野车要在狭窄陡峭的 180 度大拐弯的路上倒一两次车才能通过。西藏的司机师傅都是在艰险道路上磨炼出来的，这时也要叫我们下车，找几块大石头抱着，随时准备垫在车轮下面。从叶巴村到尼巴村就十五六公里，走了将近 1 个小时。

尼巴村与普龙村、叶巴村不同，车能够直接开到村里，但村委会一排五间房，修在村子的最上头，也就是河谷的上游，而且修在河谷中央，背南面北，离村子得有 100 多米。可别小看这 100 多米，在高原上爬 100 多米的坡，还是要一些体力的。尼巴村的队长是我们办公室的主任，副队长是组联部的科长，还有一位复转军人，因为尼巴村最小，只有 23 户，其中好几户还搬到了县城，所以只安排了 3 名队员。

尼巴村的海拔要高出许多，并且在山沟里，气温明显低了很多，山谷里的风直吹下来，寒风砭骨。此时 3 位同志的屋子还没有收拾停当，有点凄凉的样子。

道路情况如此，从叶巴村到县城不到 100 公里，但要走五六个小时，3 个工作队的蔬菜给养需要补充，队员们也要洗洗澡、买点东西。我们商量后定下规矩，后勤车每月 1 日、11 日、21 日的上午 9 点从普龙村到叶巴村，带上叶巴村 1~2 名队员，然后去尼巴村接上 1 名队员，加上普龙村的 1 名队员，一起进城。因为来回接人，到县城也三四点钟了，大家在八宿宾馆住一晚，洗澡，打打牙祭。第二天一早去菜市场买东西，去县强基办、乡里办事，然后返回，先送尼巴村队员，再送叶巴村队员，时间就到下午四五点钟了。叶巴村的队员这时得雇用村民的骡子到公路尽头等着搬运东西。这样安排，每名队员每月至少可以进一次城洗一次澡，既便于队与队之间的沟通，也加强了与县乡两级的联系。

告别尼巴村的队友，大家都有一些沉闷，想象着未来一年的日子，生活中的这些细节，真的需要认真谋划协调解决好，不然，最基本的生存都会是个问题。

经历了最初的走访，随着工作的深入，我们跟村民和村干部慢慢熟悉起来。当然，全村 500 多号人，有亲有疏，不可能都叫上名字，平时接触多一些的那些人，一直到现在，我都还有很深刻的印象。那就从本章引子里提到的洛桑老人说起吧。

第四章　洛桑老人

当热村的老主任，也是撤区并乡前的老聘用干部、老党员，沾着这几个“老”字，洛桑老人在村里也是一个人物。

我们最初走村串户时，就是洛桑老人派了当热村的几匹马和骡子来接我们的。那时候我们的两个女队员第一次骑骡子，直往骡子屁股后面出溜，就是他的小女儿朗加卓玛在后面护着。

我们到当热村首先就去了洛桑老人家。他家有老伴、儿子、女儿，还有几个孙子孙女，是很热闹的一个大家庭。有一个女儿带着孩子安静地坐在一旁，说是身体不好刚从婆家回来的。后来，这个女儿在这年藏历年之后突然犯病去世了，很让人叹惋，愿她安息。

洛桑老人家有登记人口 8 人，老伴耳朵眼睛都不好，有一个儿子两个女儿在身边，是主要劳动力。全家有土地约 5 亩，犏牛大的 4 头、小的 2 头，大骡子 2 匹，大猪 1 只、小猪 2 只，苹果树、梨树各 2 棵，核桃树 3 棵，还有一台电视机。他家是当地传统的两层房子，楼下储物兼晚上关牛、骡子，楼上有一半是新维修的，但还没有抹墙面，说是等有了钱再说。我们在他家了解完情况，就由他领着去当热村的 16 户人家走访。洛桑老人步履轻松地走在前头，声音洪亮地跟每一户打招呼，完全不像是 78 岁的老人。在我们后来不断修缮我们的曲洛（小水电）时，每次都是他或者他的儿女前来帮忙。洛桑老人经常到村委会看望我们，他不太说话，要说的几句说完，就坐在一边静静地看我们工作或者聊天，天快黑了才拄着一根木棍往三四公里外的当热村走。跟城市的同龄人相比，他真算得上身轻如燕、步履矫健了。

洛桑老人是村里的老干部，但村干部的年龄不能太大，他是顶着他女儿的职务在工作。原来在组建村委会的时候，按要求必须有一名妇女委员，村里找不出合适的人选，洛桑老人就建议变通一下，让他的女儿多吉卓玛当这个妇女干部，而他来实际履行村干部职责。

由于当热村在叶巴村的上游，是下游3个自然村唯一的水源地，围绕着水的使用，这几个自然村纠纷不少，都得他出面协调。叶巴村村委会开会，村干部反映当热村在用水的问题上有不周到之处，他常常是听不清楚，或顾左右而言他。他的嘴里常常挂着这样一句话：当热村是小村，在很多事情上都被下面的大村所蒙蔽，许多惠农政策都得不到落实。他在会上常常争得面红耳赤，弄得我们都担心他的心脏。

对当热村，他像是对待自己的家庭。

洛桑老人就这样代表着当热村的16户人家在当热村到村委会那条崎岖的山道上往返。叶巴村是出了名的缺水村，每当春季农田浇灌时节，为了水，常常会发生一些邻里纠纷。因为当热村在果果隆巴的上游，具有“资源优势”，所以它常常是下游3个自然村指责的对象。协调4个自然村用水的问题，是叶巴村的头等大事，在这方面，洛桑老人发挥着不可替代的积极作用，是叶巴村用水的“总阀门”之一。

后来，叶巴村实施安全饮水工程，水源地还是果果隆巴上游的当热村，要占用村民的果园，要通过村民的田地，洛桑老人帮助我们跑前跑后做工作。通水了，要保障水道畅通，保证入水口的安全，没有他真不行。

最初我们发现，洛桑老人不分寒暑总是戴着一顶帽子，以为这是他的特殊爱好，也都没在意。后来他女儿朗加卓玛告诉我们，早在两年前村里修怒江吊桥时，洛桑老人头上长了一个小疖子，他抠出了血，用水泥去抹，后来就溃烂了，溃疡越来越大，我们看时，已是铜钱大个疤了，不过看上去已经结痂，想来不是什么大问题。

夏天来了，洛桑老人说伤口有点痛，我们看时发现有点流血，进城买菜洗澡时就把他带上。我们帮忙联系好了县医院，让他去县医院治疗。他那天穿得干干净净的，看样子是要在县里好好待着了。没想到过了几天，他又出现在村委会，问他怎么回事，他说县医院让他住院，说这个伤口要彻底治好得花好几千元，他们家年初因为女儿去世生活困难，没有交合作医疗的钱，所以就回来了。

这怎么行？我们向乡里询问，跟县卫生局联系，正好补办新农合，于是我们跟卫生部门商量好，先治疗，之后再按规定给予报销。工作队赶紧通知他家里，让他第二天跟着我们去县里看病。接到我们通知的次西，就是给我们背水的洛桑老人的一个女儿，一溜烟跑去通知她父亲。第二天一大早，洛桑老人就到了村委会，他头上的溃烂比过去又大了一些。

小女儿朗加卓玛要陪着去，我们让她准备好日常的衣服饮食，这样在县里可以节省一些开销，相关医疗住院费用都由工作队先垫上。到了县医院，正值中午休息，我们安排他们父女先吃饭，饭后到亲戚家等着，下午我们再一起去医院，并叮嘱洛桑老人这一次可不能到了又跑了。饭后，采购完这周的生活物资，我们找到县医院朗加副院长，他曾经来叶巴村巡诊，并且给村里的贫困户捐过钱，是一个对基层群众充满感情的医生。朗加副院长安排了医生检查，医生看过之后说这种陈旧性的创伤有恶化癌变的可能，但县医院的设备条件完成不了相关检查，建议到昌都医院去看。昌都离八宿县 300 多公里，事不宜迟，我们当即驱车前往。

晚上 10 点多到了昌都，我们直接去地区人民医院急诊科，急诊科又介绍我们去外二科住院部。一位姓彭的医生看了，说法与八宿的医生一样。我们希望能先住院，但医院床位已满，彭医生让我们第二天上午 9 点在他们查完房没上手术时来，请他们主任看完后再定夺。没办法，我们只能安排吃住，明天再说。

这一趟从早上到晚上，除了中间在县医院等待检查的一段时间，我们坐了八九个小时的车。对洛桑老人来说，这有点超负荷了，他有点打蔫，好在他不像多数村民那样一上车就吐，不然光是晕车也会把他折腾个半死。

第二天我们如约去了医院。一位姓殷的主任看过，说首先要消炎，消完炎后作病理检查：如果没有癌变，就要做手术去除死肉、植皮等；如果是恶性的，昌都也治不了，需要转院到拉萨或内地去诊治。闻讯前来采访的报社记者建议呼吁社会爱心捐助，不然洛桑老人家里怎么也承受不了接下来的医疗费用和其他相关费用。

先住下再说吧。医院得知我们的情况，特意在急诊科安排了一个床位。一切安排停当，到了我们要回八宿时，洛桑老人不干了，执意要跟我们一起回县里。我们告诉他，医院的钱我们先垫付，等消完炎检查完我们再来接他们父女俩，他还是坚决不同意。想来他是觉得我们要是走了，他们父女在这样的大城市举目无亲，叫天天不应，叫地地不灵，也情有可原。但病还得治，于是我们跟地区医院的医生商量，跟县医院的朗加副院长打电话商量，决定先回县医院消炎，等炎症消失后再带他到地区医院来复诊。

次日又驱车返回。县医院住院部一位女医生接诊，我们转达地区医院医生的建议，说头孢类的消炎药最好不要连续使用一周以上，要坚持天天换药等。那位女医生说："到了我们医院就由我们负责，我们自然有相应的治疗方案。"这个自然。女医生很认真地听了心脏量了血压，说心脏和血压都很好，最后说她是内科医生，伤口要等外科医生下午上班后再看。我们说明了情况，请她先安排住院，说我们还要赶回村里。她说："你们不是家属呀？把病人放在这里就行了，他又不是小孩子。"我们心里说，他比小孩子还小孩子呢。办完相关手续，交了住院押金，听我们说消完炎后还要到地区医院检查，女医生说："在我们医院消完炎不就好了吗，还去地区医院检查什么？"

我们听从了她的建议。

大概一个月后，洛桑老人和女儿回村里来了，洛桑老人又精神矍铄地忙起了村里和家里的事情。在我后来前后几次到叶巴村时，洛桑老人都还是那么硬朗，还经常拄着我送他的登山手杖往返于村委会和当热村之间。2013 年的藏历年，我回到了村里，没见到洛桑老人，以往每次我到叶巴村他总是头几个来访的人之一。他女儿朗加卓玛告诉我们，洛桑老人最近心口不舒服，在床上躺着。第二天我们去当热村看他，他的确生病了，但精神还好，我们聊了很多，他有点伤感地说："不知道以后还能不能见面哦。"我每次告别，他都会这么说，想想他也是80岁左右的人了。我说："每次见面你都这么说，但每一次我们又都见面了。"大家都笑。

回到拉萨，工作队来电话，说前一段时间洛桑老人病加重了，工作队前去探望，带去了治疗心血管疾病的药和治疗肺心病的药，现在又完全康复了。老人家的身体底子还真好，我让工作队带话给他，让他好好保养，工作队还准备把村委会成员请到拉萨，看看西藏日新月异的新面貌呢。

2014年六七月间，工作队的队员们带着洛桑老人来了拉萨。可惜我那时候正在内地出差，没办法回来陪他转转。单位安排好了吃住，安排了检查，也带他看了布达拉宫、大昭寺、拉萨新城。据单位的同事说，他玩得很开心。到拉萨看看的愿望，他实现了。

第五章 从窗户进出的多吉

在我们进驻叶巴村的第二天下午，第一个来村委会办事的村民就是多吉。那时候村委会还一片凌乱，我们都没有开伙，正泡方便面吃。多吉连比带画，说了半天我们才明白，是他家的电视机坏了，让我们去帮着看看。我们问他家在哪里，他遥指山上的当热村，把我们吓了一跳。他又连比带画道，在去当热村的路上，不太远。

于是我们跟着他往上爬，走了没多远，到了一处房子，看上去，两层的藏式小楼盖得不错。多吉领着我们不走正门，从后边院子的篱笆墙缝钻进去，上独木梯然后顺着两块木板从窗户进了屋子。队里的几个人这两天都被独木梯弄怕了，就纳闷，放着好好的正门不走，这是为什么？

先看那电视机。村里用小水电带动电视机的家庭不多，可见他家条件不错。那电视机是因为年代久了屏幕四周发红，我们帮他调整天线重新设置折腾一番，看上去效果好多了。调电视机期间，楼下上来一个年轻人，他拿来许多苹果给我们，完事之后我们准备告辞，多吉示意我们从大门出去。从楼上下来到院子里闲聊，多吉说自己身体不好，浑身上下都是毛病，过去做过木匠，现在也干不动了。至于为什么要从窗户进出，他没说，我们也没好意思问，这个疑问一直留在心里。

后来日子长了他主动跟我们提起，说他娶过两个老婆，头一个生了大儿子不久就病故了，他又娶了妻子的妹妹，生了小儿子不久也病故了。小儿子有先天性耳聋，大儿子成家之后，便和他们分了家，他和小儿子分了楼上两间房子，大儿子分了楼下的院子、牲口还有土地，不让他们父子从院子里经过。我们当即对那天笑眯眯给我们拿苹果的年轻人产生了反感，觉得他连最起码的敬老爱幼都做得不好，找机会要跟他好好说道说道！

合适的时候我们就跟村干部提起此事，言明这是涉及村风民俗的大事，不管不行。村干部听完后说完全不是这码事，这个多吉游手好闲是出了名的，老大是没奈何才跟他分了家。多吉把他名下的土地租给了别人种，他和小儿子靠收那点租金过活，寅吃卯粮，小儿子也跟着他不上进。

果不其然。我们发现，村子里凡是热闹的地方，十处打锣九处有他。

公路修到了村口，是全村有史以来的一件大事。村口要修一座桥，这里是果果隆巴的一个支流河谷，过去进出村子都是下到山沟底下过河，若是雨季，经常出不了村子，只能从去东坝乡的那条路出去。这次在这里设计的是一座八米桥，比较短，那样就很靠近沟口，村干部和村民都反映桥修在那里一旦山洪暴发很容易被冲毁。我们去看了，的确如此，便想办法向县交通局反映了情况，那边说抽时间下来。施工队是讲效益的，等了两天不见动静，挖掘机便开始在原设计地址上挖基础土方，挖出两个很大很深的坑。村民们前去阻止，与施工队发生了争执，施工队的负责人拿着图纸说，他们只能按图纸施工，随意改动方案是不可能的，再说了，增加的工程量钱由谁出。

双方都有道理，等我们赶到时，已经聚集了许多人。会一点汉语的村干部在与施工队交涉，有的村民情绪激动，有些火药味，多吉也在里面，兴奋得到处乱窜。我们问明了情况，请施工队先缓一缓再动工，再给县交通局打电话说明事情的紧急。第二天，县交通局领导下来，实地察看了地形，当场表态可以变更，回去后修改了方案增加了投入，改成了十三米桥，圆满了结这件事情，皆大欢喜。而多吉却觉得事情解决得过于简单显得有些意犹未尽。

2012 年村里安排了一批安居工程，多吉来了，说他和他大儿子现在是两家人，要求再安排一个安居工程指标。我们问他新房子准备建在哪里，建房子的木头准备得怎么样了，他全然无数。后来乡里回话，像多吉家这样的情况目前只能报一户。我们告诉多吉，多吉绿了脸，把户口本丢给我们，说："这个本本反正没用，不要了。"说罢扬长而去。

还真有他的，从来没有村民给我们摔过东西呢。谁知道第二天他又来了，说是来拿户口本，跟从来没发生过什么一样。村子里像多吉这种人丁稀少的家庭不多，全村 7 口人以上的家庭占一半多，最多的一家有 14 口人，4 口人以下的家庭只有17户，多数是低保户。在农村，劳动力的多寡优劣十分明显。多吉家劳动力少，儿子又耳聋，家庭困难也显而易见。虽然他是这样的态度，但工作队还是力所能及地帮助他。

叶巴村是一个交通闭塞、与外界交流不畅的村了，我们在村子里了解民俗文化，老人们都没有太多的故事，年轻一些的就更不必说了，文化传承方面没有更多让人惊喜的地方。《邦锦梅朵》是一本专门的民间文艺杂志，德庆和旦巴都想利用驻村时间收集一些民间文学资料，但收获不大。实际上，这里曾经是川滇藏茶马古道的一个分支，传说茶马古道的一条非主要通道就是通过东坝乡过怒江从这里进藏的。关于叶巴村语言的难懂，也有这样的传说：文成公主当时进藏，路过东坝乡，见高山深谷，穷乡僻壤，很不开心，转天一见到叶巴村，花团锦簇，激动得语无伦次，所以造成叶巴村的语言难懂。其实这些传说传递了非常重要的信息：叶巴村也有过文化相对繁荣的时候，但因为长年的封闭隔绝，才成了如今的模样。

叶巴村的文化生活的确非常单调，每年藏历年的歌舞晚会是一年中除了娶媳妇嫁女儿之外不多的娱乐，必不可少。这一年由于村里洛桑老人的女儿刚刚过世，遵循惯例，藏历年的歌舞晚会就取消了。这让村里的许多人觉得失落，毕竟，这是村里每年好不容易盼来的热闹。3 月 8 日，果果村的洛成批家嫁女儿，一大早，全村的男男女女老老少少都打扮一新，满村都是呼朋唤友兴奋的声音，让你弄不明白到底是谁家嫁女儿。

到了中午时分，几乎全村的人都集中在了村委会旁边的山坡上，看着送亲的队伍从果果隆巴的沟里过来。男方家在尼巴村，离叶巴村有十五六公里。送亲的马队有二十来匹马，七八匹马驮着木箱之类的嫁妆。新娘穿着盛装在几个伴娘的簇拥下行进在马队中间，马队最前面是戴着红穗圆盘帽的康巴汉子。不知疲劳的半大小子都跟在马队后面，一直要跟到尼巴村去，而那些好热闹的年轻人早就骑着摩托到尼巴村候着了。

新娘送走了，晚上，洛成批在自家的果园里开歌舞晚会。这时多吉发挥了他的才能，张罗着布置场地，把工作队的发电机借来照明，放音乐，安排好饮料果品，在夜幕四合的时候燃起篝火。几个年轻人拉起自制的胡琴，那是比一般二胡要大的羊皮绷面的胡琴，琴箱里发出低缓柔和的声音，大家在统一的步伐中缓缓地顺时针舞蹈，这是藏东弦子特有的风格。叶巴村的弦子较之我们看过的其他弦子，多了一些硬朗的成分。一会儿大家手牵手跳起卓舞，男男女女随着脚步的节奏对歌，此起彼伏，像一支优美的无伴奏合唱。这时多吉在围坐的人群中，托着下巴很得意地四处打量，意思是这样的场合没他是不行的。

2012 年底，我在离开叶巴村的时候，听说他的安居房地基和木料都准备得差不多了，接替我们的工作队已经给他申报了安居房补贴，也听说学校后来新修的教工食堂，木匠活都由他承包了。看来，多吉的身体，随着日子逐渐红火，也慢慢好了起来。

第六章　大家庭

我们进村不久，村委会来了一个年轻人，20 岁不到，会说一些拉萨话，还会一些汉语，让我们惊喜万分。当时正是我们的两位藏文专家被当地的康巴话折磨得神经紧张的时候，于是我们热情接待，嘘寒问暖，并请他没事的时候多来走动。

年轻人名字也叫洛桑，是村里日加家的小儿子。日加家是一个大家庭，户口登记的人口数是 13 人，还不包括他们家的儿媳妇。日加家人多地少，8 个劳动力只有约 5 亩土地，所以全家人的主要精力都不在种地上面，他们家有马 1 匹、骡子 2 匹、犏牛 2 头、大猪 2 只、核桃树 5 棵、梨树 8 棵、苹果树 1 棵。除了这些，他们家还有摩托车 3 辆、牦牛 2 头。从这样的结构上可以看出，他们家青壮劳动力往外跑的时候多。

叶巴村地处干热河谷，海拔不到 3000 米，牦牛不容易生长，在这里是稀罕之物。日加家的两头牦牛养在叶巴村的高山牧场上，每到夏天，家长日加基本上就一个人待在山上照看这两个宝贝。叶巴村的高山牧场在西边的大山上面，每家都有些坡地漫种一些饲草，夏天也把牛放到山上。日加家的牦牛之所以金贵，是因为它们是村里的种牛，能为家里带来一些收入。据说这两头牦牛生得威风凛凛，这也是日加如此上心的理由。洛桑上面有四个哥哥一个姐姐，男孩里他排老五，队里的汉族同志图方便就叫他老五。老五小时候跟着叔叔在拉萨上过两年学，还学过一些木匠活和藏式绘画，就是在屋子的大梁、门窗和家具上画藏族风格的装饰画，是个很机灵的年轻人。

老五后来就成了工作队的常客。我们在村里办事、走村串户时基本都带着他。从翻译到介绍情况，他给了我们很多帮助。我们也常常受邀到他们家做客。他父亲从高山牧场下来时都带来新鲜酥油和奶渣，会请我们去喝酥油茶，节庆日什么的也请我们去吃夏馍馍（肉包子）。

日加是村里的能人，过去当过村主任。日加家是个大家族，村委会成员阿尼玛是他的叔伯兄弟。日加在村子里亲戚众多，有威信，人缘也不错。村里有一间没有僧人的小拉康（庙宇），那大门的钥匙就在他的腰上挂着，平日里他会去打扫照看。每逢有什么活动，日加会早早开门，把院子打扫干净，在厨房里烧好开水。这座小庙宇院子很大，也抹了水泥地面，是村子里举办重大活动的场地，它的宗教功能倒退居其次了。

日加曾经养过一百多只山羊（可见村里过去还是有羊的），承包过远到东坝乡、普龙村的田地，现在正在修建一栋二十四根柱子的藏式楼房。二十四根柱子是什么概念？这么说吧，就是占地两百平方米的三层楼房，建筑面积足有六七百平方米。我们问日加这房子要修多少年，他掏出手比画两下，一二十年。我们又问修这么大的房子是不是给儿子们娶媳妇，他笑而不答。

老五洛桑聪明好学，我们就有意培养他，经常带着他帮助我们工作，同时为他的下一步作了些打算。因为他学过画藏画，有基础，2012 年春节有队员轮休回拉萨时，就通过美术家协会找了唐卡画师，联系让老五拜师学艺，拉萨那边很痛快地答应了。我们就告诉老五，让他准备到拉萨学艺。老五两眼放光，兴致勃勃地回家报告。第二天他却沮丧地来告诉我们说父亲不让他走得太远，要守在身边。后来我们了解到，他父亲大兴土木修建如此庞大的房子，就是为了把兄弟五个都圈起来。

老五洛桑成了工作队的编外人员，除了家里有活儿或者需要到外头做几天木工，几乎就待在村委会。工作队的房子漏雨呀，院子要装大门呀，院子里头要搭个棚子呀，都是他在张罗。有时工作队在县里有事，村里只留下一个人的时候，他就过来陪伴。另外，我们的曲洛老是毛病不断，如果没有他和他的几个哥哥，我们还真不知道如何是好。

日加家因此跟我们来往密切，我们戏称他们是“堡垒户”之一。我们在院子里开的两畦菜地，也是老五的母亲和姐姐帮助浇水，村里的水资源都是有主儿的，如果没有她们帮助，我们要想浇水还找不到沟渠呢。在日常村务活动中，我们也有意培养老五，并告诉他把村子里有文化、外出打过工、人品好的青年多介绍一些过来，我们希望在将来我们离开后，能够为村子里留下一支永不离开的工作队。

在我 2012 年底离开村子不久，有消息传来，春节时搭我们工作队的车子跟轮休队员一起到拉萨，去日喀则看望叔叔的日加家的老二群培，在外面有了对象，带话去叶巴村，准备在外头安家了，还托我们工作队队员帮忙在拉萨找一个看大门或者当保安的工作。看来，日加的大宅子，已圈不住儿子们的心了。

2013 年的秋天，群培找到我们，原来是他的老婆病了，在拉萨看病，有一些困难，我们提供了帮助。病好以后，两口子高高兴兴地回了日喀则。群培老婆瘦瘦小小的，看上去两个人很恩爱。群培告诉我们，这之前他回过一次叶巴村，家里人都劝他别走了，特别是日加，坚决要求群培不要走了，因为在兄弟几个里面，群培最是身强体壮，是劳动的一把好手，但群培最后还是选择了离开。2014 年藏历年期间，我再次去叶巴村时到日加家拜访，老二群培没有回来，从言谈话语中，我感觉到日加已经认可了老二的婚事。当我们又说起当年让老五洛桑去拉萨学艺的事情时，日加说："他走不开，他是我们家的银行。"

的确，老五洛桑这些年都在外头跟着人做木匠活，每年有一两万元的现金收入，他把这些钱都如数上交，在几个兄弟里，就数他对家里的贡献大。这不，藏历年过完，他又要去那曲市的巴青县帮人家盖房子。

第七章　村里的年轻人

叶巴村里的年轻人不少，多数还在外面上过几年学，但目前除了村主任次巴群觉的儿子在林芝市八一镇的西藏农牧学院上大学外，在外继续上高中的屈指可数，大部分都回家待业了。说他们待业，主要指男青年从小没有受过什么锻炼，地里的活几乎不会，家里的活也上不了手，许多人经常做的事情，就是一人骑一辆摩托车，在村口的白塔下凑齐，看远处的风景、晒太阳、发呆，或者骑着摩托车在村里村外窜来窜去，消耗汽油。

我们在做每户财产统计的时候，吃了一惊，村里 80 多户人家，有 60 多辆摩托车，除了家庭条件极为困难或家里没有男孩的，几乎家家都有一辆摩托车。摩托车在这里的确重要，特别是公路修通以后，出去买点东西办事情，拉田里的出产去卖，比骡马方便得多，但更多的时候，摩托车是村里的男孩互相攀比的工具。学校放暑假，女孩子都帮家里干活，浇地、上山打草、在地里间苗，而男孩子无一例外，有的还没摩托车车把高呢，一人攀着一辆，在村口展示。

村口的摩托车“车展”成了一大奇观，每辆摩托车都装配有大小不一的音响，行驶在路上喧嚣一片，老远就听得到，尤其在寂静的晚上，非常刺耳。由于这种炫耀对行车安全构成极大的威胁，后来，县交通管理部门采取专项行动，把所有摩托车上的改装音响全部取缔，但这也架不住这些年轻人在乡间的小道上开着音响飞奔。同时，他们的车身上还有各种各样的装饰，扶手上饰以彩条啦，车头贴上金属片啦，不一而足，摩托车的代步功能已然退位给炫耀功能了。

叶巴村及邻近几个村子的年轻人，摩托车骑得豪气冲天，为了省油，一到下坡，必定熄火滑行，工作队中有坐过摩托车的人，说每到下坡，一听见油门关闭“嗒”的一声，立马心惊肉跳。反正我是宁可骑骡子，甚至走路，也坚决不搭他们的顺风车。看着那些年轻人，在车上搭着三两人不等，在依山临江的小道上飞驰，我一面钦佩他们的车技，一面又替他们捏一把汗。

修公路的工程队告诉我们，他们在这里修公路 2 年多，目睹了 27 起摩托车事故，许多是车毁人亡，但村里的年轻人依然“勇敢”，真像是初生的牛犊。

2012 年 5 月的一天，乡里的觉阿书记带来了口信，说果果村泽仁拉姆的儿子向巴扎西在县里出了车祸，车上的两个人一死一伤，伤者正在县医院抢救，乡里已经送去了 3000 元救济。

泽仁拉姆家是村里的低保户，家里的男主人几年前就去世了，现在家里有七口人，向巴扎西的姐姐白玛玉珍嫁到了八宿县城边上的一户人家。向巴扎西就是在送姐姐回婆家时车速太快出的事故，姐姐当场死亡，他左手骨折、右眼失明。向巴扎西才成家不久，下面有两个正在上学的弟妹，还有姐姐的儿子。就这样，家里指望的两个劳动力在一瞬间一死一伤。我们当即安排在县里办事的队员前去探望，送去慰问。

半个月后，我们到县城的时候，向巴扎西已经脱离生命危险，住在县城边上的亲戚家。泽仁拉姆带着我们在县城东边山坡上东转西转，走进亲戚家的小院，向巴扎西躺在床上，手和眼睛都还没有治好。看着他们家这个目前唯一的希望，我们跟拉萨的单位（西藏文联）联系，希望在拉萨能有办法让他尽量恢复得好一点、快一点，以减轻泽仁拉姆家庭的损失。西藏军区总医院知道情况后，答应免费救治。5 月 20 日，我们派后勤车送他和陪同的亲属去了拉萨，但由于右眼视网膜脱落，他的眼睛已无法复明，好在手正慢慢地好起来。单位的党员为此还专门进行了一次捐款。

夏日的一天，几个人带着一个浑身是血的十来岁的小孩来到村委会，一问，又是摩托车惹的祸。这个孩子骑着摩托车在江对岸去东坝乡的小道上飞奔，掉下了山崖。好在那个山崖并不太高，离江面还有一段距离，要不后果更严重。看着他浑身的血，其他队员都束手无策，我只好硬着头皮上阵。我用双氧水清洗伤口后，经过简单的检查诊断，发现他的骨头没事，主要问题是手上和头部的创伤，头皮被磕破很大一块，耷拉下来。没有医用针线，我只好帮他清理掉周边的头发，用胶布和绷带固定住，并嘱咐他第二天一定要来消毒换药。来了几次，他奇迹般地愈合了。

摩托车呀摩托车，成了叶巴村人离不得也伤不起的东西。

又一次，村里的两个年轻人由家长领着到村委会讨说法。两个人骑着摩托车在玉洛村的小路上狭路相逢，迎头撞上，摩托车都撞坏了，人也受了轻伤。其中小一点那个的母亲非要对方负责修理摩托车，说对方孩子有意撞他们家孩子，并强烈要求工作队前去现场勘察。现场的情况是，玉洛村公共小路的拐弯处，下坡的那位（就是小一点的那个）还带着两个人，双方都把音响开得震天响，当然就撞车了。

工作队了解到，这两个孩子都才小学毕业不久，虽然这里上学的年龄偏大，但也还是流着鼻涕的小屁孩哩。我们跟村干部商量，没什么说的，未成年人驾车，先不说谁赔谁的事情，把两辆摩托车暂扣在村委会一个月，以示惩戒。此言一出，两家都不来了。

在村口望着奔流而去的怒江，望着伸向远方新通的公路，这些骑在摩托车上的年轻人在想什么呢？我们倒是希望，他们骑着摩托车走得再远一点，也别在县城里停停就回，最好到远处去打工，碰碰钉子，或者，在没钱买汽油的时候守着摩托车发愁。

村口的摩托车并没有因为村委会的禁令而规模见小，不过骑手都换成了符合法定年龄的人。我们的邻居罗布，有一天也在他家门口摆弄一辆摩托车，问他借谁的摩托车玩，他很骄傲地说是刚买的。原来他也追赶时髦，是用家里的一匹小骡子换来的。“那匹骡子不听话。”他这么跟我们说。

这“匹”摩托车就听话了？要知道他是四个孩子的父亲，也是四十好几的人了，家里的房子早就应该根据安居工程的安排重修，就因为没有准备好修建用的木头和资金，一直拖着。那么几天，没有见他的影子，次西背水时我们问她，原来罗布在抓紧练习车技。再过几天，只见他瘸了腿来村委会讨药，说骑摩托车给摔了。“报应来得太突然。”我们都笑话他。现在，隔三岔五，他也在村口的“车展”上出现，没见家里一堆活没干完呢。罗布是村里男人中最勤快的一个，会一些木匠活，还会念几段经文，村里有什么大事小情，也见他混迹在几个僧人中间摇头晃脑，我们常常夸他亚古都（好），是三好男人，没想到他也被摩托车勾去了魂。

村里的这些年轻人，等学校建好之后，非得一个个弄进去回回炉，不然，在未来叶巴村融入外面世界的时候，他们会像飞驰的摩托车轮子上的土粒一样被甩得远远的……

当然，除了这些“勇敢”的骑手，村里更多的年轻人没有他们那些闲工夫。比如日加家的几个儿子，基本上每天往返于叶巴村和东坝乡之间、叶巴村和八宿县之间，贩卖一些花椒、辣椒等土产，或者去打小工。在我们物色发展预备党员的时候，村委会成员介绍了七八个青年，他们都是家里的顶梁柱，除了地里的农活，一有闲暇，就到邻近地方打工挣钱补贴家用，怪不得我们平时很难见到他们。现在，村里已经发展了好几个这样的预备党员，希望他们能够带领村口搞“车展”的兄弟，早一点意识到自己的责任，当一个真正的男子汉。

第八章　哈哈乡长

哈哈乡长的本名叫次顿珠，规范一点应该叫次仁顿珠，这里的发音快，叫成了次顿珠。哈哈乡长次顿珠 2011 年 64 岁，在西藏撤区并乡之前，曾经担任过林卡乡和然乌乡的聘用乡长。西藏过去有区的建制，相当于现在的乡，那时的乡比现在的村大一点，撤区并乡大概在改革开放初期。哈哈乡长算是老资格的乡村干部了，现在是叶巴村的村委会成员之一，整天嘻嘻哈哈，在县里人缘很好，次顿珠这个本名没多少人知道，哈哈乡长的名头倒是响亮得很。

记得我们刚进村的那天晚上，由觉阿书记和多吉乡长带着在村医群培家借宿，就有一个会一些汉语的村干部拉着我们的手不断说“谢谢啦”“谢谢啦”，他就是哈哈乡长。当时我们奇怪，什么都还没做呢，谢谢啥呢。后来熟悉了才知道，在他的语言系统里，这是多多拜托的意思。

哈哈乡长懂点汉语，基本能够和我们无障碍交流，对村里的情况又很熟悉，因此我们的接触就比较多。我们逐步了解到，撤区并乡后他被解聘了，一次性给了补偿，具体数目不清楚，大概也不是太多。我们驻村后他给我们说了好几次，县里有领导告诉他现在有了新政策，对他这样的解聘干部每个月还有补贴。我们听了很高兴，帮他打听，得到的回答是：类似的情况不少，这个问题现在正在调研，还没有最后的决定。

希望调研之后会有一个好的结果，因为他家里还真困难。

哈哈乡长有三个儿子一个女儿两个孙女，女儿嫁在林卡乡，老伴也跟着女儿住在乡里。三个儿子中两个大的不在家，据说这两个儿子曾经因为哈哈乡长过去工作上的事情与人发生争执，把人打伤了。哈哈乡长的一个弟弟在县里当电影放映员，帮助赔了许多钱才了断，两个儿子就此外出打工，已有许多年没有回来。哈哈乡长家里现在只有小儿子和两个孙女，两个孙女都在县小学上学，全家就他和小儿子撑着。

哈哈乡长在村里属于见多识广的人，而且热心公共事务，在我们建立每一户的户情档案时，有的村民都不知道自己家里有几棵树，孩子是哪年生的，他掰着指头算算，能说出个八九不离十来。因为见过世面，他家田地的出产就比别人家的丰富，韭菜、莴笋、核桃树、苹果树也比别人家侍弄得好。村子里的家庭多把小孩送到离家不太远的东坝乡小学念书，而他把两个孙女送到了县小学，在培养下一代的问题上，一点不计较成本。

哈哈乡长腿不好，走起路来左右摇摆，那是1973年人民公社时期，带领村民修建那条从尼巴村到叶巴村的水渠时被石头砸伤的，由于医疗条件限制，落下了残疾。但这一点不妨碍他四处走动，他尤其喜欢到县里，县里老一点的机关干部大多认识他。他跟乡里也很熟，村里要领的许多惠民款项，多是他领下来的。有一次，乡里发给村里每户的护林补贴，总计有十七八万元吧，他主动请缨去取。从村到乡所在地，过去步行或骑马，得三天左右，现在公路初通，坐摩托车去，只要四个小时左右，不过公路碎石泥泞路段不少，冬天积雪的时候更加难行，危险系数还是很大。哈哈乡长不顾这些，能出去跑跑，他十分乐意。这一次一去就是许多天，附近的普龙村、尼巴村等地的钱都发到大家手里了，于是就有村民开始犯嘀咕，担心他拿去打牌了，担心他喝多了酒弄丢了，等等。又过了几天，他摇摇摆摆嘻嘻哈哈出现在村里，说在县里碰见许多老朋友，一时半会儿脱不了身，还拿出老朋友们送的好烟好酒显摆，于是有人对自己家的护林补贴更是担心。

第二天，工作队和几个村委会成员召集大家在村委会的院子里发钱，每家都派出代表来领钱，几千几百元不等，热闹非凡，仿佛过年。发完之后钱不多不少，很是让我们佩服。哈哈乡长却跟没事人似的，嘻嘻哈哈如故。

春天来了，他第一个给我们送来自产的韭菜。春天里的头一茬韭菜，我们用腊肉或者午餐肉罐头包包子，那叫一个香！别提了，现在一想还满嘴生津。随着季节的变化，我们吃到了他家菜地里的小白菜、辣椒、西葫芦、莴笋等，他家的菜地成了工作队的蔬菜基地。

当然不能白吃，我们也用罐头回报，也常常请他来吃饭，顺便了解更多的风土民情。

哈哈乡长对民俗文化之类并不十分在行，显然跟他在那个时代的经历相关。在陪我们走家串户的时候，他不时会给我们介绍，这家过去是代理人，那家是富农，在他身上，那个时代的痕迹还很浓重。哈哈乡长跟其他村民的不同除了这些，还有就是少了些陈规禁忌。村里过年杀猪，请他来，乡里的干部如果来村里，他们一起到怒江去炸鱼，听说还打过岩羊，在他身上，没有那许多禁忌，喝酒吃肉，十分开心。

哈哈乡长成了我们驻村工作十分重要的纽带。

2012 年中，村小学破土动工了，承建方是四川籍的一个老板，带的工人都是内地的农民工，与村里完全无法交流沟通。好在有个哈哈乡长，安排工地上要购买的沙土木料、村里每家每户轮流做小工、与老板就工钱或料钱讨价还价，没有他简直不行。从早到晚，他基本泡在工地上，建筑队与村民之间便少了那些令人头痛的纠纷扯皮，双方都很满意。

哈哈乡长按说也算是当过乡长的人，现在是村委会成员，但没见他有什么做派，每天侍弄完自己的庄稼，就跑前跑后忙乎村里的事情。2012 年，他大部分的时间都在学校的工地上，早上给大家派活，中午、下午给混凝土浇水，休息时和建筑队成员玩斗地主，忙得不亦乐乎。看着他举着水管在工地上蹒跚地走来走去的背影，我想，这叶巴村离了他还真不行。

2013 年，我离开叶巴村以后，村子里发生了一件事情，闹得沸沸扬扬，驻村的领队和乡里的领导都给我打来电话，让人感到事态挺严重。

原来我们第一批驻村的队员离开之后，接替的队友们也延续与哈哈乡长的友谊，在许多事情上都征求他的意见。我们离开之前上面给叶巴村批了两个短平快项目，一个是安全饮水工程，一个是灌溉水渠工程。安全饮水工程技术含量高，是施工队建设完成的。考虑到要给村里多增加一些收入，灌溉水渠工程就由村里组成的工程队施工，虽然规范上差一些，但村民得到的实惠会更多。两批工作队交接工作时，这是一项重要内容。刚开始一切还都正常，到需要采购水泥的时候，出现问题了。工作队委托哈哈乡长在八宿县城买了一部分水泥，租车运回叶巴村时，村里有了传言，说水泥买贵了，说水泥质量差了，说运输水泥的车辆是哈哈乡长的亲戚……总之十分不满意。工作队逐一落实，水泥的价钱和质量都没问题，从八宿县城租一辆 130 运输车到叶巴村，通行的价钱是 3000 元，也没问题，问题是的确是亲戚。村子里还有人说，从东坝乡买水泥的话，价钱要便宜得多，但不是一个品牌。争执不下，大家一起到村委会讲道理。不料讲着讲着动起手来，虽然没什么严重后果，但影响十分不好。乡里专门派了工作组解决这件事情。从情理上，工作队还是向着哈哈乡长，但来村委会说事的村民们大都反对，理由就是应该在东坝乡买。在来村委会的多数村民的坚持下，村“两委”为了平息事端，当即罢免了哈哈乡长的村委职务。2013 年藏历年我回到村里，跟几个老人聊起来，老人们说，哈哈乡长在当乡长的时候，经常挎把手枪，威风得了不得，但却没给叶巴村做什么事情。看来，这口怨气还是有点来历的。那年我在村里没有见到哈哈乡长，都说他在县里。当我几天后返回县里时，在从县城到叶巴村必经的盘山小道上与他相遇，他坐在小儿子驾驶的摩托车后座上，风尘仆仆。我们在山道边上握手、碰头，又匆匆告别，心里别有一番滋味。

2014 年 10 月左右，一位同事推开我的办公室门神秘地说，猜猜谁来了。我一看，哈哈乡长从身后冒出来。一段时间以来，他不愿意在村子里待着，就在县城的亲戚家滞留。这次正好有顺道的货车，他就搭车到拉萨来了。因为没有带我们所有人的电话，他就拿着我们单位的信封找到这里。安排住下后，因单位驻过村的司机师傅每两个月一轮换，跟他最熟，便把他拉去洗澡，浑身上下换个彻底。哈哈乡长在拉萨轻松玩了一个月，也算是我们对他的一点报恩吧。

如今，县里给他在县城解决了一套周转房，他回村里的时间就更少了，不知道他家的庄稼谁在侍弄。他和他那个时代，在叶巴村的视野里，也已经渐行渐远。

第九章　女队员

三个工作队十二个人，有两位女队员，女队员都在叶巴村，她们都是刚刚从部队下来的，按照西藏自治区的要求，凡是刚大学毕业参加工作和从部队退伍转业的，都要下基层锻炼。经过拉萨、八宿、林卡，三天之后抵达驻村点普龙村时，我想她们是越走心越凉吧。到了普龙村，看着镶嵌在大山深处的小小村落，前不着村后不着店，她们的眼泪就下来了。驻普龙村的工作队抵达之后，卸下东西，天就渐渐黑了。我们其他两个工作队跟着送行的乡干部继续前往叶巴村，在狭窄的乡村公路边挥手和她们告别，心里真不是滋味。

第二天就听说两位女队员有打退堂鼓的心思，哪怕不要工作也要回去。另外，普龙村的旦巴有幽闭恐惧症，要求调换。考虑到叶巴村的自然条件相对普龙村要好一些，于是工作队决定把他们调整到叶巴村，至少对他们来说在心理上是一个安慰吧。

两位女队员在普龙村住了两个晚上后，第三天上午，叶巴村的扎西罗布和小廖把她们换了过来。她们到了叶巴村，见到我们后觉得分外亲切，情绪已经没有什么异样了。这时候什么条件都不具备，我们安排了一间房子作为她们的宿舍，她们简单收拾了一下，中午大家一起到村医群培家做饭，那里有电话信号，姑娘们更高兴了。这时正是工作队开始整理村委会、安顿几个人吃喝拉撒睡基本生活的时候。火炉支好了，到了晚上，大家决定煮挂面改善一下伙食。这边刚把一锅冷水放到炉子上，那边一位姑娘拿来一把挂面，呼一下全倒在里面，周边的人都来不及反应。那位姑娘看着大家的表情，不解地说："怎么啦？在家里我妈就是这么煮的。"也难怪，这两位都是城市里宠着惯着的独生女，在部队也是食堂养着的，哪里做过这些。这成了工作队的笑谈。

我是从小在外惯了，有一定的单兵作战能力。刚开始的时候，得赤膊上阵捣鼓饭菜，两位女队员打下手，不过她们的悟性很好，没过多久，就掌握了灶上要领，一个洗菜切菜，一个颠勺掌灶，俨然一副大厨的样子。以后我们男队员出去工作时，她俩就在驻地料理后勤饮食，十分得体。

工作队第一次去走访当热村，两位女队员一起骑匹骡子。那骡子大约见城里的姑娘好欺负，尽往路边的荆棘丛里钻，搞得她们顾了脸面又顾不得缰绳，直往骡子屁股后面滑，一路大呼小叫，险象环生，好在有朗加卓玛在后面忠实地护卫，才没上演坠骡子的故事。后来朗加卓玛便成了两位女队员的好朋友，经常到村委会来帮着她们洗菜洗碗收捡院子，虽然语言不通，但通过手势表情，一点不耽误交流。再后来，朗加卓玛给两位女队员提出要求，说能不能给工作队当保姆。那个时候我们对村里的情况还不太了解，并不知道她就是给我们背水的次西的妹妹，再说了，工作队哪有请保姆的？朗加卓玛后来对两位女队员说："你们那个老板是个抠门。"她把我们当成包工队了。

两位女队员跟着我们走家串户，到了哪家都有热情端出来的炒青稞、藏梨干、苹果干、核桃等。瞅着那黑乎乎的藏梨干，两位女队员的表情丰富，但又不好意思拒绝，只好拿在手上。我告诉她们，藏梨干就是这个模样，味道很好。两位女队员将信将疑，看我们吃得香，也跟着尝尝。到了后来，藏历年被热情的村民请去家里吃包子，她们已经能够很自在地吃吃喝喝了。

两位女队员是村里来得不多的汉族女孩，时间又长，村民们每每提起她们，都露出很同情的表情，常常说：可怜不，两个小姑娘，阿爸阿妈要心疼的。被村民们心疼着的两位女队员在随后的驻村工作中飞快地成熟起来，不仅成了工作队的主厨，还是工作队的文秘，档案、各种规章制度，从无到有，也做得井井有条，甚至还能干劈柴打水之类的重体力活。在乡村生活的锻炼下，她们的体格也比过去强壮了许多，春节轮休回家，被家里一通好夸，说不但身体好了，还学会了做饭。

说起轮休，当时我正在外地开会，考虑到这年农历春节和藏历年相差一个月，便决定让汉族同志先轮休过春节，然后替换藏族同志回去过藏历年。

当两位女队员听说批准她们轮休回去过春节，二话不说，也等不及单位的后勤车从拉萨来接，就坐着村民的两辆摩托车赶到县里。那个时间因为没有直达拉萨的班车，她们就一路不停短途换车回到拉萨，归心似箭。也真难为了她们，要知道，那时候连我们男队员对坐摩托车在山间行驶还十分发怵呢。

事实证明，相比女队员，工作队的男队员很多时候反倒显得逊色。比如在身体上，因为当地的水质问题，队员们刚开始普遍感到肚子胀，不舒服，男队员常常大惊小怪，有一点毛病也如临大敌，而女队员则显得沉稳得多。半年下来，在我这里叫唤的，身体出状况的，不在少数。我跟单位领导商量，考虑到水质等因素和队员们的身体差异，同意女队员和身体不适应的同志半年轮换。两位女队员得知后，十分欢喜，随即主动提出到条件最艰苦的尼巴村去待一段时间。那个时候，我正为尼巴村队员缺乏而发愁。尼巴村是三个工作队驻地中海拔最高、气候最差的，加上三位男队员不是很会调理生活，半年时间，有两个队员身体不适（一个在拉萨做手术，一个在林芝休养），只剩下一个看家的。两位女队员雄赳赳气昂昂地前去支援，解了尼巴村的燃眉之急。到了最后我发现，这两位女队员先在普龙村待了两个晚上，后来到叶巴村，最后又主动提出到尼巴村帮助工作，是单位的驻村人员中在三个村子都干过的队员，真可谓是功德圆满了。

轮换之后，单位又陆续派了好几轮女队员，有当母亲的，有身体并不是太好的，因为单位人手紧张，符合条件的基本都要来轮一遍。跟最初比起来，村子里各方面的条件都逐步有了很大的改善，只是跟拉萨还是没法比，但所有的女队员表现出的吃苦精神，就像前面说的，比我们男队员还强。常常是尼巴村的男队员来抱怨气候太差，村委会的房子一点阳光也看不到，普龙村的男队员来发牢骚，说蜈蚣有三寸长，晚上都没法睡觉，太可怕了，如此等等，但从没听女队员抱怨什么，可能是不好意思吧。按理说，女队员有更多的理由可以抱怨，但事实是，在村委会里，从来只见女队员埋着头做事，而男队员坐在那里侃侃而谈，一副指点江山的模样。所以说，女子能顶半边天，千真万确。

第十章　大耳朵

大耳朵是一只狗，确切地说是一只村里的流浪狗。我们进村不久，就在村委会附近看见一只两个耳朵耸立的黑狗。刚看见的时候，它趴在田埂上，露出耳朵和大大的头，两只眼睛红红的，有点似狼又像狐狸的模样，很是吓人。后来，这只狗常徘徊于村委会的院子门口，队员们就给它些吃的，渐渐熟悉后，它就成了村委会的常客。

因为它的两个耳朵大，我们便叫它大耳朵，它似懂非懂。它是那种野性十足的狗，据说是当热村一户人家的，但它并不待在那里，而是游荡在下至果果村江边、上至山顶夏季牧场的广大区域，自己找吃的，也不知日常捕捉些什么。自从我们开始喂它之后，它便省掉了捕猎找食的程序，成天待在村委会。刚开始的时候，工作队的残羹剩饭它来者不拒，什么酸甜苦辣都不在乎，慢慢地，它开始挑食了，除了两位女队员专门给它的饮食之外，对别的剩余饭菜都爱搭不理。这样，便招致了村里其他流浪狗的频频“光顾”，特别是夜深人静的时候，院子里便有非凡的响动，村委会的院子变成了狗狗乐园，我们得一个晚上起来轰好几次，最后只得把装剩饭剩菜的桶放到院子外面。

大耳朵是那种极其聪明的杂交狗，你不注意它的时候，它常常偷眼看你，而你一旦看它，它就会立刻把眼睛转向一边，作出一副若无其事的样子，决不跟你对视，显出些冷漠或者矜持。刚开始，无论你怎么喂它唤它，它都拒不摇尾巴，后来渐渐熟悉，才开始有所表示。再后来，工作队如果全体进城购物洗澡，隔天回来，它便会十分热情地大摇尾巴。如果你有所响应，它便会扑上来，在你身上留下若干梅花状的脚印，队员们往往笑着闪开，并大声呵斥：大耳朵，躲开！它会马上躲开，到一边躺着。

过了冬天，大耳朵怀孕了，之后有一个多月，不见它的踪影，等它再来到村委会的时候，已骨瘦如柴，显然是已经生产。队员们立刻给它弄好吃的，配上鸡蛋，它还在坐月子呢。据说它生了五只小崽，都在当热村的一户人家家里。它天天白天到村委会来，天擦黑就回去，肯定是回去喂奶去了。我们的女队员很想要一只小狗来养，但有人传来话说都被人抱走了。再后来，大耳朵带来了一个它的女儿，应该是剩下的唯一一个了，看来那些抱养小狗的人家也有些“重男轻女”。带来了女儿，大耳朵基本就在我们这里吃喝住宿，母女俩除了每天吃饱喝足，就在院子里嬉戏打闹，跟电视台放的《动物世界》里拍摄的毫无二致。小狗总是在大耳朵睡觉时在它身上爬来爬去，有时候大耳朵烦了，就会假装咬小狗一口，小狗就会吱吱乱叫，有时候大耳朵是真生气了，就会把小狗衔到墙角扔下，气呼呼地看着它，用爪子把它压住一会儿。有时候母女俩忘乎所以，打闹到我们的菜地里，把刚长出来的小白菜、油菜压得狼藉一片，这时就会被我们轰出院子。但不一会儿，母女俩又从浇水的墙洞里钻了进来，在这四通八达的院子里，要想拒它们于门外完全是不可能的。

母女俩把村委会当成了它们的幸福家园，我们也十分欢迎它们来这里安营扎寨，可惜两位女队员后来到尼巴村去了，不然它们的伙食可能更好。有时大耳朵带着女儿一两天不回来，估计搞野外生存训练去了，有时则两个都脖子上挂根绳子回来，也许是有人家想留下它们，不让它们四处溜达。后来有一天，那只小狗终于不见了，不知被谁家“笑纳”。看着大耳朵孤零零地四处寻觅，我们都觉得有点怅然。

从那时候开始，大耳朵就不太安分，每天晚上狂吠。头几天大家都不太在意，但后来越发严重，发展到天刚擦黑，就在院子门口叫，继而围着院子叫，通宵不停，搞得我们彻夜难眠，于是纷纷起来呵斥，扔石头。轰出去不远，它又回来接着转圈叫，叫你哭笑不得。但一到白天，它就在院子里的菜园旁边呼呼大睡，跟夜里的疯狂截然不同。村里就有了传言，有的说，这狗是在哪里撞了什么邪气，要疯癫；有的说，村委会院子前有鬼，惹得夜里狗叫；还有的说得更难听。我们很生气，决定先给它断粮，饿它几天看它还叫不叫。可是不管用，它照样夜里精神百倍地仰天长啸，白天补瞌睡。我们就再进一步，白天也不准它在院子里睡觉，来了就轰走，省得白天在我们这里养足精神晚上吵我们，以至于它后来见我们弯腰就一溜烟没了踪影。渐渐地，它就不在村委会周围叫了，而是跑到其他地方继续骚扰。我们心中暗想，这回不知又有什么言论。之后夜里清静了，白天也不见大耳朵的踪影。有时在村里远远见到它，它也不再前来亲近，大伙都有些失落，解嘲道："哪里有什么闹鬼，大耳朵现在看见我们才像见了鬼。"

后来有一天，我要进县城开会，在村口等后勤车从普龙村来接，久等不来，就顺着公路往前走。这条路到普龙村不过也才12公里，但上上下下满布碎石，沿途没有一棵树，完全顶着高原的日头，很是辛苦。这时大耳朵不知从哪里钻出来，忠实地跟在我身后，我站住，它也站住，一会儿又从山上绕到前面带路，走一段回头看看我跟上来没有，这样一直忠心耿耿走出四五公里，直到我们的后勤车到来，它还跟着跑了好长一截，让人感动。回到村里我就决定不撵它了。没想到当天晚上它又故技重演，我们忍了几天，最后只有再次对它采取"戒严"措施。

那段时间，偶尔在村子的某个地方会看见它一晃而过，它也会不时混进院子里想重温旧梦。它长得油光水滑，显然不缺吃的，但夜里依然能够听到它在村子的某个地方执拗地叫唤，而且队伍日益壮大，不知什么时候是个头。我们设想，如果它再怀孕了，会不会安静下来。其实，我们很怀念安静聪明的大耳朵。

来年春天，大耳朵安静了下来，队员们都说，如果它晚上不叫，还是愿意接纳它。但大耳朵明显跟我们生分了，只敢怯怯地进来吃我们给它的食物，吃完就走。大家都觉得大耳朵胖了，有一天，隔壁的夏多急匆匆跑来告诉我们，大耳朵在她家预备盖新房的木料底下生了小狗。我们赶紧过去，果然，大耳朵藏在堆放的木料下面，身子下头有几只蠕动的小东西。我们赶紧回去，给大耳朵烧水做饭，在糌粑糊糊里加上几个鸡蛋喂它，再用木板做一个隔板，省得小孩发现祸害小狗。又隔了几天，趁着大耳朵外出散步，我们把四只小狗全数掏出来，放到院子里早搭好的狗窝里，等大耳朵回来，再把它引过来。起初，大耳朵慌乱地四处打量，见我们并没有恶意，也就欣然钻进小窝，搂着小狗们呼呼大睡起来。工作队由此又多了许多事情，有心细的队员，每天晚上得起来好几次，看小狗是不是被大耳朵压着了，看大耳朵是不是跑了让小狗们冻着。这期间，一只弱小的小狗因为老抢不到奶吃，夭折了。大家掰着指头算日子，七天睁眼二十天爬。不久，大耳朵已经可以带着剩下的三只小狗在院子里散步了，为工作队增添了一道风景。

2013 年我回叶巴村，大耳朵完全成了村委会的一员，与工作队同吃同住。据说它夜里不再疯叫。见到我，它好像还记得，用它转风车般摇尾巴的招牌动作欢迎我。

第十一章　建学校

叶巴村过去的初级小学，就在玉洛村和森果村之间，现在村里的小拉康（庙宇）后面，非常适中的地方，一排三间教室，还有教师宿舍和食堂。20 世纪 90 年代，有三名民办教师带了三个班五六十个学生，混班上学。后来撤销民办教师，林卡乡中心小学又派来了两名教师，待了半年的样子。再后来合并基层学校，叶巴小学就合并到了林卡乡中心小学，校舍也因为缺乏修缮，日渐零落。在进村的第三天，2011 年 10 月 24 日，村支书群觉金巴就带着我们去查看了小学的旧址和五块公用土地。在我们驻村之前，我国著名书法家张飙先生捐赠了 20 万元，指定专门用于我们单位驻村点的教育事业，这笔钱一定要用在刀刃上。

走访中我们发现，叶巴村的生活水平普遍偏低，收入不高，但大家送孩子上学的热情却很高，八十多户人家有适龄儿童七八十人，大部分都在怒江对岸东坝乡小学即沿江蜿蜒而下大约 10 公里的地方借读。在我驻村期间的暑假，东坝乡小学的副校长专门带着两名教师来家访。东坝乡属于左贡县，叶巴村的孩子在他们那里借读，实际上占用了国家给他们投入的教育资源，但他们并没有对叶巴村的孩子“另眼相看”，反而说叶巴村的孩子读书刻苦，希望家长们支持他们，让他们安心读书。也有部分孩子在林卡乡中心小学上学，有将近 50 公里的路程，而且中间要翻越海拔很高的贡拉山。林卡乡中心小学教学质量不错，校长洛桑是个很负责任的人，2012 年，林卡乡中心小学升学成绩是八宿县第一。但学校那时候刚刚经历了一场山洪的洗礼。2011 年夏天，林卡乡山谷上游的堰塞湖发洪水，冲毁了乡政府旁的堤坝和周围的许多农田，好在乡政府、学校和居民住房都建在山坡上，没有造成人员伤亡。林卡乡中心小学所在的山坡，被洪水生生冲成了十几米的悬崖，像刀砍斧劈一般，许多教室和宿舍都成了危房，无法接纳更多的学生。更远的就在八宿县里读书，有为了孩子专门在县里租房子陪读的，投入不可谓不大。

早先，叶巴村的村民们对送孩子上学这件事并不是很上心，许多家庭把男孩送去应付差事，报个到就跑回家，女孩更是连点名也免了，更有甚者，把家里的户口本撕了，谎称没有该上学的。后来县里搞教育“两基”普查，把青壮年文盲都集中到县里，流失的学生也收回去，费了很大力气。流失的学生倒也罢了，收回去进行正规教育，那些青壮年文盲，个个五大三粗，让他们拿笔杆子比要他们砍三天木头还难，但也得完成任务。怎么办呢？集中起来进行封闭式管理，没法教学，就看电视，教一些画画之类的科目。这些人都是成年男女，家里的完全劳动力，看回家不成，就打架斗殴、谈情说爱，搞得相关部门很是头痛。据说还发生了许多有趣的事情，这是题外话。

后来，大概看到了时代的发展，特别是江对岸的东坝乡出了许多国家干部，有的还成了高级干部，给东坝乡带来许多变化。别的不说，公路是十几年前就修通了，自己也光宗耀祖，这些都是拜读书所赐。所以，叶巴村村民的观念有了极大的变化，送小孩读书的热情也逐年提高。

那些住校读书的学生大多十岁左右，有的刚七八岁，出门在外，除了学习之外，还要自己料理生活，独自面对许多不是这个年龄段要面对的事情，的确有点艰难。特别是放假和开学时那些远近不等的路程，除了偶尔有便车可搭，就只能骑马或坐摩托车，看着那些小小的身影骑在马背上或坐在摩托车后面行进于山间小道，我们十分揪心。驻村之后，我们的后勤车经常成了村里的便车。有一次逢虫草采挖季后开学，我们去县里开会，越野车里一共装了大大小小十二个人，严重超载，但不搭又实在不忍。还记得那一次，快到林卡乡的山顶上时，有两个女孩晕车吐得天昏地暗，说什么也要下车步行。

有了张飙先生的20万元垫底，我们一心要在村里尽快恢复办学，于是便与村委会成员认真谋划，也征得了县里和乡里的支持。林卡乡中心小学承诺，学校建起来之后由他们派教师。我们就校舍的大小、建筑材料的使用等具体方案，与村委会成员开始了积极的筹划。

也是机缘巧合，西藏自治区正在推进农牧区学前双语教育点的建设工作。通过工作队的努力，叶巴村的学前教育点获准建设，相关部门批准拨款 80 万元，加上原有的 20 万元，足足有 100 万元可以用来建学校了。

100 万元在内地可能算不了什么，甚至买不到一套住房，但是在这里，可以解决涉及许多家庭的重大事情了。

2012 年 5 月，县教育局等部门派来了勘测的队伍，测量了好几个地方。村里几块公用土地都不够大，公路也延伸不到，最后学校的地址选在村西口过去开荒出来又撂荒的梯田旁边，紧靠公路，俯临怒江，地势开阔，阳光充足。县里和乡里的领导都很重视，主管教育的副县长、乡里的觉阿书记一再交代具体事情。县教育局负责这件事情的小肖，跟我在电话里成了好朋友，后来还协调了 20 万元资金以补充叶巴小学的建设资金不足。春去夏至，7 月的时候，施工队终于进场了。施工队开来了大型挖掘机，这个庞然大物在林卡乡到叶巴村的简易公路上走了整整三天，一路得不断地加宽道路。后来施工队老板苦着脸说没人给他道路维修费。要知道，挖掘机的租金为一天 800 元。

学校开工的那天，全村人都来看热闹，从这天开始，叶巴村第一座真正意义上的现代建筑破土动工了。施工队拉来了钢筋水泥，现场制作混凝土砖，开挖地基，平整场地，在公路底下学校的操场位置，修起了一道长十几米宽一米多的堡坎。从打地基、绑钢筋开始，学校一天一个样地建起来。经过与县教育部门商量，施工队用张飙先生的捐赠专门修建了一排四间教师和学生的宿舍，解决了教师和周边几个村子孩子们的住宿问题。

看着学校一天天渐成模样，我们欣喜万分，几乎每天都要去村口观瞻一番。村“两委”也把学校的建设列为村里的头等大事，委派汉语说得最好的村委会成员哈哈乡长负责安排工地上要购买的沙石木料、村里每家每户轮流做小工的事务，学校建设得以顺利进行，施工队和村民没有什么纠纷，大家都很高兴。

为了学校的用电用水，我们和县里的相关部门都想尽了办法。现在，电的问题因为县里整体推进不通电的行政村安装太阳能发电设备而得以解决。记得当时我们和村委会成员商量后决定，专门给学校多留两套太阳能发电设备，以保证学校老师的照明和基本用电。用水问题也因为安全饮水工程的推进，在全村还不能完全保证自来水用水的情况下得到了优先解决。村里的孩子们有福了，按照西藏自治区义务教育的统一标准，他们有统一的校服、统一的标准伙食，书本学杂费全免。

到了秋天，在第一批驻村工作队就要轮换的时候，叶巴小学正式竣工了。学校占地 1500 平方米，建筑面积 560 平方米，包括教室、办公室、食堂、多功能教室等 7 间，教师和学生的宿舍 4 间，拥有米黄色的围墙和校舍、水泥铺地的操场、太阳能光伏电灯、笔直的国旗杆……叶巴小学成了叶巴村的第一座现代建筑，就建筑标准和建设质量而言，叶巴小学是八宿县最好的。络绎不绝前来参观的村民踩在教室里铺设的强化木地板上，摸着乳胶漆涂成的墙面，啧啧赞叹。

叶巴小学的建成，彻底结束了叶巴村和附近几个村适龄儿童前往八宿县、林卡乡和东坝乡小学借读的历史，村民们再也不用为年幼的孩子去远处借读操心了。可以设想，这样一所现代意义的学校在村里建起来，会给叶巴村的未来带来什么样的影响。学校的图书室可以配合信息资源共享工程的建设，在电话通信塔建成后，村民也可以在这里上网，看看外面纷繁变幻的世界；学校还可以建一个太阳能公共浴室，面向全村开放，彻底改变村里的卫生条件和精神面貌……随着叶巴小学的建成，更多的新观念会进来，更多的好风尚会养成，三五年之后，十来年之后，那些怀揣梦想从这所小学出去的叶巴村的后代回来后，会带给这个小山村更多的惊喜。叶巴，这个不久前还封闭沉寂的山村，一定会在这所小学的引领下，带着自己独特的气质，与外面的世界一道，风姿绰约地行进在繁荣富强的大道上。

2013 年秋，我在离开叶巴村半年多后再一次回去，叶巴小学已经正式招生开学了。林卡乡中心小学派遣了三名正式教师前来任教。森给校长，一个腼腆的年轻人，跟人说话还会脸红，一站在讲台上，马上神采奕奕。巴姆老师和仓居老师，两位年轻女性，离开她们熟悉的环境，离开丈夫和孩子，看得出她们有许多不适应，但到了学生们中间，她们的教师天性尽显。我跟她们聊天，她们很羡慕我们的女队员半年一轮换，说她们符合条件的老师是抓阄决定的，但轮换的时间还没有确定。老师们跟工作队关系十分融洽，工作队现在的许多翻译工作都由老师们承担了。学校现在已经招收了叶巴村的八十多个学生，过去我们在村子里看见的流着鼻涕的小小子小丫头，都集中在了这里。住在村委会隔壁的罗布家的三个小孩也都从东坝乡小学转过来了。我们到的时候，老师们组织学生为我们表演了课余排练的节目，因为能歌善舞的天赋，孩子们的舞蹈很出色，有的甚至有点专业味道。负责辅导他们的巴姆老师说，孩子们的表演是经过了我们的驻村工作队队员、西藏自治区文联舞蹈家协会秘书长洛金指点的。这就难怪了。

表演结束，孩子们在操场上集合。虽然还不算整齐，但从高到矮还是排列有序，那股子认真的劲头，令人感动。表演结束后，老师们给他们发放晚上要吃的牛奶和点心。从表演开始，就有许多村民在学校前面的马路边上围观，本以为都是来看热闹的，后来才发现是学生的家长。只见学生领完食品，森给校长刚宣布放学，孩子们就一窝蜂奔向大门，从斜穿的小路上到马路边，跟着家长们高高兴兴回家了。

原来，因为条件限制，叶巴小学现在还不能完全解决学生的住校问题，只能够走读，好在目前学生都是叶巴村的，还算方便。因为核定学生的“三包”经费是固定的，由于学生们不能住校，于是就把余下的费用折算成大米和食用油发给学生，许多家庭也沾了学生的光。

这天晚上，学校老师请我们吃饭。在学校平整的水泥操场上，在叶巴村特有的安谧的夜色中，我们与老师们共同感受着这种交织着现代和传统的气息，说不出的欣慰。叶巴村现代化的进程，在不经意的时间里启动。

还要感谢张飙先生。因为学校设计建造时没有预计到学生的数量，现在的食堂不能满足要求，几位老师只好把食堂让给孩子们，自己在操场做饭。

另外，县教育局配给孩子们的牛奶等时鲜食品，因为缺乏交通工具，常常不能按时送达。张飙先生得知后，又捐赠了一笔资金，用于购置学校生活用车和修建教工食堂。我们用这笔钱买了一辆四轮驱动的皮卡车，由县教育局代管，用它为叶巴小学和县城周边几个小学配送食品和学习用品；叶巴小学的一个小小的教工食堂，也已经竣工开伙了。

第十二章 曲洛

“曲洛”，“曲”是水的意思，“洛”是电的意思，“曲洛”直译就是水电。

这是一种微型的水力发电设备，由水流冲击小发电机而转动发电，村里一部分人家有这样的曲洛，所以，如果你来到叶巴村，千万别因为这里本来没电却有蜘蛛网般交错的电线而惊奇，它们都是村民们为了接曲洛而拉的。如果选的地方水流够大，如果安装也还稳妥，如果机器运转正常，如果电线也够好，那么一台曲洛发的电足够一个家庭简单的照明和看电视什么的。不过这个曲洛有个特点，就是转动起来不能关灯断电，不然机器就会被烧掉。所以当你看到这里家家通宵不关灯时，千万不要以为这里的电多得用不完。

我们进村不久就停了汽油发电机，接受村民的建议，安装了曲洛，心想这也不是技术含量很高的事情。

首先是购买设备。需要购买的设备包括：功率 3000 瓦的小型发电机一台，2400 元；大口径塑料软管一根，20 米左右；装汽油的大桶一个，用来蓄水，100 元；电线若干。这个若干要看安装曲洛的地方离所住地的远近，我们是后来户，加之村民热心要为我们选择一个好地方，经过数次勘察，最后选定果果隆巴上游的谷口，那里距离我们所住的村委会足足有 5 公里。跟主动提出给我们安装曲洛的村医群培家的单巴商量完毕后，我们到山坡上给乡里打电话，委托他们帮忙采购以上物品，并特别交代电线要买好一点的。过了一周，东西大致采购完成，却没有车拉下来，而嘱咐我们要买好一点的电线的单巴也踪影全无。驻村工作队有天碰见他，问他什么时候帮我们安装，他支吾着说这几天特别忙，要到县里办事云云，总之感觉有点推托。当时没觉着什么，后来才知道村里有风言风语，说他为驻村工作队安装水电挣了 1 万多元钱，吓得他不敢动了。

一个冬天，除了每天一个小时的发电充电外，我们只能依靠蜡烛照明。冬去春来，修公路的工程队复工以后，我们托他们把放在乡政府的连接发电机的电线等物品拉下来，准备伺机安装。工程队里有个貌似内行的翻译扎西说：你们的电线买得太粗了，这么粗的电线，小发电机的那点电还没到村委会就消耗完了。想想也对呀，于是我们拜托他在县里帮助买合适的电线，他买来了 5000 米据说是部队工兵用的电线，想必是好的。于是我们又给乡里打电话，请他们把买来的电线再帮忙退了，6000 多元钱呢，比发电机还贵出 1 倍多。觉阿书记随后来电话，说当时把全县的商店都跑完了，才搜罗到这么些个好电线，现在要退都找不到是哪家了。瞧这事闹的！

友邻的两个驻村工作队一个直接从村民那里接手一套正常运转的曲洛，一个在村民的帮助下已安装完成，早就享受长明灯的待遇了。不过他们的电线质量差点儿，有的地方还用铁丝代替，铁丝盘树木而过，电就被消耗了不少。他们觊觎我们的电线已久，此时听说不能退货，便将它瓜分了。

再说我们的曲洛，在老五洛桑及其四个哥哥的帮助下，历尽千辛万苦，终于全线贯通，就要通电了。从计划安装到现在，已将近半年，这个曲洛成为我们驻村工作队的中心议题，现在就要通电了，大家都有一种隆重而神圣的感觉，一致同意要全体上山搞一个“通电仪式”。于是，2012 年 3 月的一天，大伙儿一大早起来洗漱收拾，带上烧茶的水壶、罐头、干粮、登山手杖等种种行头，就差焚香沐浴了。一行人上到果果隆巴谷口，待安装完毕，才想起没有留人在村委会看通电与否，通不通电关系到山上的曲洛要不要运转的问题，如果不通电，曲洛空转的话，就很容易烧毁。没辙，我们只好派跑得快、体力好的洛桑去村委会侦察，德庆到谷口有信号的地方等着电话，其余的人在细雨蒙蒙中生火烧茶，耐心等待。等到电话的德庆前来通报：通了。正要欢呼，德庆又说：但只是把电灯丝烧红那么一点点亮。我们个个灰头土脸，怎么办？吃完饭下山吧。

回到村委会，几个人凑在一块愁眉苦脸研究半天，也研究不出个所以然，最后还是老五自告奋勇，说改天顺着电线一截一截地查，总能找到原因。顺着电线查找，那也不是闹着玩的，电线蜿蜒在坡上崖下，就是老五他们从小在山里长大的年轻人，查找也用了整整两天时间。临了他们告诉我们：电线不行，不是接曲洛的。

头如斗大。

又怎么办呢？盘算：被瓜分的好电线还有些剩余，加上一些铁丝，再去县里买一些中等的吧。这么算下来，这个曲洛快花去别人三倍的价钱了，还不包括我们付出的心血和劳动呢。咬咬牙，就这么定了。

等过些天去县城时又买回若干电线，老五他们又分别出去接线安装，如是者多次，终于通电了。我们已经没有了最初的激动，但每个屋子都有了电灯照明，还是觉得好。晚上就又多了一件事情，各自看书的时候，要把厨房等屋子的灯一一关掉，这样亮度才好一些，临睡时再把厨房等屋子的灯打开，关灯睡觉，来回跑好几回。我们的曲洛运作也极不稳定，忽明忽灭、一惊一乍，关键是它一灭的话首先就得上山把水停掉，这是个头痛的问题。后来我们请洛桑老人家帮忙，在需要停水的时候到山坡打电话给白玛仁青家，白玛仁青家派人告诉洛桑老人家，洛桑老人家再派人去帮我们把水停掉，才算是找到了解决问题的办法。

后来又顺着线路查过几次，有上回从县里买回的电线的原因，那些电线在包皮里面一截一截全是断的。这是什么情况？我们瞠目结舌。还有那些所谓的工兵电线，也不靠谱，不容易接稳当。再有就是被喝水的岩羊碰断的，甚或被某种神秘之物弄断的（老五语），如此等等，总之不消停。曲洛呀曲洛，让人欢喜让人忧。那时有时无的曲洛，后来演变成了驻村工作队的谈资和重要工作。

我们的曲洛算是村里设备最先进、施工最完备的了，尚且如此，村民家的曲洛可想而知。有安装曲洛的家庭，很重要的一项工作就是前去维修。所以，我们一进村听到最多的就是电的问题。“村村通”工程的实施使得家家户户都分到了电视接收设备，国家每年有许多家电下乡的优惠，“可是没有电嘛”，村民们摊着手给我们说。前几年，县水利部门曾经设计在临近的尼巴村修建一座小型水电站，解决周边几个村的用电问题，后来由于限制小型水电站而下马。彻底解决这几个村的用电问题，要等到县三级水电站落成之后，这恐怕是三年以后的事了。怎样早日让叶巴村结束没有电的日子，成了驻村工作队的心事。

2012 年 9 月 12 日，一个值得纪念的日子。中午，有村民从县里回来，带来口信说明天有几辆卡车来村里安装太阳能。是给村委会还是驻村工作队安装？此前我们并没有接到乡里的通知。第二天，当村干部来村委会叫我们时，大小 4 辆卡车已经到村口了。我们赶去，见村民们正热火朝天地帮着卸东西，随车前来的一个负责人找到我们，此时我们才知道，是县里有关部门根据上级指示，给未通电的村每户安装太阳能控制逆变一体机，并派专业安装队安装，能初步解决每户村民看电视、照明及小型电器的使用问题，使全部村民彻底告别无电的历史。

事情来得有点突然。此时我们再认真看每户村民分到的东西，有太阳能板、有蓄电池、有逆变机，甚至还配备了节能灯、安装工具等，十分完备。安装的负责人说，我们这个 80 多户的村子，顶多 3 天就能全部完工。此时已将近傍晚，我们将信将疑，分成几路带着工程队安装，眼看着一户户的电灯亮了，电视亮了，小型电器也运转起来了。到了第三天中午，全部安装完毕。我们的驻地村委会的每个房间都有了电灯，有了充电电源，再也不用点蜡烛，不用拿着充电器到处找电源了。看着神奇的安装队和同样神奇的太阳能，我们都有点不敢相信自己的眼睛。

从让人欢喜让人忧的曲洛，到神奇的太阳能，家家通电的梦想实现了。随着国家的日益富强，随着科学技术的日新月异，过去不敢想象的事情就在眼前发生了。入夜，驻村工作队的几名队员相约着到村子旁边的山坡上，看着家家户户窗户里洒落出来的点点灯火，内心感觉非常温馨。

第十三章　东坝

东坝乡是叶巴村的近邻，在叶巴村的公路没有修通之前，东坝乡是叶巴村通向外面世界最便捷的通道。从叶巴村到东坝乡，过去是通过溜索过怒江，三年前修了人行吊桥，现在去到东坝乡步行骑马，艺高胆大的村民骑摩托车，比过去更加方便。

东坝是左贡县的一个乡，它的民居建筑远近闻名，有“西藏第一民居博物馆”之称。离叶巴村最近的村叫军拥村，因为公路通得早，这里早已水泥铺地，水渠四通八达，村里通电通水通宽带，跟叶巴村比起来，宛如天堂一般。

我们驻村不久，林卡乡负责联系叶巴村的乡干部前来接洽工作，临走的时候告诉我们东坝乡有超市、饭馆，很是热闹。从他的描述中我们知道，东坝乡完全就是一个繁华所在。于是在一个周末，驻村工作队一行五人请了两个村里的小伙子领路，雇了两匹骡子，前往东坝乡“度假”。

过叶巴吊桥沿怒江东行，小道是依山临江而筑的，有的路段还十分险峻，想想那些骑摩托车的村民，真的要艺高胆大才行。

在半道上有一个摩崖石刻，上书三个大大的魏碑体“飞凤岭”，抬头落款都已经风蚀剥落了。后来我们向村里的人了解，他们大都语焉不详，有的说是内地过往的商队留下的，有的说是清朝某个驻藏官员题写的。

由叶巴村到军拥村七八公里，顶着高原的日头上上下下还真费劲。好不容易看见远远的一片绿荫，尤其是石榴树的油绿，沁人心脾，那就是军拥村村口了。我们进得村来，寻找传说中的超市、饭馆，全没踪影，有一家挂着“东坝藏家乐”牌子的院落，大门紧闭。心想，这里是村子，乡政府所在地肯定样样俱全。于是再走，爬坡两公里，气喘吁吁到了乡政府，但除了乡政府的大院，一无所有，饭馆、超市之思，是属“无论魏晋”的桃花源了。

顺村民指引，掉头返回，在军拥村村委会大院门口找到了那间海市蜃楼般的“超市”——一间饭馆兼商店的小铺，里面卖一些老乡用的胶鞋、手电筒之类，再就是方便面，还不如我们村的朗玛厅。大家面面相觑，看来好好撮一顿的愿望是难以实现了。

军拥村村委会院子里的人见我们探头探脑，便出来相问，得知我们是驻村工作队的，便热情邀我们进院子里喝茶。原来他们也是驻村工作队的，派出单位是昌都地区发改委，嘘一口气，总算见到“队友”了。得知我们还没有吃饭，军拥村的队友们给我们热馒头、煮血肠，告诉我们他们单位也是负责三个村，因为距离较近都在一起开伙，前两天刚刚买了一头牛，灌了血肠，夸我们有口福。果然，这是我平生吃到的最好吃的血肠。

吃了血肠、馒头，我们很满足。军拥村的队友们又邀请我们去村里的一户村民家做客，说是早约好的，他们家做了夏馍馍等候。这哪里好意思呢，但军拥村的队友们说，东坝乡是昌都地区有名的民居建筑博物馆，要去的这一户村民家的建筑是很有特色的，不看是要后悔的哦。跟着他们前往，原来就是挂着“东坝藏家乐”的那家。此时院门大开，人欢狗叫。进去一看，宽敞的庭院，四层高带天井的楼房，一层足有三四百平方米，屋子中间的柱子都有六七十厘米见方，雕梁画栋，气派非凡。屋里也有牌子，号称“西藏第一民居”。军拥村的队友们介绍，东坝乡自古有经商的传统，男人们在外面挣了钱就回来建房子，以豪华、富丽著称，过去一栋房子要修几代人，现在也有建了三四十年尚未竣工的。也就是说，自改革开放以来，这里就领风气之先了。

在这户主人的盛情邀请下，我们又吃了牛肉芹菜馅的包子。后来在叶巴村住久了，知道了当地的习俗，大凡隆重的请客吃饭，都是做包子。藏历年期间，我们就被村里邀请着吃了各种风味的包子，这是后话。

这天，在吃了美味的血肠之后又吃了美味的包子，满足了我们“饭馆撮一顿”的想法。

吃完包子，我们又去了一家左贡县人民政府挂牌保护的古民居。民居的主人及其家人还在里面生活，据说祖上是从云南行商过来的，后来在东坝乡娶了妻，请在云南的一所监狱里保释出来的一个木匠，于清朝末年修建了这所房子。这家的主人叫协拉，他的名字后来也成了这所房子的名字。据说协拉家发达时有 100 多头骡马，楼房大小 15 间，房屋建筑集藏、汉、白、纳西等几个民族的风格为一体，门窗雕刻古朴可喜，但要是跟现在村子里的这些浮华庞大建筑相比，还是略逊一筹。叶巴村民居那种不自量力求大求奢华的风格，看来是深受东坝乡的影响。

回程的路上，可能是心情和美食使然，大家步履轻松，完全没有了过来时的沉重。不过两位女队员后来说，回去之后浑身酸痛了好几天，跟被人打过一顿似的。

东坝之行，感触颇深。东坝乡与叶巴村相邻，叶巴村在许多方面都受东坝乡的影响，但东坝乡人的经商意识、外出闯荡的勇气，叶巴村人却学得不多。直到现在，叶巴村里的大部分年轻人宁愿趴在摩托车上在村口晒太阳，也不琢磨把村里的东西贩卖出去。观念的转变，还真是有待时日呀。

从东坝乡到叶巴村，显然过去是一条通商之路，应该是茶马古道的一部分，或者说是一条小的分支。依托这里民居建筑的特点、独特的自然风光，设计一条沿怒江的深度旅游线路，未尝不是一个点子。当地流传着一个传说，说文成公主从内地进藏路过这里，到了东坝乡见山高谷深，心情很不好，说了许多胡话，所以现在东坝乡的话也不好懂。等公主过了东坝乡看见美丽的叶巴村时，心情就好了起来，把前面说的胡话都忘了，所以“叶巴”这个词又有一种解释是“忘了”。叶巴村人迷恋着这样的传说，有着比东坝乡更高一筹的心理。我们倒是希望叶巴村人更多地向东坝乡人学习，学习他们往外走的勇气和进取精神。在我们吃夏馍馍的那户村民家，父亲和儿子平时都在外做生意，偌大的房子里只有老阿妈和媳妇，当老阿妈和媳妇进城的时候，还得请叶巴村的保姆照看着。叶巴村的年轻人什么时候能向他们学习，离发家致富也就不远了。

顺便说一下，在藏族聚居区，除了文成公主进藏的唐蕃古道外，在从东至西的许多地方，都流传着许多文成公主的故事。看来是文成公主的名头太大，其他从内地嫁到藏族聚居区的公主、小姐们都被看作成她的化身。这也说明，在过去的年代里，嫁到藏族聚居区的内地公主还真是不少。

第十四章　修水渠

叶巴村缺水，虽守着滔滔的怒江，但整天为水发愁。

叶巴村坐落在怒江边上，这个边上有几十米甚至上百米的落差，陡峭的山崖，不要说引水上来，就是挑一担水都是十分吃力的事情。如果有充足的电力，当然可以提灌了，但这还是一个遥远的梦想。

叶巴村全村 4 个自然村 80 多户人家，369 亩地，上千头各类牲畜、上千亩果园，饮水浇灌都靠从果果隆巴山谷流下的那一股溪水，因为缺水，家家户户放水浇地靠抓阄来决定，除此还真没有其他更好的办法。

上游的当热村又把水多浇了果树啦，森果村的谁家又不遵守浇水的时间啦，村子里的那些纠纷十有八九是围绕水展开的。抓阄抓到半夜的，就得打着手电半夜在山路上摸索。每到浇灌季节的夜晚，本来寂静的山村便有了此起彼伏的吆喝声。藏历年前后，就开始种青稞了，小麦也到了急需浇水的时候，接下来青稞扬花吐穗，灌浆，成熟，收割，玉米和小米等二茬作物下种，水都是至关紧要的。

叶巴村海拔不到 3000 米，气候温和，只要有水，高原作物种什么长什么，有水的地方便生机盎然。为了水，叶巴村人可谓想尽了办法。20 世纪人民公社时期，叶巴村人为了改变缺水的状况，花了大力气，用几年时间，每家出工出力，从相邻的上游尼巴村修建了一条 15 公里长的引水渠。1976 年，国家拨款 5 万元进行完善，终于把尼巴村的水引到了叶巴村，并在村西口开出了 100 多亩梯田。可是由于建筑材料和工艺水平的限制，加上地质条件十分不好，水渠渗漏严重，据说也就引水浇灌过那么有限的几次，便无以为继了。现在，我们依然能够看见当年那条引水渠的遗存，在尼巴村到叶巴村的半山腰时断时续。这条蜿蜒在悬崖峭壁之间的水渠，是当初仅靠人工完成的巨大的工程，也堪称小型的红旗渠了。这是叶巴村人为改变缺水状况作出的最大努力。

尼巴村的水来自重峦叠嶂的大山，水量丰富，水质清澈，县里曾经设计在这里修建一座小型水电站以解决周边几个村的用电用水问题，但因国家政策调整限制修建小水电站而未能实施。我们每回从县城往返，路过尼巴村村口，看着从尼巴村山沟里流下来的这股透亮的山泉，打心眼里艳羡。因为现在从尼巴村到叶巴村的公路已经修通，从尼巴村流下来的水正好顺公路一段后注入怒江，看着源源不断哗哗流去的清水，又忍不住打心眼里惋惜。

工作队驻村以后，先后四次到尼巴村去考察这条水渠，希望能在这个基础上重建，也计划沿着这条水渠走一趟，但终因许多地方垮塌严重而未能实现。于是，就设想能不能沿公路铺设一条管道，有一种叫 PU 管的很结实耐用。我们把这个想法汇报给县有关部门，得到了鼓励，驻村工作队就撰写了报告，派人到拉萨扶贫部门去争取，晓之以理、动之以情，拿到了自治区的批示，让尽快拿出方案由县、由地区出意见后报上去。驻村工作队欢欣鼓舞，全村上下也很高兴，多少年的愿望就要实现了。县水利局专门请来地区的设计院进行勘察，拿出了设计方案，没想到被地区的扶贫部门卡住了。部门领导认为，叶巴村在全地区也不算太大的村子，没有必要上这么大的项目。后来听说他们是担心叶巴村的项目挤占了全地区的指标，从地区部门的角度，我们能够理解，但从内心而言还是很失落。此路不通，只好另辟蹊径了。

叶巴建村的历史，少说也有三五百年了吧。从东坝乡过来的小道，也应该是茶马古道的一部分，那建村的历史就可以再往上追溯了。从古至今，叶巴村就靠上游那么一股水繁衍生息，现在人口越来越多，小小的溪流再也承载不了如此重负，人畜饮水都困难，更别说灌溉之类的。我们驻村之后，请邻居次西帮我们背水，有时背来的水要沉淀两天才能饮用，水面上总是漂着一层油乎乎道不明的东西，队员们戏称是有益微量元素，不过刚开始大家都普遍感觉肚子胀，可见饮水安全是一个大问题。更进一步，叶巴村现在撂荒的梯田和干旱的坡地加起来足有500亩，超过了现有的耕地，对耕地稀缺的叶巴村来说简直就是宝贝，但因为缺水，只好荒在那里。

叶巴村盛产核桃、苹果、藏梨、石榴、葡萄等水果，花椒和辣椒也都极有名，味道十分正宗。2012年春，县里发下来上万棵核桃树苗，乡里专门租车送下来，但是在分配时大家并不十分踊跃。按理说，村里每家的现金收入有很大一部分来自核桃。我们觉得奇怪，问原因，才知道是因为水，没有水，大部分树苗都没法成活，所以大家的积极性不高。叶巴村的苹果个大汁多味甜，黄澄澄的十分诱人，如果有水，成片的坡地可以开发出来，一棵苹果树收上三五百斤，就是过千元的收入。藏东独特的藏梨树，根深叶茂，十分容易成活，产量很大，藏梨做成的梨子干虽说样子不甚美观，但酸甜可口，还听说有很好的减肥功效。

这年天特别旱，据村民们说是几十年没有过的。我们院子里两畦小小的菜地种的菜，因为没有能够及时浇水，摘了几次便全干枯了；窗台下种的波斯菊、金盏花，如果没有每天省出点水浇灌，恐怕也早干枯了。常常是周边山上被浓云笼罩、雨雪纷飞，而村子里却滴水不至；也有这样的时候，西边的云眼看着过来了，滴上几滴，山风一吹又飘然东去；南北东方向的雨，也同样在叶巴村的上空绕道而过，整个夏天，这里就没有下过一场透雨。许多冬小麦和青稞结出来的麦穗都是空的，只能作饲料。

水呀水，成了藏在所有叶巴村人心头的梦。

县里发改、水利等部门对叶巴村的缺水状况早已熟知，也一直在想办法帮助解决。他们主动请设计院的有关专家会商。因为叶巴村附近地质条件实在太差，十几公里的引水管线且不说耗资巨大，就是之后的维护保养也保证不了，因此引水的方案被否定了。这是村里的最大希望，我们当然不敢向乡亲们如实报告，而是恳请县里再想想办法。

在这期间，县有关部门给了村里改造维护现有水塘水渠的资金，村委会和驻村工作队商量后决定村里自己施工。县里派出了工程队解决村里的饮水问题，取水口建在了果果隆巴的最上游，中间建了3个蓄水池，虽然不能实现户户通水，但每三五户相邻人家可以共用一个水龙头，一拧开水龙头，干净的自来水就汩汩流出，让世世代代靠背水做饭的村民大为赞叹。现在，村里的水渠已经维护完毕，7 个水塘都改造成了水泥池塘，浇灌效能提高了不少。虽然在用水紧张的季节，自来水仍不能保证，还得让位给浇灌这件头等大事，饮水的管道也经常被堵塞，但这些措施已经使用水的困难得到了一定的缓解。不久前，县相关部门决定在叶巴村试探开发饮水井，就是在合适的地方打几百米的深井，一直打到地下承压水层，利用承压水层自身的压力出水，以解决叶巴村的用水问题。现在，我们天天都盼着打井队早日下来，盼着打出哗哗涌流的清泉，让村里半信半疑的人们看看，山上的人家也能用上地下水。

第十五章　行医记

叶巴村的医疗卫生条件，比想象的艰难得多。缺医少药是乡亲们的又一大困难。

刚刚进村的那天晚上，乡领导带着我们借住的那一家就是村医群培家。群培的家是村里的活动中心，这跟他是村里的医生有一定的关系。

县乡相关部门每年都有乡村医生的培训计划，国家也每年都有日常用药和简单医疗器械的派发，但这些都没能改变村里的医疗条件。尤其是乡村的道路情况和每家每户陡峭的楼梯，常常摔得人鼻青脸肿，严重一点的就是骨折。

名义上，叶巴村有两个村医，除了群培之外，当热村还有一个，但当热村的那个基本没听说过有行医问诊之举，倒是群培那里不时有村民前去求医问药。

我们进村的第二天中午，我到群培家借灶做饭，看见二楼外间的客厅坐着一位中年妇女，她头上扎满了银针，一问才知患的是陈年性的头痛，经常过来。只见群培的老婆，一位看上去年龄很大的妇女，也不用酒精消毒，把那些银针拔出来又插进去，在头皮和颅骨之间随意穿梭，看得人心惊胆战。虽然我有那么一点针灸常识，知道银针自带消毒功能，但头上和手上的细菌，加上头上丰富的神经系统，还是让人不寒而栗。后来时间长了，才知道群培是老资格的村医，每月有几百元钱的补贴，同时县乡医院每年还给他配一些常用药品，但村里的人到他那里去看病，要点药品都要收费，几元、几十元不等。知道这些以后，我对他产生了些看法，就不太经常往他家去了。虽然每次在村里或者乡里碰到他，他都会很诚恳地邀请：次羌霍啊（家里来啊），但是我跟他还是有了一些生分。

这天，我在果果自然村的一户村民家里走访，按照常例，了解完村民家里的基本情况，临结束时几个人要下楼，看见厨房的门在动，陪同的村干部拉过门来，门后面有一个小小的身影，一个五六岁模样的小男孩瞪着一双好奇的大眼睛。我们拿出随身的糖果给他，他惊恐地往后退，这时我们发现他的双腿奇怪地弯曲着。他们家的人说，这孩子已经10多岁了，小时候不小心从梯子上摔下来，摔断了腿，找民间医生接的，没接好，导致终身残疾。因为残疾，这孩子很难跟村里的小孩们嬉戏打闹，性格日渐孤僻，现在是天天待在门后面，连吃饭都不出来。

家里人说得很随意，似乎这不过是一件平常的事情，而我们看见他蹒跚着躲到门后面，心里却是一种说不出的难受。

过了两天，到另一家又看到了这样的情形，一个小姐姐背着她的弟弟在村里玩耍，不小心掉下山崖，弟弟摔断了腿，刚刚由民间医生接好，躺在临窗的床上，而小姐姐脸上和身上的伤还在往外渗血。驻村工作队赶紧回到驻地，拿来药箱对她的伤口作简单包扎处理，但看着双腿被固定着的躺着的小弟弟，却无能为力。我们的后勤车回拉萨了，由于刚刚入村，各方面的情况都不熟悉，想着要把这个孩子送到县医院治疗，却心有余而力不足，唯有心里默默祈祷，愿这个民间医生有西藏名医宇妥的本领，能够妙手回春。

走访完了后，接着进入驻村工作紧张的事务，我们便把这件事情忘记了。再后来到外面开会，待回村时路过他家门口，我想了起来，问同行的人，才知道小孩的腿接是接好了，但走路时一瘸一拐的。

这哪里是接好了！

在我们驻村后不久，县医院和县疾控中心到村里来巡诊，县医院副院长兼县疾控中心主任朗加看见叶巴村的情况，给村里的贫困户捐了1100元钱，我们深受感动，并和他们建立了很好的联系。后来村里有一个尿路堵塞和一个流鼻血不止的病人，我们给朗加院长打电话求助，他派了医生和车子前来把患者接到县城救治。假如当时有朗加院长的电话，那该多好啊。之后，村里的药品出现短缺，我们也会在去县城的时候向县医院求助，每次都得到很大的帮助，因为有县医院的支持，村委会的小药柜也变得有模有样。

驻村工作队由此也有了一份额外的工作，兼任乡村医生。小时候，由于体弱多病，加上家里和院子里的亲人和邻居也有许多身体不好的，我就跟着在卫校上学的表姐学习扎针、注射、量血压等基本医疗知识，有一段时间还成了院子里给人打针、注射的男护士。没想到这些粗浅的本领到村里还发挥了作用。现在，村民们一有头疼脑热，基本都找驻村工作队，而且常常自开药方，要的就是青霉素、去痛片等几种药。我们的后勤车回拉萨，首要的事情就是采购药品。三个驻村工作队都配备了药箱、听诊器、血压仪、常用的非处方药品等，还教会了年轻人量血压等基本技能。尤其是刚刚开始量血压时，村里的男女老少只要到村委会来，必定撸起袖子要求量血压。

有一次，驻村工作队和村“两委”开会，村支书和村主任在工作安排上产生了分歧，因为感觉村主任说得更在理一些，我们都倾向村主任，会上大家都同意村主任的意见。但接下来的几天，我们都没见到村支书到村委会来，听说是病了。起先我们没在意，但几天后见到他，人已变样，十分憔悴的样子，于是我们让队员赶紧上他家里帮他做些检查。一检查不得了，血压舒张压将近 200，这才知道村支书本来就有高血压，县医院开的药时断时续，也没坚持，这一次因为这件事情诱发得厉害。这还了得，得赶紧吃降压药！我们拿来县里开的降压药一看，也是五花八门。给村支书试了好几种，最后定下一种效果比较好的，嘱咐一定要坚持，不能停。药物效果不错，后来村支书的血压一直控制得很好。

我们驻村的时候，村里刚刚进行了选举，次巴群吉当选为村主任。在我们进驻之后，他平时不太到村委会来，但村里开会的时候，如果有什么难题，常常是他出主意想办法，而且往往很奏效，是村里十分得力的人才。2012 年春节过后，我轮休完再回到村里，到他家去走访没见到人，说是生病到昌都治病去了。再见到他的时候，已近夏天，比过去消瘦了许多，脖子上有一个鸡蛋大的肿块，因为挤破了，贴着创可贴。见到我们，他情绪很消极，完全不像不久前行事干脆果断的样子。他的这个病，我们也不得要领，因为他是找个体行医的大夫看的病，也没有病历之类的病况记录，我们只能宽慰几句，再嘱咐补充营养。

过了不久，他女儿考上昌都的高中，体检时发现得了结核病，要休学一年在县里治疗。我一下子明白了，村主任得的估计是结核病。于是我们动员他到县医院去确诊一下，但他并不积极，女儿的情况和他自己的身体使他有点心灰意冷，再考虑到结核病的传染性，也不太方便使用后勤车。我因为大学毕业后去探望一个得了结核病住院治疗的兄长，不料也染上了结核性胸膜炎，治好后便对这个病有了抵抗力，于是自告奋勇到村主任家，告诉他平时在家里要多晒太阳，把被子、卡垫之类的都拿出去好好晒透，毛巾要煮一下，碗筷等用品要分开，多吃鸡蛋，每天三个要保证，等等。再从县医院开来利福平、异烟肼等常用药，链霉素不敢随便注射，便改用口服。这些平常的治疗方案，因为对症，也因为村里的乡亲身体底子好，药物吸收快，在我 2013 年再回到叶巴村时，次巴群吉又变成了那个生龙活虎的村主任。

第十六章　爱卫会

刚进村走家串户的时候，我就对村里的卫生状况印象深刻。因为缺水，再加上气候炎热，院子里又养着牲畜，家家户户的苍蝇众多，甚至呆头呆脑直往人脸上撞。群培家商店提供的塑料包装袋被随意丢弃，村边的许多沟壑里都堆放着垃圾。在我们走访玉洛村布琼家的时候，他们家的邻居正在水沟里洗脚和洗鞋子，看见我们来，她飞快地穿上鞋跑到布琼家砸核桃捡出核桃仁给我们吃。我们几个人捏着那核桃仁，想象着胶鞋的味道，无法下嘴。

这卫生习惯不改不行。于是我们就商量，首先从村干部开始，发给他们毛巾、香皂，要求他们把脸洗干净，更进一步，还要把衣服洗干净。并要求几位村委会成员，每个自然村村头、村尾的垃圾要处理。驻村工作队率先示范，生活垃圾之类的都烧掉，烂衣服、塑料包装等挖坑埋起来。驻村工作队还买来湿纸巾，一人揣一包，碰到小孩就追着擦脸。这样持续下来，情况有所改观，村干部们的面貌首先有了改变，村里的塑料包装袋之类的垃圾也大为减少。

但还是不理想，借着村里完善规章制度的机会，我们跟村委成员会商量成立“爱卫会”，全称叫“叶巴村爱国卫生活动委员会”，上升到爱国的高度，成立的是委员会，可见重视。爱卫会由驻村工作队和村干部加上村党员组成，每个自然村的村主任带领两名党员成立爱卫会小组，规定每周逐户检查一次，四个自然村每月进行一次联合大检查，各自然村每周逐户检查评出优、良、差三等，优和良的给予一定的物质奖励，差的也不好直接说差，称之为“继续努力”。我们在拉萨做了红、粉红、白三类纸贴，评完就贴在村民家的门上。每月进行大检查，也会评出一个先进自然村，挂锦旗。这么一来，大家还真当了一回事，家家户户在水沟里洗衣服、洗被子，孩子们的小手、小脸也白净了许多，路边田间醒目的垃圾也减少了。

头一次检查的时候，驻村工作队郑重其事，一大早跟着村干部挨家挨户去转。每个家庭，无论程度如何，都进行了打扫，院里的牲畜归拢了，地也扫了，一楼的东西都码放得井井有条，简陋的桌子上锅碗也都洗干净了，家家都摆放了过年时才摆出来的干果、奶渣什么的。嘎泽仁家装了纱窗和纱窗门，大大减少了苍蝇蚊虫的进入，大家都觉得好，建议要推广；洛俊美家的桑吉，15 岁不到，家里的大人都上山到夏季牧场去了，她一个人忙里忙外，也把家里收拾得干干净净，很让人欣慰。走进每一家，看灶台、摸桌子，看大人、小孩的手和脸，大家就笑嘻嘻乱躲，尤其那些妇女，奇怪驻村工作队何以还要管这些，叽叽喳喳地议论着。

说实话，要想她们一步跨入现代卫生标准，还真难为她们。这村里也怪了，成了家的男人们除了修房子、上山砍树、拉木头，骑着摩托车到外面买卖东西外，就好像什么都不干了，家里家外的活计全归妇女，尤其是家里的媳妇。每天天不亮就听见女人们在山间田地里放水，嗓门极大地叫对面山头的某人，我们称之为“打电话”，也是“通信基本靠喊”的现实版。常常是这样，带着前音后缀的：“哎——白赤青措哎——”白赤是家名，青措是人名，只要不答应，就一直叫下去，这也常常成了我们的起床号角。从那个时辰起，女人们就在田里忙活，放水、锄草、间苗等，中午背一把柴草回家，做饭、喂牲口、照顾孩子，下午继续下地，地里没活就忙家里的事。哪怕是刚刚生完孩子的妇女，还没出月子就在山间地头忙碌，而小孩都是大老爷们背着哄。她们中的许多人，都多多少少患有各种毛病，由于营养不良，几乎所有的妇女都清瘦，都有不同程度的贫血、低血压。查卫生查出这么些问题，也是我们始料不及的。天天看着妇女们劳碌，并没有觉出什么，只有这么一深入了解，才真正觉得她们不容易。然后我们就掰着手指头算，村里勤快能干的男人，真找不出几个来，给我们挑水的次西家罗布算是一个，他会点木工，会做藏刀的手艺，他老婆次西有事没给我们背水时，就由他来背，田里的活他干，家里的活也干，家里四个小孩都弄去上学了，是个好同志。但即便是他，最近也用小骡子换了辆摩托车，时不时在村口亮相。村里妇女们的日子，可见是不轻松的。

爱卫会于是又增加了一个职能——保护妇女权益。这件事情做起来难度就大一些，不能插白旗，这种延续已久的习惯一时半会也改不过来，只有从日常的细小事情抓起，好事情多向妇女们倾斜，村干部、党员带头心疼老婆。再回到爱卫会的事情上，我们可以考虑在组织形式上多吸纳妇女参加，家里的活要求男人们多干，由此延展，田地里的活男人也多干些。在村口每天搞车展的年轻人倒都是干干净净的，可要求他们先把自己家里的卫生搞好。垃圾的集中处理、个人每天刷牙洗脸、家家户户装上纱窗，继而人畜分开、村里路面硬化、水渠建设，乃至修建公共浴室、普及卫生健康常识等，爱卫会任重而道远。不过，随着新农村建设的步伐越来越快，爱卫会设定的这些目标也是可以期待的，说不定哪一天，爱卫会清一色由村里的妇女组成，真正成了保护她们权益的强有力组织哩。

第十七章　乡村朗玛厅

朗玛厅是一种藏式歌舞厅，在拉萨等地是极热闹的场所，也是吸引外地游客的一大招牌。

朗玛厅区别于内地歌舞厅的一大特点是不收门票，靠顾客的啤酒消费盈利，服务员也靠销售啤酒拿提成，所以朗玛厅里的女招待会十分殷勤地给顾客们开酒，并候在旁边端上你的杯子给你敬酒，内地的朋友不知就里，常常以为是必须的礼节，也就十分殷勤地灌得自己肚儿圆。拉萨人打趣道：那些女招待恨不能拎着你的脖领子往里灌啤酒呢。再一大特点是表演者和顾客不分彼此，轮番上台，到了最后乱作一团，尽兴而散。

在进村的头一天，县里的干部告诉我们：叶巴村不错，气候暖和得很，还有一个朗玛厅哩。我们立刻展开联想，在怒江边上有那么一个村子，村子里有一座临江而建的藏式小楼，人来人往……进村以后才知道，所谓朗玛厅，就是我们初到叶巴村的那天晚上借宿的村医群培家。群培利用曲洛在自家院子的楼下空房里开了一个放录像的大厅，里面横着几根木头算是凳子，村里的人都喜欢在那里聚集，或者在院子里席地而坐，可以喝啤酒等饮料、打扑克牌，逢节日还可以在院子里开一个小型的歌舞晚会。

因为群培家地处森果和玉洛之间，正好在叶巴村的中心位置，所以脑袋灵活的群培就在这里开了这个小卖部，把院子用水泥抹了，供村民闲暇时在这里打发时光，传递消息。经常是小孩子在小卖部买些五花八门的零食，然后在录像厅睁大眼睛看《西游记》和武打片，小伙子们在院子里席地而坐，掷藏式骰子，喝着各色饮料，声音极高地念念有词。

这种掷骰子游戏，藏语称“秀”，玩家二到五六人不等，以谁先将手里的筹码全部送达终点为胜。玩秀有一个极富特色的内容，就是在掷两个骰子的时候玩家会用各种成语、谚语或即兴发挥的词念叨自己想要的点数，这类词汇极为丰富，也有相当机智的人拿现场的人和事编词的，为这项活动增添了许多文化色彩。在西藏也有有关秀词的出版物。

年龄大的村民都围坐一圈，喝着自家酿制的青稞酒或葡萄酒，交流着村子里的各类新闻，丝毫不为旁边不时传来的极大的掷骰子声音所干扰。

这里成了村子里的经济中心和新闻中心，聪明的群培用这种方法把大家吸引过来，他的小卖部生意自然红火，他还如此向我们表白：这里看录像和玩秀都是免费的哦。

朗玛厅的主人村医群培在村子里是个人物。我们来之前，无论县里还是乡里的干部下村，都直奔他这里，因为他有一栋可以充作招待所的房子，还有一部随时通畅的电话机，村里的大小会议也在这里召开。可以这么说，许多事关叶巴村发展的大小决定，曾经都是在这里作出的。群培虽然不是村干部，但影响力显然在许多村干部之上。我们驻村后启用了村委会，村里的大小会议自然挪到了这里，群培家失去了“政治中心”的地位，他明显对此耿耿于怀，几乎不踏进村委会的大门。除了最初到他家借宿和借灶做饭的两天，我们也极少光顾他的朗玛厅。倒不是对他的“分庭抗礼”有什么看法，而是不认可他的做法——他作为村医生，每个月都领着补贴，却没有什么医学知识，导致村里的人病了常常得不到及时救治，留下终身遗憾。

我们驻村之后，到村委会院子里来的大部分人都是来寻医求药的。刚下来的时候，我们为自己准备了一些常用药，于是村民们把这里当成了卫生所。如此一来，我们就又添置了血压仪、听诊器，加大了药物储备，临时抱佛脚地加强医疗常识的学习，处理一些头疼脑热和小外伤之类，完全取代了群培的位置，而他却安之若素，一副事不关己的模样。

偶尔，我们会在他那里买一些东西，例如打火机、啤酒之类的。他那里除了这两样，也就是些包装得花里胡哨、生产厂家模糊的伪劣小食品，挑逗孩子们的味蕾，弄得满村到处都是这种不可降解的包装袋，这些包装袋成了村爱卫会后来重点整治的目标。再就是各类用塑料瓶包装的饮料，也是商标和生产厂家可疑。在这里，就啤酒比较放心一点，但要比城里贵出1倍以上。一次，驻村工作队的一位队员去买打火机，给了100元说是没零钱找，等到群培下次再见到这位队员时，却跟没事人一样。这位队员比较腼腆，不好意思向群培提找钱的事，最后是队里的女队员出马才解决了问题。

有些时候，年轻人在那里泡得很晚，完了还要在夜深人静的时候把摩托车搞得炸响，开着震耳的音响轰鸣四散。我们不明白，就村里的几步路还要骑车，何况许多地方是摩托车过不去的，纯粹浪费汽油，因此也就对那个朗玛厅有了更深的成见，觉得那里成了一个风气不好的地方，是村子里许多流言蜚语、是是非非的发源地。

有一天，久旱不雨的叶巴村下了一场暴雨，从下午4点下到5点30分，上游山谷洪水暴发，汹涌的山洪裹挟着大量泥沙、石块和木头，咆哮着流进果果隆巴河谷，村里的水渠、曲洛几乎丧失殆尽，群培家为开朗玛厅安装的几个曲洛也未能幸免。第二天，驻村工作队与村干部查看灾情，发现昔日热闹非凡的朗玛厅现在冷冷清清，许多村民都若有所失，在群培家门口徘徊良久，怅然而去。直到那一天，我们突然意识到群培家的朗玛厅在村民心里的位置。虽然它十分简陋，但重要的是它在山村的日常生活中带给大家的那些快乐，那些无法用其他东西衡量和交换的温暖。群培家的朗玛厅，是村里离不开的一个所在。

后来，在村口白塔对面的位置，白赤也利用自家的旱地建起了一家小卖部，小卖部门口摆放了一张台球桌，因为地理位置好，吸引了村里的一部分年轻人。不过，群培的朗玛厅依靠它特有的传统，依然保持着它的地位，村子里大多数人特别是那些中老年人，闲暇的时候依然愿意到那里去坐一坐，晒晒太阳，交流村子里的最新信息，那里依然是村民们享受闲暇时光的场所。

第十八章　挂红旗

3 月 28 日是西藏自治区人民政府设立的“3・28 西藏百万农奴解放纪念日”，县里要求全县各村挂国旗庆祝，乡里也专门下发了五号小国旗，要求分发到每一户。

在我们看来，这是天经地义的事情。在世界各地，重大节庆日悬挂本国的国旗理所当然，但没有想到在叶巴村遇到了麻烦。在我们去领国旗的时候，乡里十分郑重地跟我们说：一定要把国旗发到每家每户，一定要让大家都挂起来。回村召集村干部安排相关事宜，没想到村干部们都默不作声，怎么回事？细细询问之下，村干部方开口道明原委：叶巴村这一带，包括普龙村、尼巴村几个村子，有一个共同的神山叫“格念”（当地习惯将神山拟人化），这个格念可能是当地某个英雄祖先的化身。据说当年很是了得，早在修建桑耶寺时就立了大功，运去了许多木头。传说这位大仙用头发拴着 7 根木头，耳朵也不闲着，各夹着 1 根，他头发一甩，木头就直奔山南桑耶而去，要知道这距离得 1000 多公里呢。据说现在叶巴村周边的山上还有他当年不小心甩下来的木头。主持修建桑耶寺的莲花生大士对这位大仙很是看重，给予了极高的评价，估计也封赏了不少东西。但这个神山性格暴躁，且嫉妒心很强，他的旗帜是红色的，因此不能容忍别的什么人也随便挂红旗，如果有人挂了红旗，甚至仅仅是晒了红衣服，他就要生气，村子里就要出事情，所以村子里自古以来就没有人挂过红旗。怪不得我们进村不久，就有村民在我们跟前说村委会院子里挂的红旗有点破了，是不是该取下来了。

这是什么道理？

于是我们便给村干部讲常识，讲“3・28”的意义，结合正在村委会举办的新旧对比图片展，要他们给群众做工作，破除迷信，解放思想，并且要求他们首先带头。第二天他们来了，说他们自己挂红旗没有问题，但群众说了，如果他们挂红旗村里出了什么事情，就找他们负责。这可难住了我们，全村500多人、上千头牲畜、几百亩田地，谁能保证每天平安？

于是我们召开村民大会，首先肯定叶巴村在乡里的几个行政村里思想解放程度最高，再结合“3・28”的由来讲新旧生活的对比，特别讲西藏的广大地区，家家户户挂着国旗致富奔小康，我们要拿出十足的劲头考虑怎么样把日子过好，而不是整天操心神山会怎么样。“你们男人头上都挂着红穗子，谁的头疼了没有？”大家都憨憨地笑，不说话。

眼见临近“3・28”，县乡派出了工作队与我们一起做工作。此前，我们也向县乡反映了情况，由于公路初通，电话尚未开通，信息还很闭塞，群众的观念十分落后，加上我们初到，很多情况没有掌握，同时语言上的障碍也很大，我们说的话群众能听懂五成就不错了，宣传效果十分有限。联合工作队把叶巴、普龙、尼巴3个行政村9个自然村的村干部都集中到普龙开会，先是一起开会，宣讲政策，讲意义，讲重要性和必要性，然后每个行政村、自然村分别开会。从早上开始，县乡工作队带来了凉菜、馒头，普龙工作队用红烧肉罐头和白菜烧了两大锅汤，午饭后继续开会。县里的工作队队长过去是宣传干部出身，理论上头头是道、娓娓道来，村干部们洗耳恭听。他觉得效果不错，说：“我们老百姓是很朴实的，相信你们一定能够带动他们。”村干部们叽叽喳喳，搞得他又很烦躁，说：“这点道理你们都不明白。”

村干部们说：“挂国旗的重要性和意义全都明白，我们受党教育这么多年，共产党几十年给老百姓做了这么多好事，大家得了那么多实惠，心里都知道，但是老百姓就是敬畏神山。”队长说，如果神山真的是护佑老百姓的，那他应该喜欢看见老百姓过上好日子，如果不是这样，那他也就不是大家的保护神。

后来，县里考虑到山里的这些村子的公路刚刚修通，老百姓的观念还没有完全转变过来，就说暂时不用家家户户都挂红旗了，但工作队一定要组织村“两委”成员、村里的党员和群众代表在村委会举行“3·28”升国旗仪式。

3月28日早上10点，我们在村委会院子里举行了叶巴村第一次升国旗仪式，因为没有音乐，那个旗杆也没有办法升降旗子，我们就在国旗下面再一次给大家宣讲了“3·28”纪念日的来由和含义，然后合影留念。

鲜艳的五星红旗在村委会高高飘扬，并没有出现老乡们所担心的这样或那样的事情，乡亲们来村委会办事、拿药什么的，我们都拿这件事情说道一番。对于格念大仙，我们也是在充分肯定他建桑耶寺的功勋的前提下，因袭县工作队队长的说法——他肯定是愿意看见他的子孙后代们的日子越过越好！

其实，我们也了解到，除了神山的传说，还有一个原因是一些心怀叵测的人在背后说三道四。在这里，要想真正说服群众，除了宣传之外，日常的工作、干部的作风、干群关系、民生的改善都是很重要的因素。随着农村基础设施建设的整体推进，随着公共服务体系的日趋完善和国家扶贫惠农政策的进一步落实，叶巴村的乡亲们享受的实惠越来越多，了解的事情也越来越多，眼界越来越开阔，对那些似是而非的说法也多了一些鉴别力。第二年，在我们工作队工作交替之后的第二个“3·28”纪念日，没费多大的周折，叶巴村全村就挂上了红旗。现在，每到节庆日，家家户户房顶门前的红旗成了叶巴村的一道风景。

第十九章　照相

乡里来了通知，说需要采集参加新型农村合作医疗（简称“新农合”）的资料，要给村民们照相，希望驻村工作队能够帮助完成这项任务。可眼下正是农忙时节，村民大都在田间地头忙活，很难召集起来。

但事情还得办。

我们首先在村委会设立了一个照相点，条件简陋，好在有三脚架，随着太阳的移动在背阴处以村委会墙壁为幕。安排妥当后，我们便请村干部去通知，然后坐着等村民前来。村民们零零星星地过来，大都是从田间地头直接赶过来的。于是我们又设立了一个盥洗处，放一盆水以及毛巾、梳子等物品。来照相的村民大都不好意思，左右劝说也不梳洗，因此效果还是不理想。充当照相师的我们只好亲自上手，帮助擦脸、梳头发，不拘年龄、性别。

按说现在数码技术如此普及，许多小年轻的手里都有智能相机，虽然在村子里用不上，但作为一件必须拥有的时尚单品，他们都会想方设法弄一台，对照相而言，已经并不神秘了，但这样郑重其事地照相对许多人来说还是第一次。男人们一脸深沉地凝视着镜头，怎么也调整不了情绪。女人们就不一样了，尤其是三五个一起来的，叽叽喳喳，要照相的那一个屁股还没坐稳呢，旁边哄的一阵大笑，要照相的人跳起来就跑，如是再三，好不容易安抚着坐下，不是身子扭向一边，就是眼睛向下，要不抓耳摸腮，很难安静，只好先让旁边的安静安静。这么三五个人照下来，要个把小时。后来寻出点门道，旁边也安排一个人，拿相机照些花絮，人来得多了就展示给他们看，这边就可以安安静静地拍照了。

一次给一个年轻的母亲照相，她背上的小孩正酣睡呢，死活不肯放下来，照完后怎么看怎么不对，最后发现孩子的小手露着呢，只能补照。就这么照了三天，还有一半人没有照相，时间紧迫，我们只好主动出击，到田间地头去给人拍照。两个人拿块作背景的浅色布料，揣着湿巾、梳子，逮着一个就地立住，收拾、拍照。在田地里又跑了两天，这样，才给大多数参加新农合的村民拍了照。晚上我们把村支书请来，在电脑上就着那些或严肃的、或嬉笑的人像一一对名字。村支书看见村里的各色人等纷纷在此亮相，赞叹不已。

这应该是叶巴村最完整的一次图像汇集了。

过去，由于山高路远，公路未通，从乡政府到叶巴村要走整整三天，乡里干部下来统计数据或采集资料十分不易。现在虽然公路通了，但乡里人手有限，要到每个村来做这样细致的工作完全不可能，工作队入驻正好把这些基础性的工作踏实地做起来。这些年来，惠民政策越来越多，涉及农村生产生活的方方面面，而这些惠民政策的落实完全依赖这些基础信息的采集。之前，驻村工作队在走访的时候就发现手头上的资料跟实际情况出入太大。举例说吧，乡里给我们的叶巴村的基本情况里说有山羊 1450 头，但走访一遍下来，没有发现一头山羊，绵羊也没有。再比如说，资料上说叶巴村有 26 名党员，实际上只有 18 名党员，而年人均现金收入 3345 元也不知道是怎样得出的。于是驻村工作队下大决心，要把这些最基本的情况搞清楚。首先是每家每户的户口登记，要求大家把户口本都带来登记。这下热闹了，村里人的户口有的在乡里，有的在县上，更远的在八一、拉萨，问为什么，原来村里的大部分人都没有办理身份证，一个人出门揣着全家的户口本到处跑。还有户口本上的名字与本来的名字对不上的，出生几年没去登记的，去世几年没去销户的，五花八门。还有的人家户口本子明显缺页，问了才知道，过去地区或者自治区要检查农村入学率，检查农牧民技能培训情况，县有关部门就把那些符合条件但没去上学或接受培训的适龄青少年都集中到县里去检查，时间长的要一两个月。在农村家庭里，这些青少年都是强壮劳动力，因此常常阻力很大，有的家庭干脆把户口本上的那一页撕了，“查无此人”，以此来对付。现在，惠民政策的落实都要以户口为依据，没有户口的人照例享受不到，他们才知道吃大亏了，纷纷要求补上。补上户口也不是简单的事情，需要驻村工作队和乡里开证明，还得在县户籍部门查底子，这也成了驻村工作队每次去县城办理其他事务之外另一项重要的任务。

登记户口，没有村干部的协助完全不能想象。有一天登记一个叫“白玛玉珍”的名字，这明明是个女的名字，男主人硬说是他，细问才知道，原来他叫白玛拥珠，县里负责登记户口的人写错了。身份证上出生年月日雷同的更多，特别是“六一”“七一”“十一”这样的节庆日子。村民本来记不住孩子的出生日期，办理人员又图省事，这下可好，等将来生活水平提高了，每个人都要过生日，那么每到节庆，比如党的生日啦，国庆节啦，过生日的就会扎堆。还有年龄与实际情况明显不符的，那也没办法，这些人将来要想考证自己的生辰八字，恐怕并不容易。我们用了一个多月，扎扎实实地做了这件事情，现在的户数、人数明明白白，再配以照片，每户的田亩、财产登记，就是一户户完整的户情档案。这也是驻村工作队完成的重要工作之一，是将来开展任何一项工作最坚实的基础。

那段时间，村委会热闹非凡，每天进进出出的都是拿着小本本的老乡，为一个孩子的具体出生日子、为这家的女儿已经嫁到了那家、为那家的儿子又入赘到了第三家，还有要求分户的、要求把自己的名字改改的，不一而足。有时候，翻看电脑里的这些资料，觉得在村子里的那些日子还是没有荒废。

第二十章　藏历年

2012年2月中旬，藏历年到了，算算我们到叶巴村也已经三个多月了。

越临近新年，过节的气氛越浓厚。虽然今年村里刚有人去世，村里不准备搞大型的娱乐活动，但家家户户的过年准备工作还是在热热闹闹地进行。新鲜的糌粑早就磨好了，储存在高山夏季牧场的肉食也都拿下来了，小溪边、水塘边，到处都是洗衣服、洗被子的妇女，每家的汉阳锅——就是内地那种带把的、不带把的平底铝锅和烧水壶也都要在水塘边擦得干干净净。

已经有好多家庭陆陆续续到村委会来发出邀请，没有太多的语言，只一句“罗萨羌霍啊”（新年到家里来啊），并伴以诚恳的手势和表情。看来，我们这一段时间的工作和表现还是得到了村民们的认可。

在此之前，对于如何能够更快地融入村里的生活、如何能够更快地得到村民们的信任，我们还真没有十分的把握，主要是语言的差异，我们说的话不知道村民们能听懂多少，因此在许多事情的交流上总觉得效果不理想。于是我们商量决定，利用新年串门拜年的机会，再给大家讲讲近几年的惠民政策，发放惠民卡，同时利用我们的优势，给每个家庭拍全家福照片。

在藏历年之前，我们已经跟村委会成员们商量好了，每家发300元的过节费。300元真的不算多，但驻村工作队每年10万元的惠民经费是不允许发现金的，要用来解决村里发展遇到的实际困难，因此就这个过年的钱，还是经过了我们三个驻村工作队的联合申请，县乡两级批准后才统一发放的。我们三个驻村工作队所在的行政村相距不远，这样的事情必须步调一致，要不然三个村攀比起来，好事就会变成坏事了。

头一家去的是村支书群觉金巴家，他们家就在村委会旁边，是我们的近邻。进门问好，献哈达，行礼如仪。村支书在昌都读高中的儿子和在八宿县读初中的女儿回来了，嫁到日加家的大女儿和嫁到当热村的二女儿也回来了，全家人穿戴整齐，我们就在他们家门口给他们拍全家福。拍完照片，村支书把我们请到楼上，桌子上已经摆好了少见的肉食，还有饮料和自家酿的葡萄酒。

我们当然不好意思吃村支书家的肉食，但每家自酿的葡萄酒得喝几杯，不然说不过去。叶巴村气候暖和，藏历年期间已经苍蝇飞舞了，这些小东西闻到甜丝丝的滋味就不邀而至，常常在你不注意的时候去喝你杯子里的酒，不小心就会失足落下，在杯子里折腾，这时你就会很为难，只能趁主人不注意的时候赶紧把酒泼掉。转了几家之后，我们有了经验，拿主人家给的苹果把酒杯盖上。这一措施十分得体管用，既照顾了自己的酒杯，也不会让主人难堪。

叶巴村过年有一项比较隆重的习俗——包包子，家家都包。我们吃到的第一个包子是日加家的。我们早上在日加家拜完年，又转了几家后回到村委会正准备吃午饭，日加家的老五洛桑就过来了，请我们到他家里去吃包子。我们很纳闷：刚刚才去过了，喝了啤酒、葡萄酒。“走吧走吧。”老五盛情邀请。我们也不知是什么礼节，只好跟着又到他家去。进了家门，全家五个弟兄都在那里忙乎，有的和面、有的拌馅儿，阿妈啦担任总指挥，一会儿包子上笼蒸好，端给我们一人面前一盘，配上自制的辣椒酱，他们全家人都看着。我们让大家一块儿吃，他们却说吃过了。原来，这是叶巴村最上等的待客礼节——给客人现做包子招待。这顿饭，我们吃得既感慨又感动。

吃完，撤去，又开始敬酒。日加家的儿子们都不喝酒，便用饮料代替。那天，我们都没少喝叶巴村村民自酿的荞麦酒。

接下来，又有许多家请我们去吃包子。包子馅都是存放的半干的猪肉、牛肉做的，风味各异，但因为存放的时间长了，都有一股哈喇味，有的哈喇味还比较重。实在吃不惯，我们便趁主人不注意，把剩下的一半揣在兜里。这样转一圈，有时兜里就有四五个没有吃完的包子，想想心里真有些不安。

那几天，出去拜年，我们就都背上几听罐头，不然，何以为报呢。

藏历年期间，森果村益西家的女儿要嫁到尼巴村，这好像是两个村全体村民的事情。很多天以前，尼巴村的队友就过来传递消息，说什么时候来迎娶，准备得已经相当隆重了。出嫁那天，叶巴村仿佛也倾巢而出，迎接尼巴村迎亲的队伍到来，欢送新娘子嫁出去。一来一往，热闹非凡。

迎亲的马队来到益西家门口，男方的舅舅拿着五色经幡裹成的彩旗在门口唱了迎亲词，新娘子在伴娘的陪伴下从家里走出来，绕过煨桑的火炉，踩着用来装青稞等粮食的麻袋垛子上马，一路向尼巴村而去。由摩托车、马队组成的送亲队伍从叶巴村的小道逶迤来到村口，在村口又经过一番仪式，顺着公路向尼巴村而去。马队前有开路的，后有护送的，陪嫁的木箱物品装满了六七匹马的马背，很是壮观。几天后，新娘子回门，益西家在自家的果园里拉开场子，叶巴村的姑娘、小伙子们都踊跃参加，举行了一场盛大的歌舞晚会。这场婚事成了叶巴村那一年藏历年的亮点。

第二十一章　聚会

我们进驻的三个村因为地处偏远，公路路况极差，驻村之前就约定没事尽量少出门。但是要到县城补充给养、洗澡，到县强基办、乡政府办事情，于是规定后勤保障车每两周出去一趟，每次每个工作队去一到两个人，在县城住一天，轮流前往，相互之间也见个面。

刚开始的时候，叶巴村的公路还没有修通，后勤车停在普龙村的马路边上，因为道路狭窄，驻村的司机师傅每天要从普龙村村委会爬20分钟的山坡到公路上看汽车，看看汽车有没有被山上的滚石砸坏，有没有挡住偶尔路过的车辆。每到进城的日子，各村要进城的队员就早早准备，到村口通公路的地方等着，司机师傅先到尼巴村再到叶巴村把人接上，第二天又依次送回。照例每个村在家的人第二天下午都去村口等着搬东西，采购东西多的时候，就请邻居牵上马或者用摩托车帮助运回村委会。这好像也是每个驻村工作队挺大的事情。

刚驻村的时候，要做的事情很多，走家串户，完成各种登记，学习文件，完善基本生活条件，整天忙忙碌碌，并不觉得无聊寂寞，可时间一长就会挂念邻村的队友们。

从地图上看，我们所在的三个村呈三角形，从普龙村到尼巴村是上山，5公里；从普龙村到叶巴村沿怒江东行，12公里；从尼巴村到叶巴村，下山后沿怒江东行，7公里。普龙村东头的人字桥是三个村的岔路口。距离不算太远，但走起路来还是十分吃力。三个村有事情的时候，最初是托村民带话，但事后发现带话十分不靠谱，所要传达的内容跟实际带到的话语相差十万八千里，后来就改为写纸条请村里的摩托车骑手捎去，我们付汽油钱，谓之“鸡毛信”。

藏历年过后春耕完了，村里的各项工作也基本走上了正轨。一天，普龙村的队友们全部来到叶巴村，称好久没跟家里联系了，来叶巴村的“电话亭”打电话，这给叶巴村驻村工作队平静的生活带来了惊喜。

当然不能光让他们打电话，免不了翻箱倒柜，生火造饭招待一番。吃饭的时候大家有感触了，就商量：以后如果没有特殊情况，每个月三个驻村工作队聚会一次，轮流做东，除了交流工作、沟通情况外，还必须要有饭菜。因为叶巴村最大，又是总领队所在地，还有电话信号，当仁不让，定下下周末就从叶巴村开始，只是要辛苦司机师傅来回接送。司机师傅很痛快地答应了，大概闷得太久了，巴不得有这样的聚会，哪里怕辛苦。

于是开始操办周末的饮食，群培家的小卖部有啤酒卖，新鲜肉已经吃完了，只好用罐头代替，好在叶巴村出产的蔬菜不少，可以搭配着炒出好几样，队员们再贡献出自己的小零食，也基本像样了。

我们在这几天忙乎起来，比过年还郑重其事。也许是我们的欢乐气氛很感染人，连前来办事的村民都觉察出了不一样。

很奇怪，我们工作队的举动不出几个小时，就传遍了所在的三个村，要知道这里可是不通电话的。比如说，我们的后勤车有什么急事要临时出去，我们自己都还没有完全确定，三个村要带东西进城的、要搭车的人，就已经到村委会等着了。每两周我们会出去一次，那时我们的汽车就成了村民的运货车，有时还不得不超载带上病号、老人等。这让我们很是惊奇，怀疑他们有特异功能。这不，有村民就问我们了：“你们三个队是要聚会吗？”

我们的队友不会去给他们广播了吧？

周末，其他两个工作队的队友全数驾到，驻村以后第一次人员这么整齐，真是开心。前来看热闹的村民也被邀请加入，不过他们只是围观，不肯赏光，主要是来看看其他几个驻村工作队的队友。

三个驻村工作队的聚会就这样开始了。起初我们还有点担心这样在村里影响不好，要求大家尽量低调，中午聚会，下午各回各村。后来侧面了解到村民们的反应，村民们都说你们本来就是一个单位的，离家那么远到这里来，这样才对，就是要相互照应。

因为事情不少，三个队的聚会也时断时续，但是准备的东西越发齐全了，该哪个队承办了，没说的，进城时先把东西置办齐全，新鲜肉是必须得有的，碰到县农贸市场有牦牛肉自然更好。三个村的村委会成员也经常被邀请，这成了我们跟村里加强沟通的一种手段，不过，费用都是我们队员自己的生活费。偶尔也有不尽兴的时候，那么晚上就不回去了，打地铺凑合一宿，第二天再分手。

有一次，正值 7 月，是高原万物生长气候宜人的季节，也是农闲的时光，轮到普龙村工作队做东。我们早就看好了距普龙村人字桥不远三村交界的那个地方，从尼巴村流下的那股溪水流经此处，公路边上有一处草地，树木葱茏，绿草茵茵，我们要求普龙村工作队在那里操办聚会，美其名曰离大家都近（其实是离大家都不近，离最近的普龙村工作队也有 3 公里）。普龙村工作队把煤气灶、锅碗瓢勺都用骡子驮到那里，一大早就在那里准备。我们每个工作队都做了自己的拿手好菜，在小溪里冰上啤酒，就着大好的阳光和新鲜空气，欢乐地度过了一日。那一天，相信会深深地印刻在每一个驻村队员们的记忆里。后来轮换进村的新队员们，都会听到村民们给他们介绍："你们之前的工作队，真的像一家人一样哦。"

第二十二章　山村一日

早上7点30分，手机铃声会准时响起，手机在这里重要的功能就是闹铃。但更多的时候，闹铃还没有响呢，窗户外面就有了吆牛的声音、上山放水的声音、各种鸟叫声，有时我们也会被一早来办事的村民叫醒，要头痛的药，或者开具到县城买柴油的证明……

起床后的头一件事，是先看看储水桶里的水还剩下多少。经过一天的沉淀，储水桶里的水已经比较清澈了。邻居罗布家的次西每天为我们从沟里背水，我们每月支付给她200元，这算是我们工作队的一项特殊的生活开销。因为别的村子都接通了安全方便的自来水，而我们的水挑来还要沉淀一天。

烧水做饭用的是烧柴火的铁皮炉子，有两个火眼。冬天在办公室兼厨房的大屋子里做饭，夏天就得待在院子里搭的小棚中，要不太热受不了。引火最好用头天晚上用剩的蜡烛尾巴，那样的话只要一根火柴就能轻松地把火点着，这是我的新发现，十分管用。然后是刷牙、洗脸、刮胡子，在茶壶里放两袋速溶酥油茶，加上点牛奶、茶叶，也是不错的早茶了。这个时候灶上的水也差不多开了，于是我们冲茶、抓糌粑。

糌粑是公认的好东西，关键是顶饿，特别是早上要到村里去办事，吃糌粑最好了，顶到下午没问题。没风的时候，可以把桌子、凳子搬到院子里，夏天屋子里太热。这时千万不要忘记打开太阳能充电开关，不然手机、电脑、电子书和晚上看电视所需的电能就没有着落了。

早饭结束，如果没有外出，我们就组织学习各类文件，尤其是那些支农惠农的政策。这些政策我们过去在工作中接触不多，在村子里工作，不认真学习掌握这些政策不行。整个上午会很安静，只有村委会的红旗在猎猎作响。

除了来寻医问药的村民，这时一般不会有人来，村民都在各自的田里和家中忙碌。春夏时节，青壮年男子或上山放牧、挖虫草，或外出打工，村里多剩下妇女、老人和儿童。

中午饭一般是1点左右开始做。如果刚刚从县里回来，就可以多做两个菜。肉是必须尽快吃完的，没有冰箱，天气又热，无法久存。常常是头两天吃肉，过后的日子就靠青菜和罐头度日。

午饭用煤气做。刚来的时候，三顿饭都是烧柴，很是痛快，但看见院子里的柴火堆就这么快速缩小，切切实实能感觉到森林缩小的速度，于是驻村工作队队员们商量，买一套煤气灶具，到县城换煤气做饭。县城只有一家煤气店，垄断经营，开店的老板很骄傲，每次换煤气时打电话在不大的县城里追踪他，得花两三个小时。

午饭过后事情就开始多起来，村民的头疼脑热呀，邻里纠纷呀，各种统计呀，方方面面，七零八碎。这些年国家的惠农政策越来越多，需要掌握的数据也越来越多，从最基本的身份证号码采集、医保照相，到各家各户的档案、村委会村支部的各种办事规程、村规民约、“三会一课”制度等，我们就像在一块空地上按着图纸一砖一瓦地建造一所房子。

下午的时间过得很快，一下就到了晚上7点多钟，中午做的饭多的话我们就热剩饭吃，不然就下挂面。太阳能卫星电视效果很好，可以看新闻联播，看西藏新闻。打电话就要到山坡上去，村委会院子前面有一个小土包，上面可以接收到来自怒江对岸左贡县东坝乡的移动信号，因此那里就成了我们的“电话亭”。其他几个驻村工作队的队友们前来串门的时候，第一件事就是在“电话亭”待上半个小时，有时候来的人多了，呼唤声此起彼伏，谁也听不清说什么。

夏天，8点左右天就渐渐黑了，爱看电视的看电视，不爱看电视的就摆弄电脑、电子书。虽然没有电，但我们玩的东西都还跟电离不开，这还多亏了县里配备的太阳能，如果没有它会十分不方便。

刚来的时候没有太阳能，单位配了发电机，发电机一响，每间屋子都灯火通明，很让村民们羡慕。但好景不长，发电机是个油耗子，按一天发电2小时计算，一天得烧掉10千克汽油，且不说一个月要花两三千元的油费，就是来回去县城买油，都是难以承受的负担。半个月之后，我们的发电机就停火了，过了好一段黑灯瞎火的日子。后来有了太阳能，除了不能每个屋子都安上电灯外，充电一类的事情还是基本有了保证。

赶上周六、周日，没有急事的话我们还可以休息一下。年轻人睡个懒觉，然后洗衣服、整理内务、清扫院子。生活垃圾不能乱丢，这天就可以集中起来烧掉，旱厕也该垫一垫了。几个队员守着一个院子，居家过日子的琐碎事情还真不少。下午可以到怒江边走一走，河滩地里有许多不俗的石头。驻村工作队已经打定主意，要动员乡政府在318国道边搭一个棚子，在那里销售怒江边上的石头，连名字我们都想好了，就叫“怒江奇石”，至少这是增加村民收入的一条路子吧。驻村工作队前前后后已经捡了不少石头，还有更多更好的石头在怒江边上躺着呢。

晚上10点以后，村子里就很安静了，大部分村民都已经入睡，第二天他们还有许多事情要做。日出而作，日落而息，这是他们大部分人的时间表。当然也有例外，比如村里的年轻人，在群培家的朗玛厅里灌一肚子啤儿茶爽，然后开着音响骑着摩托车回家。村里的一天就是这么过的。有时候，在烛光下发呆，思念远方的家人，或者在月圆的时候坐在院子里看那棵枝叶繁茂的核桃树树影婆娑，看银河灿烂，会有一种宁静致远的感觉。

第二十三章　春天

叶巴村的春天，是随着核桃树尖尖的嫩芽一起到来的。

藏历年前后，江风已不再刺骨，突然之间就看见许多枝头上的绿色，这里一点，那里一簇，继而弥漫到满枝满树，到处都是翠绿的颜色。田地里的冬小麦和青稞热热闹闹地钻出地面，空气中到处飘散着泥土清新的味道。

核桃树的生长让人惊奇，好像一天一个模样，从一绺一绺的穗子，到尖尖的嫩芽，再到小小的胎胞，村委会院子外罗布家的那棵核桃树，把长长的枝条伸进村委会院子，就像一个现实版的演示，给我们讲述春天里成长的故事。

接着，河沟里的柳树柔柔的枝条绿了，桃树呀，苹果树呀，一个个争先恐后地开出花朵，而藏梨花完全是爆发般的盛开。一天清早，我起床后照例到村委会大院外转转，这时就看见沟沟坎坎上一片雪白。下雪了吗？天上晴空万里，原来是那些生命力旺盛的藏梨树在一夜之间开满了粉白的花朵，空气中到处弥漫着略微有些发腻的甜香。

春天就这样大张旗鼓地降临到了叶巴村。

春天是忙碌的季节，村民要往地里堆肥，每天从早到晚排着队给田地浇水。除了侍弄田地，还要忙着准备过藏历年需要的东西，参加驻村工作队和村委会召开的各种会议和举行的各种学习活动，有落实某几项惠农政策的，有参加社保登记的，有乡人大代表选举的，有“3·28 西藏百万农奴解放纪念日”座谈会的。整个 3 月，是我们跟大家见面最多最勤的一个月，村委会的院子里整天人来人往，喜气洋洋。

乡里给村委会下拨了 2 万元的维修经费，村委会的维修工程也在这个春天动工了。老五洛桑他们家承包了这项工程，兄弟五个身强力壮，还会做木工和泥水工的活，一家子在父亲日加（我们戏称他为“总司令”）的带领下，从村边拉来沙子，在县城买来水泥、涂料等材料。我们要求重新涂刷五间房子的墙壁、重新做五间房子的地面，整治屋顶，搭一个简易厨房，做一个公示栏，还要在办公室做一个储物架、四张木床。老五看见我们列的清单，快要哭出来了，说得回去跟“总司令”报告。老五走了之后，我们觉得工作量确实大了一些，准备酌情减少。“总司令”日加跟老五一起过来，各处看了看，说：“工作队来这里是给村里办事的，除了材料要花钱买，力气我们有的是，不说什么了。”搞得我们怪不好意思的。装修工作进行了一个多月，我们来回搬了三次家，真是忙上加忙。

忙乱中，春更深了，青稞已抽出高高的穗子，坡地上各种野花竞相开放，大黄蜂在我们窗户下筑的蜂巢日见其大，丝毫不受装修的影响，老五他们家的装修人员也对这些“建筑工”视而不见，双方和平相处。我们的两畦菜地里的小白菜绿成一片，萝卜、韭菜也都长势喜人。

忙碌的春天里，我们跟村委会成员们商量、跟村民们讨论、跟乡里和县里的相关部门沟通，制定了叶巴村 2012 年的发展规划。首先是水，从尼巴村引水到叶巴村，是叶巴村多少年的梦想，村干部和村民们甚至说：其他什么问题都可以不解决，只要尼巴村的水能够引过来。“啊啧啧”，期待之情溢于言表。驻村工作队也暗下决心，无论如何，这个引水的事情今年应该要有个眉目。其次是建学校，已经有了眉目，只盼望着早日动工了。移动信号塔，今年应该争取落实吧。另外，村里的安全饮水问题，也在驻村工作队队员的脑子里萦绕已久。还有村医务室建设、道路硬化等，一条一条列出了 38 项，都是村子里亟待解决的。描绘着这些蓝图，心里一则以喜、一则以忧，喜的是这些事情一桩一桩，只要列出来就有线索；忧的是这么多事情，千头万绪，不知怎样尽快完成。

春天就在这样的忙碌之中渐行渐远，转眼间，进驻叶巴村已有半年了，回过头盘算，几项事情已摆上了日程：安全饮水工程已有了批复，不日就要动工；信号塔的事情也已落实，年底之前就会矗立起来；大家最关心的引水工程，自治区相关部门已经有了批示，现在该我们抓紧做基础工作了；而建学校，已经在村口怒江岸边一日一个样地建设着，有望在秋天招收学生……

叶巴村的春天，就这么悄然而逝，来得热烈，去得无声，还没等我们细细咂摸它不同于别处的风味，就无影无踪了，映在我们眼里的已是日渐火辣起来的夏天。不过，叶巴村的春天已经留在了我们的相机里，将来闲暇的时候，可以拿出来细细品味；叶巴村的春天也留在了我们的记忆中，在我们回忆起与村民一起参加的某次会议时，那村委会院子里头热热闹闹的枝头繁花，也会随之而至；更重要的是，叶巴村的春天留在了在这个春天绘就的蓝图里，将来，当蓝图上的规划一一实现时，叶巴村的春天就永远烙刻在了那些实现了的愿望里。

第二十四章　怒江奇石

大江多奇石。

驻村工作队周末比较有意思的休闲活动，就是到江边去找石头。怒江的鱼也不少，据说大的有五六斤重，味道鲜美，但鉴于老百姓对打鱼持否定态度，这项活动就免了。

我们驻村不久，就有单位领导前来看望驻村工作队的队员。这位领导是爱石之人，慰问活动之余，就由我们领着去怒江边找石头。那是我们第一次深入到村子东边怒江沿岸的深处，我们搅扰了山上岩羊到河边来喝水，那些岩羊就从山上掀一些石头下来，石头纷纷滚落，下面的人都赶紧躲在江边巨石后面，躲过一劫。当然，我们那天捡到了挺好的石头。

村里人好奇，驻村工作队没事干，捡这些死沉的东西做什么?

开头，我们没什么见识，见着什么都好，杂七杂八捡回不少，都堆在村委会的院子里，犹如施工工地。后来慢慢有了些心得，能分出些好赖了。周末天气好的时候，三五个人背上水和干粮，在怒江边上游历，别有情趣。江边大都是巨大的石头，有的被江风摩挲得发亮，有的被江水和时间蚀刻出千奇百怪的模样，虽然搬不回去，但看一看也赏心悦目，能感受到大自然的鬼斧神工。

有一次，队员德庆捡到一块大若鸡卵，白天看上去很平常，但在晚上打着手电筒看则是半透明的石头。这事不知怎么就传到了村民的耳朵里，越传越神，说是颗夜明珠，是村里的保护神阿乌瑟瑟的宝贝，传得沸沸扬扬。阿乌瑟瑟是村里很受人敬仰的神山，就在果果村下去的江边，我们捡石头的地方多数也在那里。阿乌是“老奶奶”的意思，把老奶奶的宝贝捡走，那还得了。

我们赶紧告诉德庆千万要送回去，要不麻烦大了。德庆半开玩笑地说：“这是神山奶奶送给我的礼物哩。”德庆是民俗专家，跟老乡的关系很好，不知他怎么就把大伙儿说通了，反正后来没有人再提及夜明珠的事情。再一次，旦巴在路边发现一块石头，这块石头酷似人体的某个器官，体量巨大，他请日加家力气最大的老二群增背回来，后来用棉被包裹了，经过了人扛、马驮、车载等程序，千里迢迢带回拉萨，先在他家的院子里雄赳赳地立着，后来被人批评不雅，又将其转移到了房后的空地上。

久而久之，我们在河边的发现越来越多，石头有酷似海豚的，有状若桃花的，有像一条飞龙盘踞的，还有一些纹理奇特、质地细密、模样古怪的，五花八门。有领导或者队友前来，不时也挑几块带走，石头成了不俗的礼品。队员达瓦年轻、身强力壮，喜欢那些个头大的。有一次他捡到一块纹路丰富、石质细腻的大石头，爱不释手，专门把它泡在水里，一天看好几遍。一日，不小心把洗碗剩下的水倒了进去，第二天看那石头，油迹斑斑，毁了容了。达瓦又是用开水烫，又是用洗洁精洗，折腾三五日没有效果，经常蹲在那里看着那块石头痛惜。

捡石头的风气流传到了临近村子的驻村工作队，但他们都不靠江边，优势不大。一次，叶巴村、普龙村、尼巴村三个驻村工作队聚会，我们在路边捡到一块品相不错的石头，带到聚会地点的小溪边。聚会到了一半，尼巴村的一位队员到小溪边洗手，之后满脸喜色地回来，神秘地说：“有缘呀有缘，你们猜我找到了什么？”我们当即明白了几分，讥笑他：“哪来的缘分，那是我们捡的。”不过，既然有缘的话都说了，我们还是将石头送给了他。

若说有缘，天生万物，原本一源，且万物取之不尽，人生有涯，哪里是个头呢？捡石头本来是驻村工作队的休闲项目之一，若是当作某项事业，玩物丧志，甚而以求发达，就偏离得太远了。

叶巴村的怒江石还有一个特点就是彩石很多，大概是不同的矿物质含量很高的缘故。这里的彩石五彩斑斓、图案丰富，极像抽象派大师的作品，现代派气味十足。驻村工作队设想，有朝一日，在林卡乡临近318国道的路口搭一个简易的棚子作商店，上书大大的“怒江奇石”几个字，号召村里的年轻人没事别到村口晒太阳，而是到江边去找石头，找到后就拿到这家“怒江奇石”商店寄卖，让那些躺在江边千百年的石头走出来，寻找有缘人，说不定也是一条增加现金收入的路子。

我们把这个设想向乡领导汇报了，意思是希望他们能够支持，在318国道的路口搭建一个简易的棚子。乡领导听了，倒是没有反对，不过在路口搭个棚子的设想，到我离开的时候也没能实现，他们可能觉得驻村工作队这些同志的想法未免太天真了吧。

第二十五章　最高的酒吧

进入农历五月底，就到了采挖虫草的季节，县乡决定在几个虫草采挖点设立工作组，协调采挖虫草期间的各项事宜。我们工作队和乡政府共同组成的工作组驻守在夏贡拉山上的夏季牧场。

虫草是西藏老百姓，特别是牧区老乡的主要收入来源，产量最大的是那曲，叶巴村附近的山上也产一些，但量都不大。这些年虫草的价格节节攀升，叶巴村的男青年很多到更远一些的地方去采挖虫草，先是偷偷摸摸在人家的领地采挖，后来看管得严了，就受雇于那些虫草多的地方，帮别人采挖，挣一些辛苦钱。不管怎么说，采挖虫草是这里的一项重要收入来源。

我们进驻的这片夏季牧场基本是属于普龙村的，采挖虫草是在周边的山顶草甸上。因为紧临公路，这里成了附近几个村虫草的交易中心，有两家村民搭起了帐篷商店在这里卖各类杂物、食品。

工作组的住所安排在一家老乡夏天放牧的小屋和一顶自带的帆布帐篷里。老乡的小屋有两层，一层是牛马圈，二层有两间房，一间房是封闭的，平常用来堆放东西，夏季用来住宿，现在成了帐篷商店的仓库，可以锁上，有 10 平方米左右。另一间房有一面没有砌墙，长年敞开，更小一些，平时用来堆放柴火，现在就成了工作组的宿舍兼厨房。帐篷搭在小屋北面的坡地上。林卡乡虫草采挖联合工作组就算正式成立了。乡里买了奶茶、牛奶、鸡蛋、挂面和各类调料，西葫芦、大白菜、圆白菜、花菜、青椒等各色菜蔬，还有面粉、大米、糌粑等，有煤气灶、柴灶，生活物资齐备，比我们驻村的物资还丰富。

我们带了折叠床上去，把敞开的南墙以及北墙与屋顶之间的缝隙用塑料布封住，就是一个十分完美的临时住所了。

这年天旱，刚上山的时候已经很久没有下雨了。早上山的老乡有的一天采挖一两根虫草，有的干脆颗粒无收，纷纷打点下山去了。据说几个村的老百姓联合起来请附近色巴寺的僧人求雨，作法的僧人说了，让山上那些形形色色的人都下去，不然作法不灵。于是，在热闹几天之后，山里又清静了下来，到了最后，只剩下山上开商店的几个人和我们工作组，我们正好乐得清静。

早上 6 点来钟，天刚刚放亮，森林里的各种鸟就开始放歌，有一种鸟的叫声奇特，我们叫它“慢慢鸟”，它的叫声极像藏语的“等一会啊”。

“滴子咕啊——”慢慢鸟这样长声吆吆的每天叫我们起床。这时，对面林子里的一群猴子就会到我们住地下面的农田偷青稞种子吃，那是老乡刚刚种下的，预备收割后作饲料。看猴子们的嬉戏打闹，是每天的第一个节目。然后趁着牲畜们还没有饮水之前先去水塘打来山泉水，用柏树枝生火烧茶，柏树枝烧出的茶饭，散发着一种特殊的香味。就着山顶上初现的晨曦，喝着带有柏树枝香味的酥油茶，真是世间难得的享受。

上午无事，我们就看带上山来的电子书，有太阳能灯可供充电，现代技术带给人的方便在这里尤为明显。整个上午，除了松涛阵阵，除了时时传来的鸟叫声，就是山上那些巨大且黑得发亮的苍蝇在屋子里飞进飞出，嗡嗡的声音让四下显得愈加安静。在太阳下看一会儿书，热得受不了，就到屋子里的荫凉处待一会，又太冷，只好一会儿待在外面一会儿钻进屋子里，十分忙碌。最后发现将帆布帐篷的软窗都打开，空气流通起来，待在里面十分舒服，不用像蚂蚁搬家似的进进出出。

在山上无所事事，就把一起上来的乡长轮换下去。临行前夜，商店主人和一些没有下山的老乡点起篝火给乡长送行。喝酒、唱歌、跳弦子，将山上到处散落的枯枝在空地架上点起来，在山下可没有这样的奢侈。老乡拿出自家酿的荞麦酒，醇厚而后劲十足。那天晚上，大家都喝得很开心。

跟我上山的是摄影家协会的普次和《邦锦梅朵》杂志的尼多。此时上一批队员里的大部分人都轮换回去了，这两个新来的同志立马跟着我上山，打水、烧茶、做饭，十分给力。我们在拉萨时接触不多，但这一次在山上朝夕相处，同住在五六平方米的屋檐下，结下了很深的友情。他们平时言语不多，但接触时间长了，才发现他们都有许多精彩的故事。所以，在山上的那段时间，我们过得也十分充实。

有一天，常年住在山上夏季牧场的普龙村的村民平措来我们的住地，邀请我们三个去他家做客。他家在我们住地下面一个青稞繁茂的地方，顺山谷下行半小时，到了他家的院落。平措的老婆在柴灶上给我们烙荞麦饼，抹上酥油、辣椒面和盐巴，趁热吃鲜美无比，是山上独特的享受。

荞麦面粉是平措的老婆装在一顶工地上常见的黄色安全帽里给我们的，印象十分深刻。

那天从平措家回住地，上山路十分难行，我和尼多都气喘吁吁，只见普次在前面健步如飞，一会儿就不见了身影。回到住地我们夸他，他自嘲说在单位他的绰号就是“比乌”（猴子），我们说怪不得山上的猴子全都下来了，原来猴王在这里。

普次告诉我们，听说这一带过去是土匪出没的地方，因为是茶马古道的支线，客商较多，土匪就经常在这里打劫。客商要经过这里，都是许多人结伴而行。“我看平措家过去说不定就是劫匪，你们没见他的样子十分彪悍？”普次说。这我们倒没有看出来，看来摄影家的眼光跟常人就是不一样。

在山上，也有村民偶尔拿来几根虫草。那些虫草刚从地里采挖出来，看上去黄澄澄、胖乎乎的十分可爱，我们就买下来用牙刷十分小心地刷干净，晒在太阳底下。没过几天，这些黄澄澄、胖乎乎的宝贝就变得又黑又瘦，状如牙签了。看来，我们在市场上看到的那些很好的虫草，其前身应该更加可爱。

有一天，县里的领导来山上看望慰问，带来了昌都雪花啤酒。晚饭过后，我们几个人收拾折叠桌子，拿出瓜子、花生，在朦胧的新月下，在住地二层的平台上眺望对面的茂密森林和远方的群山，突然冒出一个念头，这真是世界上最高最美的酒吧——和着 MP3 的音乐声，呷着啤酒，听松涛阵阵，看鸟过无影，这是人生不可多得的享受。在喝酒漫谈时我们就遐想，如果有一天，旅游的线路延伸到了这里，一定要在这个地方开一家酒吧，不要灯光，不装音响，只要这清风明月和阵阵松涛，和着饮者平和的心境。

第二十六章　果园

叶巴村的果园很多，基本是三五家就有一个共有的果园，里面有苹果树、藏梨树、葡萄树，甚至还有橘子树，然而最显要的是核桃树。

核桃树树冠较大，有的地方一株核桃树就能伸展一两百平方米。我们常去的果园在村委会的旁边，占地足有十来亩，主要归日加家和村支书群觉金巴家，里面也有些果树是分给其他家的，因为紧临我们的住地村委会，像是我们的后花园，早上那些啁啾的鸟叫声，多半是从那里传来的。果园都围着院墙和荆棘，是各家相对封闭的领地，十分清静。

春天忙过播种之后，有短暂的农闲时间，各家各户田地里的事情都打点得差不多了，乡里需要办理的事情也不太多。有的人着手准备即将来临的采挖虫草、收青稞和小麦、种第二季作物的忙碌季节所需要的东西，也有的人外出打工，驻村工作队也因此有了难得的闲暇。

有时，早饭过后就可以带上一本书到果园里去。此时，桃树、苹果树、藏梨树的花都已经盛开了，如果头天晚上刮了风，粉的、白的花瓣就会散落一地，如果没有刮风，刚钻出地面的青草、小树苗，还有开黄花的蒲公英，就会把果园渲染得五彩斑斓。

果园里，那几株年龄很大的核桃树是占主导地位的。核桃树那一株一株张开的巨大树冠，被早已萌发的新芽所装点，营造出一片绿荫。读书最好的地点就是在核桃树下裸露的巨大盘根之间，那里地势平坦，绝少蝇虫，阳光从树枝间斑斑驳驳地照下来，不刺眼睛。

果园里的宁静是活泼中的宁静，各种小鸟的叫声此起彼伏，一会儿在这边，一会儿在那边，日加家和村支书家的孩子们的嬉戏声不时传来。更远的地方，是村民遥相问答的声音。这样的环境正好读书，累了站起来，在林间活动活动筋骨，做一套自编的体操，感觉身心清爽。

有时，我们几个队员就沿着那些果园的矮墙一道一道地翻过去，这样基本上就能走遍一个自然村每一家的果园。哪家的核桃树最大，哪家的葡萄架架得最好，哪家又在果园里解木板准备今年盖新房，这些都了然于心。有一天，到了一家果园里，一头牛犊飞快地跑过来，我们以为它是守卫领地要顶人，赶紧轰它，但轰也轰不走。藏北草原出生的旦巴忙说："不要轰它，它这是亲近人呢。"果然，它顺着旦巴的呼唤跑到他跟前，温顺地由着旦巴给它挠痒痒，一副十分享受的样子。

几十个大小不一的果园，构成绿意充盈的叶巴村，使它成了一朵名副其实的盛开的鲜花（叶巴在当地语言中的一个意思就是"盛开的鲜花"）。无论从什么角度看叶巴村，在大山大河之间，它都"出落"得绿意葱茏。

这年乡里给叶巴村发了大约一万株核桃树苗，家家都在果园里栽了一些。但因为缺水，一万株的树苗肯定是没有全部栽种的，而栽下去的树苗都已精心浇灌。每次到果园，都要先去看看那些树苗的长势，刚开始蔫蔫的，过几天，有几粒小小的绿色钻出来，再过几天，便伸展开来，仿佛一颗颗小小的绿色炸弹，突然把绿色扩展到成百上千倍，就成翠绿的一片了。看着那细细的枝条撑着肥大的叶子，你都会担心那些枝条会承受不住。在叶巴村，只要有水，仿佛杵根扁担也能长成大树。

春天的果园宁静而又热闹。有时候觉得它就像是一幅水墨画，藏梨树粉白色的花朵，因为几只野鸽子起飞，纷纷飘落下来，娇嫩的花瓣片片含香，从树林间掮着方锄去放水的女人的脸颊上滑落，而那些枝蔓伸出绿色的手臂，仿佛要挽留行人匆匆的脚步。泥土里钻的、空气里飘的、溪水里流的，一切一切都满含生机。

果园是村民心目中很重要的场所，虽然日常时间让地里的事、山上的事用去了一大半，但实际上大家实实在在的收入都指望着果园。果园不用人悉心侍弄，也不必像放牧那样跟着看着，只要能不时地浇灌，果园就在那里扬花吐蕊，授粉挂果，饱含着村民的希冀。有的时候，家里娶媳妇啦，嫁姑娘啦，果园又被布置起来，在空地上拉上曲洛电灯泡，摆上果品饮料，开一个没有篝火的晚会，大家唱歌跳舞，也十分尽兴。

果园是乡亲们的福地，也是我们的福地，在那里，我们可以窥探生长的秘密，体悟春天的气息，感受生命勃发和活泼灵动中的无限生机。

第二十七章　几年之间

离开叶巴村后，我写了一篇《我有一个梦想》的小文章，抒发当时淤积在心里的一些感慨，单位前前后后的驻村工作队队员都读过它，也深有同感。那个时候，虽然驻村仅一年多，虽然跟我刚刚进村相比，叶巴村各方面的条件都有了极大的变化，但想着接下来驻村工作队应该做的事情，想着这个偏远的山村和我今生的牵绊，脑子里就浮现出在山村的某些夜晚，在夜不成眠的时候脑子里出现的一些梦想，现在看来，那些梦想都过于具体而短视，冠之以“梦想”二字，似乎贻笑大方了。

在文章里我说到：

我的梦想不宏大，仅仅限于叶巴村这么一个临江的小山村。在叶巴村一年多的时间里，每当夜深人静时，我常常展开想象的翅膀，想象着叶巴村的将来，就现在的条件和我们个人的能力，要想朝夕彻底改变叶巴村的面貌，肯定是不现实的。正因为如此，当我独自一人回味这些梦想的时候，就免不了激动、不安，甚至惶惑。

激动的是那炫目的前景，不安的是这些梦想早应该成为现实，惶惑的是不知道在我的有生之年里它们能不能实现。

我梦想有朝一日，叶巴村的家家户户都由整洁的水泥小道相连，路边有太阳能路灯，甚至有的地方还有供人歇息的条凳，路边长满果树……

我梦想那条由当热村而下的果果隆巴山谷，两边已修好堡坎，清澈的溪水在下面流过，而上游，在当热村上面修起了一座不大的水坝，山上融雪的水都汇聚于此，流进净化水源的水塔，家家户户一拧开水龙头，就有清洁安全的自来水汩汩流出……

我梦想全村的田地都由引水渠和水管相连，宝贵的水一点也不浪费，浇灌着苹果树、藏梨树、葡萄树，浇灌着青稞、小麦、玉米，浇灌着干旱少雨的每一寸土地……

我梦想村里的梯田都由整齐的网围栏围绕，村里的牲畜啦，那些总是偷吃庄稼的岩羊啦，都被阻挡在外面，村民不用再满山遍野去砍伐荆棘，笨拙地在田坎间爬来爬去地修补总是被破坏的篱笆……

我梦想村口的白塔下面，一个小小的广场已经建好，不用喷泉，不用射灯，更不奢望电子大屏幕，只要水泥铺地平整就好，节庆的时候村民可以在这里聚会，燃一堆篝火，跳弦子和锅庄，村委会也可以在国家法定的节日，在这里举行升国旗仪式……

我梦想沿村的山间小路，都安上了护栏，这样，就不会再有小姐姐背着小弟弟摔下去，不会再看到令人心痛的身影……

我梦想村里的每一户都装上了有线广播的小匣子，大家可以在里面听自己喜欢的音乐，了解那些惠农富民政策，村干部也不必再为通知一件事情在山坡上扯着嗓子喊……

我梦想每家的院子里都搭起了塑料大棚，更高级的可能还是玻璃房呢，在下面有安装好的沼气池，牲畜都从屋子的楼下搬出来了，到了做饭的时候，只要轻轻一摁，蓝色的火苗就在干净的灶台上燃起，村里的姑娘、媳妇们不用天天从山上背着沉重的柴草在崎岖的山道上艰难地行走……

我梦想有一天家家都住进了改造好的房子里，不要那么大，但既干净又明亮，纱窗完好，没有苍蝇，村边的垃圾处理站把所有的有机物都转化成肥料，村里田野里的出产都是绿色无污染的……

我梦想科学家们能发明一种简单的发电装置，在怒江两岸立上两个巨大的架子，有一个可以升降的发电机随着水位升降，提供给村里充足的电能，提灌上江水，世世代代临江而居的叶巴人，再也不用看着滔滔的怒江天天为水发愁……

我最大的梦想，其实只是能够从 10 多公里之外的尼巴村，把那一股清澈的山泉引到叶巴村，在村口的小学旁边，村里修起公共浴室，充足的太阳能和水源让大家每时每刻都可以洗澡。在村里，7 个水塘都改造成了标准的水池，牛马在引水渠里饮水，水池里的水通过纵横阡陌般的水渠管网，流进每家的果园、田地……

我梦想有那么一天，村里的木匠们都组织起来，有了专业的合作企业，承接着许多订单，村里还成立了水果生产加工销售合作组织、葡萄和荞麦酿酒企业、怒江奇石开发公司、藏梨干减肥研制中心、“斯宾”和“埃玛”联合企业（其实就是辣椒和花椒生产销售公司），那些现在还在村里小学上学的流着鼻涕的小屁孩，一个个开着小车来拉萨找我推销，但是我不能接受他们要我回去看一看的邀请，因为我怕回去的时候看不见像洛桑老人那样亲人般的面孔，我会忍不住我的眼泪……

文章里是这样说的，但是因为主管着单位的驻村工作，同时也为充实驻村纪实文学的内容，2013—2015 年，我还是每年都以 1~2 次的频率前往叶巴村。

村里的学校已经粗具规模，有 60 多个学龄前和低年级的孩子入学，一日三餐都由国家负担。村医群培的女儿和洛桑老人的女儿给孩子和老师做饭。我去的那天，午饭是两菜一汤，肉很多。村委会已经接通了自来水，虽然只能时断时续地使用，但已经十分方便了。水泥地面、国旗杆，一切都似曾相识，一切又都是新的。有了太阳能持续供电，有了自来水、冰箱、电视机，基本的生活条件已经具备。

村子里的安居工程也基本覆盖，我们的邻居夏多一家虽然只有母子两个，但也已经建起了新房，夏多的儿子洛珠应该考虑娶媳妇的事情了。

我也再次见到了那些老朋友。洛桑老人生病了，我专门到当热村去看他，他的精神还很好，我们相约在拉萨见面。只是没想到他到拉萨来的时候，我正好不在，没有能够陪他在拉萨城里转转，留下了很大的遗憾。村支书群觉金巴和村主任次巴群吉的身体都有好转，尤其村主任，看上去结核病已经完全治好了。

再以后，村里的学校合并到了乡里，村“两委”决定，村委会和驻村工作队搬到学校宿舍，工作和生活条件又上了一个台阶。2015年底，中共中央、国务院作出打赢脱贫攻坚战的决定，提出“到2020年，稳定实现农村贫困人口不愁吃、不愁穿，义务教育、基本医疗和住房安全有保障。实现贫困地区农民人均可支配收入增长幅度高于全国平均水平，基本公共服务主要领域指标接近全国平均水平。确保我国现行标准下农村贫困人口实现脱贫，贫困县全部摘帽，解决区域性整体贫困”。随着精准扶贫、精准脱贫在祖国大地如火如荼开展，叶巴村这个西部偏远的小山村，也开启了与全国一道同步进入小康社会的跨越式发展新征程，那些我过去在梦里也不敢想象的场景，竟然在这短短的几年间成为现实。

2015年以来，习近平总书记就打赢脱贫攻坚战主持召开了7次专题会议。在陕西延安召开的陕甘宁革命老区脱贫致富座谈会上，习近平总书记指出：“幸福美好生活不是从天上掉下来的，而是要靠艰苦奋斗来创造。各级党委和政府要增强使命感和责任感……贯彻精准扶贫要求，做到目标明确、任务明确、责任明确、举措明确，把钱真正用到刀刃上，真正发挥拔穷根的作用。”在贵州贵阳召开的部分省区市扶贫攻坚与“十三五”时期经济社会发展座谈会上，习近平总书记告诫：“各级党委和政府必须增强紧迫感和主动性，在扶贫攻坚上进一步理清思路、强化责任，采取力度更大、针对性更强、作用更直接、效果更可持续的措施，特别要在精准扶贫、精准脱贫上下更大功夫。”在宁夏银川召开的东西部扶贫协作座谈会上，习近平总书记说：“脱贫攻坚是干出来的，靠的是广大干部群众齐心干。贫困地区要激发走出贫困的志向和内生动力，以更加振奋的精神状态、更加扎实的工作作风，自力更生、艰苦奋斗，凝聚起打赢脱贫攻坚战的强大力量。”在山西太原召开的深度贫困地区脱贫攻坚座谈会上，习近平总书记强调：深度贫困地区、贫困县、贫困村，致贫原因和贫困现象有许多共同点。一是集革命老区、民族地区、边疆地区于一体。二是基础设施和社会事业发展滞后。三是社会发育滞后，社会文明程度低。四是生态环境脆弱，自然灾害频发。五是经济发展滞后，人穷村也穷。在四川成都主持召开打好精准脱贫攻坚战座谈会时，习近平总书记再次强调：坚持目标标准。既不能降低标准、影响质量，也不要调高标准、吊高胃口。在重庆召开的解决“两不愁三保障”突出问题座谈会上，习近平总书记说：“脱贫既要看数量，更要看质量，不能到时候都说完成了脱贫任务，过一两年又大规模返贫。要多管齐下提高脱贫质量，巩固脱贫成果。”2020 年 3 月，在北京出席决战决胜脱贫攻坚座谈会时，习近平总书记发表重要讲话，他指出：“脱贫攻坚战不是轻轻松松一冲锋就能打赢的，从决定性成就到全面胜利，面临的困难和挑战依然艰巨，决不能松劲懈怠。”

5 年里 7 次重要会议，习近平总书记的重要讲话，鞭辟入里，直指核心。这些话，对于有过基层工作经历、战斗在脱贫攻坚一线的人来说，恐怕更有体会。正是在这样的浩荡东风下，叶巴村迈入小康的脚步，如春天里的万物生长，坚定而沉稳，使我这个曾经的亲历者都有点准备不足，目不暇接了。

2016 年以后，叶巴村以及周边几个地处怒江峡谷深处、“一方水土养活不了一方人”的村庄的整体易地搬迁提上了日程。八宿县几经选址，最后确定了白马镇西巴村，也就在 318 国道东出县城边上的多拉山下。一座新桥跨八宿河把一个新城与国道连接，在一个平坝上，十几栋五六层的崭新楼房鳞次栉比，安置了来自八宿县 11 个乡镇的 657 户易地搬迁群众。住房标准按照家庭人口来分配：1~2 人 45 平方米、3~5 人 75 平方米、6~9 人 95 平方米、10 人以上 125 平方米。2019 年 9 月 22 日，叶巴村整村同步搬迁到西巴村安置点 75 户，算上此前搬迁到乃然村安置点的 1 户以及 2013 年以来搬迁到县城的 6 户，搬迁到拉萨、林芝、昌都等地的 13 户，全村 95 户群众全部搬迁完成。

这是一次艰苦而辉煌的行进，其中的酸甜苦辣、舍与不舍，如今化为对新生活的新奇、迷茫、兴奋、困惑，但走过的每一步，依然深深刻印在来时的路上。

记得我还在驻村的时候，叶巴村整体搬迁开始全新的生活，是我们想也不敢想的重大举措。那时候，为了陪孩子读书，叶巴村有个别的家庭在县城租房居住，也有出门经商远在拉萨定居的，但这都是凤毛麟角。我那时候最希望解决的是叶巴村从尼巴村引水的问题，可谓绞尽脑汁也束手无策，因时事和格局所限，不可能想到告别大山寻找一条脱贫致富的新道路。

开始搬迁动员了，开始入户登记了，开始造册交钱了……单位的驻村工作队队员时时传来村子里的最新消息。当然，由于许多老人家故土难离，许多家庭都有巨大住宅、坛坛罐罐、果园和上好的水浇地，以及人们面对陌生环境时感到不安，易地搬迁的过程并不一帆风顺。正如西藏诗人陈人杰在专为叶巴村搬迁所写的长诗《山海间》里提到的："人在哪儿，根即在哪里/移动的树/也能扎出冰川纪另一片星空/枯枝，为了明天的树林更加葱郁/纵使缄默如树皮/新鲜果实也要送到饥饿者手中/一层层脱发，如同吹向雪域的叶片/因为曾经有所依托/栖息着啾鸣和世代的巢窠。"我也曾经在下乡的时候专门给年龄大一点的乡亲们讲，要做好牺牲自己这一代人平静安逸生活的准备，我们这辈子多吃一点苦，是为了子孙后代更好的未来。

经过无数个日日夜夜艰苦细致的工作，搬迁终于完成，但乡村振兴的事业并不止于一搬了事。搬过来之后，从相对分散到集中居住，从"日出而作、日落而息"不必担心一日三餐，到一起床就要操心"柴米油盐酱醋茶"，连上厕所冲水都要花钱，生活的内容已经发生了深刻变化。走出了阻隔叶巴村绵延的藏东群山和怒江峡谷，叶巴村每个人的感受都不同，但大家共同的感受是思想观念在发生转变，"等、靠、要"是越来越行不通了，不再抱怨命运，靠自己的双手劳动创造幸福生活成了主流。正如在一张白纸上画最新最美的图画，西巴村安置点组织搬迁户政策"明白人"加强对脱贫攻坚各项政策的学习，教育大家要增强安全用电意识，不要烧柴取暖、乱接电线，安全使用液化气；要求大家正确使用手机，不造谣、不信谣、不传谣，切实增强政治意识；在孩子寒暑假期间要切实履行监护职责，监管好孩子的学习生活，增强他们的安全意识，同时鼓励孩子积极为家庭做一些力所能及的事情。这一切都是全新的内容。

叶巴村扶贫搬迁至西巴村安置点后，全村就业压力大了，过去尽力解决的问题现在必须解决。为此，县委、县政府建立水泥砖厂，为搬迁贫困户提供学习和就业的平台。驻村工作队和村“两委”也利用各种渠道，在附近的海螺水泥厂安排大家打零工、小工，男劳动力每天工资160元，女劳动力每天工资150元，全勤的话一个月能拿到4800元或4500元，全村每家每户除了学生、60岁以上无劳动力的老人以外，基本上安排一个劳动力，为他们带来了“及时雨”收入。

在叶巴村准备搬迁的过程中，2017年五六月间，哈哈乡长次顿珠、村支书群觉金巴等几个老人相继去世，我在几年前说过的那些人、那些事也都发生了巨大的变化。我在这里做一个略记，算是对10年前那段生活的一个总结。

一、洛桑老人的后人们

2014年底，洛桑的小女儿朗加来拉萨带来了她父亲去世的消息。后来听说她回叶巴村后结婚了，心里很是为她高兴。不幸的是，我2016年又一次到叶巴村时，听说她因为没有车去县里，在当热村的家里待产，情况很不好，于是赶紧请刚回村里的驻村工作队工勤车把她送往县医院，因为产后大出血，孩子保住了，但朗加，这个年轻的生命却没有抢救过来。

多吉卓玛，是洛桑的大女儿，也是给我们背水的次西的姐姐，现任叶巴村妇代会主任。为了把两个去世的妹妹的孩子养大成人，多吉卓玛一直没有嫁人，普通劳动妇女的淳朴善良在她身上得到了充分的体现。多吉卓玛现在和哥哥洛桑顿珠生活在一起，妹妹郎加的孩子丁增罗布，长得特别像郎加。另外一个妹妹的孩子罗布次仁20多岁，会说汉语，是个机灵的小伙子，家里外出打工主要靠他。

西巴村安置点第一批“以工代训”名单，叶巴村推荐了多吉卓玛，全村都同意。多吉卓玛干足了45天，拿到工资6750元。现在，多吉卓玛在西巴村负责当热村搬迁户的工作，她用自己的勤劳弥补了文化水平低的短板。在全村干部群众里，多吉卓玛是跟驻村工作队走得最近的人之一，这可能是洛桑老人留下的传统吧。

二、罗布的一家

罗布就是那个用骡子换摩托车的我们的邻居罗布次仁，叶巴村的老百姓都习惯叫他罗布，喜欢拿他开玩笑。

罗布家搬迁到西巴村安置点后，比较适应走出大山的生活，基本上没回过村。他家里外出打工的人比较多，他、他的老婆次西和两个女儿卓玛和德青都在县城打小工，罗布的前妻阿旺永措，60多岁，有养老金，主要在家里看孩子、做饭，做好家里的后勤工作。

在我们驻村时还是小姑娘的卓玛和德青，好像眨眼间就长大了，上学、结婚、离婚。卓玛嫁给了次仁扎巴家的曲扎，德青嫁给了哈哈乡长的孙子格顿央平，但都离婚了……现在卓玛还没有男朋友，本来她带着和曲扎的孩子丁增美朵，2020年又将孩子的户口过给了曲扎家，两家现在在西巴村住同一栋楼、同一单元，楼上楼下。德青离婚后没孩子，现在又嫁给了党然村老党员白玛德青的孙子扎西四朗，扎西四郎是叶巴村的医生。

改不了追赶时髦的天性，当然也是为了方便两个女儿去县城上班，罗布专门买了辆女式摩托车，卓玛和德青开始不会骑，在西巴村练了很长时间，到现在德青还是不会骑，每天都是卓玛骑摩托车带着她上班。2020年下半年，考虑到罗布之前从马上摔下来一直在床上躺着，家里比较困难，村里安排了四个生态岗位，共发放7000元生态岗位补贴。罗布家里现在有两个学生贡嘎四郎和丁增曲珍，都在县中学上学。

三、宣传委员洛珠

说起洛珠，其实应该说的是他的妈妈夏多。在我们刚刚驻村的日子里，夏多和洛珠母子是我们热情的邻居，经常给驻村工作队送来味道醇厚的当地特产辣椒，驻村工作队把一间房子借给他们使用。现在洛珠已经成长为叶巴村的宣传委员，并同一个叫桑吉卓玛的姑娘结婚，生了一儿（白玛曲培）一女（仁庆曲珍），女儿在上幼儿园中班，一家人过得其乐融融。

作为村干部，洛珠和叶巴村其他村干部一起同步搬迁至西巴村安置点，分到了一套95平方米的房子。但因抽签时抽到了6楼，夏多每次上楼都要爬一爬、歇三歇，真是住楼房都还不太习惯，得慢慢适应。遗憾的是夏多于2020年7月20日去世了，听说那是脱贫攻坚普查员进驻叶巴村普查的第25天，脱贫攻坚普查工作正处于关键阶段，驻村工作队没有来得及去看望……叶巴村的老人们一个个离去，不禁让人感慨时间的无情。不过，夏多不仅实现了搬迁到城市的愿望，还看到了儿子结婚，孙子绕膝，她可以瞑目了。

四、大家庭的今天

日加的大家庭，想必大家都有印象，人丁兴旺，全家户籍人口15人，日加和次拉措夫妻俩，膝下5个儿子，多吉、群培、白玛、次邓多吉和洛桑。搬迁到西巴村安置点后，老大多吉基本上在叶巴村的老房子里料理家务，家里的田地、牛、羊都是多吉和妻子嘎松卓嘎在打理。

日加的小儿子洛桑，那个曾经是我们驻村工作队“影子”的老五，前些年与土扎西家的女儿丁增曲宗自由恋爱，生了两个男孩丹增克确和丁增久尼，洛桑也当了上门女婿，日加家7个劳动力因此减少了1个，户籍人口也由15人变为14人。洛桑人机灵，有技能，肯吃苦，汉语交流沟通没问题，不愁在县城找不到工作。值得一提的是，洛桑人虽然入赘到土扎西家，但始终都帮衬着自己家里。老二群培一直在拉萨当保安，2020年因疫情影响，保安公司裁员，群培下岗了，现在回到西巴村安置点。三儿子白玛一直是家里的管家，家里的收入和支出都由他来统一管理，而且管理得井井有条，家里在县城上学的孩子都由他统一接送，西巴村家里这一摊子事，三儿子白玛是最操心的。四儿子次邓多吉是让家里人头疼的角色，他嫌乡里给他安排的公益性岗位是开垃圾车，让他在叶巴村很没面子，拒绝了这份每月1950元工资、能给家里减轻负担的工作。次邓多吉的婚姻也是屡屡失败，甚至连乡长都打电话要求驻村工作队处理好次邓多吉的离婚工作……

因为日加长年腹积水，虽然家里劳动力不少，但家里这些年还真是比较困难，听说日加前两年做手术花的钱到现在还在慢慢还，长年吃的藏药又属于自费，无法医疗报销。

日加家里现在有六个学生：两个中学生旦增巴邓和央金拉姆，三个小学生四郎江村、央金、丁增顿珠，还有一个在幼儿园上学的丁增昂珍。这是叶巴村里学生最多的家庭。

搬至西巴村安置点后，日加被选为西巴村双联户户长，2021 年 1 月 8 日发放双联户户长履职工资 2000 元。老二群培说当天发了工资就还给叔叔阿尼玛 1000 元，修理摩托车花费了 620 元，还剩 380 元。虽然家庭暂时碰到了困难，但日加还是特别看重诚实守信的品格的。孩子们都长大成人，知道家里的不容易。日加的大房子没能圈住孩子们，但是孝顺心又把大家都聚在了一起。2020 年，单位编辑事务部党支部得到了 2000 元优秀奖励，大家一致同意用这笔钱慰问驻村点的困难党员，党员日加也在慰问名单里。希望日加的身体早点康复，也希望通过几个儿子的不懈努力，生活越过越好。

五、哈哈乡长

哈哈乡长次顿珠于 2017 年 5 月去世，之前因他党员干部的身份，他家尽管特别困难，劳动力少、学生多，但并没有被识别为建档立卡贫困户，直到 2017 年他去世之后才被识别为建档立卡贫困户。现户主已更改为次顿珠的孙子格顿央平。格顿央平是 1996 年出生的小伙子，很精神，挺懂礼貌，家里的生活来源主要靠他和弟弟向巴塔西。2020 年一年时间里，兄弟俩去拉萨、林芝打工、挖虫草，努力为家里减轻负担。

乡里考虑到哈哈乡长曾经作出的卓越贡献，曾建议格顿央平去西巴村警务站看大门，每月工资 1000 元，靠近家里也比较方便，但被格顿央平婉言拒绝了。格顿央平的志向可不是像一个老头那样天天在大门口守着。后来，乡里的一个天然林保护工程区管护人员的职位安排给了叶巴村。经协商后，村里把名额给了弟弟向巴塔西，每半年发一次工资10800元，2020年已领到21600元。家里也给安排了三个生态岗位，工资每人每年3500元，三人共有10500元。格顿央平的曾祖母扎西次西70岁了，可以享受养老金。格顿央平家里有三个学生，德青拉措和卓玛拉姆在昌都第四高级中学上高一，姐妹俩从小在同一班级上课，我在村子的时候，她们刚刚在县里上小学。还有一个妹妹丁增拉姆在县小学上三年级。县里为了照顾哈哈乡长次顿珠，曾经在县里给他分配了一套廉租房，因房屋老旧，在单位的驻村第一书记的建议下，他们置换为西巴村安置点的住房，95平方米，在西巴村3栋1单元5A。

六、老支书

老支书群觉金巴于2017年6月去世。和哈哈乡长情况一样，老支书群觉金巴去世后，他家被识别为建档立卡贫困户，现户主更改为他的儿子贡秋扎西。

贡秋扎西家里现有人口8人，西巴村易地扶贫搬迁分到95平方米的房子。贡秋扎西的弟弟向巴曲堆是叶巴村的第一个大学生，毕业于西北农林科技大学园艺专业，因未考上公务员，一直在拉萨当志愿者。贡秋扎西的妹妹次仁德西2020年考上广东食品药品职业学院，修读药品质量与安全专业。

贡秋扎西现在家庭负担比较重，有四个孩子，其中两个孩子向巴四郎和洛桑贡嘎在西巴村上幼儿园，一个孩子丁增群培在县小学上二年级，还有一个2018年出生的小女儿旦增罗珍。妻子邓增卓玛在家里照看孩子，劳动力实际上只有贡秋扎西一人。每年务工旺季，贡秋扎西都会出去打工，虫草旺季时和森果村的伙伴们一起去挖虫草，一起回村。

贡秋扎西这个“90后”，话不多，能吃苦，为家里任劳任怨。他是残疾四级，但身残志坚，考虑到老支书去世后家里特别困难的实际，村里2018年、2019年、2020年连续三年给贡秋扎西享受低保政策。贡秋扎西的妹妹次仁德西考上大学后，村里又按照政策给她申请了2021年建档立卡贫困户的助学金

12000元。现在贡秋扎西家里有三个生态岗位。贡秋扎西2020年1月30日被发展为预备党员。

七、村主任次巴群吉

次巴群吉有一个小本子，上面密密麻麻地记着藏文和一些数字，字迹整齐，内容全部都是叶巴村的各类数据，如叶巴村学生有多少、大学生有多少、中学生和小学生有多少、低保户有多少、残疾人有多少……而且每年的相关数据都不一样，本子快翻烂了。每次和村干部核对数据时，驻村工作队都得益不少。次巴群吉的女儿丁增永青（就是那个曾经因为肺结核休学的姑娘），2018年被石家庄医学高等专科学校录取，是2021年应届毕业生。小姑娘很踏实，利用寒暑假时间为驻村工作队做了不少工作，比如台账的整理、复印、打印，等等。

因为是村干部家庭，次巴群吉家里只给安排了一个生态岗位，工资3500元。他们家人口多、劳动力少，现在家里有三个学生，一个大学生丁增永青、一个高中生德庆拉宗、一个初中生洛登西绕。次巴群吉的儿子土丁益西，叶巴村的老百姓都习惯叫他列西，经常帮助驻村工作队做一些翻译工作。因为家里困难，列西没有坚持上学，要不现在也能和他姐姐丁增永青一样在内地读大学了。次巴群吉现在最开心的事是孙子、孙女都有了，一家人在西巴村安置点生活得和美健康。

2021年叶巴村“两委”换届工作如火如荼地进行，村主任次巴群吉已经超龄，面临退休。次巴群吉心态特别平和，他对驻村工作队说，自己退下来后一样会为叶巴村的老百姓出主意、服务，人退工作不能退。按照村“两委”换届工作精神要求，新一届村“两委”班子的任期由过去的三年改为五年，对村“两委”班子成员的要求更高了，不仅要带领大家转变思想观念，积极学习国家通用汉语言文化和就业技术，增强增收致富本领，鼓励有条件的人到内地学习和就业，过好今生今世的幸福生活，还要带头包容团结，转变生产生活方式，养成良好的生活习惯，坚持勤俭节约，与邻居和睦相处，特别要带头做到淡化宗教消极影响，引导大家不盲目信仰宗教，不随意挂佛像设佛龛，引导乡亲们常怀感恩之心，坚决听党话跟党走，坚决同以十四世达赖为首的分裂势力作斗争，在新时代新环境下，发扬吃苦耐劳的精神，共同努力把叶巴村建设得更加美好，一定要有信心、有能力为自己、为子女创造出良好的工作和生活环境。

2020年1月30日，叶巴村的五个年轻人成为预备党员，他们分别是老支书的儿子贡秋扎西、森果村的丁增曲久、果果村的巴桑、当热村的次平和玉洛村的丁增巴登。叶巴村整村搬迁至西巴村安置点后，面临一种与过去完全不同的生产生活方式，特别是搬迁后就业压力大，各种技能培训和学习需大力加强，村干部年轻化、知识化、专业化任重而道远。

第二乐章

日喀则：珠峰脚下的梦想

引子

一支能打硬仗的队伍

自脱贫攻坚战打响以来，在120多万平方公里的土地上，西藏着力加强基层党组织和党员队伍建设，充分发挥党的政治优势、组织优势和群众工作优势，以党建引领促进脱贫攻坚，着力提升基层党组织的学习能力、服务能力、创新能力、引领能力、战斗能力，在脱贫攻坚的实战中造就了一支听党话、跟党走，善团结、会发展，能致富、保稳定，遇事不糊涂、关键时刻起作用的坚强队伍，推动脱贫攻坚各项任务落地生根、开花结果，取得实效。

习近平总书记在决战决胜脱贫攻坚座谈会上的讲话中指出："总的看，我们在脱贫攻坚领域取得了前所未有的成就，彰显了中国共产党领导和我国社会主义制度的政治优势。这些成绩的取得，凝聚了全党全国各族人民智慧和心血，是广大干部群众扎扎实实干出来的。"

在日喀则市白朗县的现代农业科技创新博览园，温暖湿润，绿意盎然，除了新鲜的瓜果蔬菜外，还有许多热带植物，让人恍若置身南国丛林，无法想象外面是超过海拔4000米的高原的冬天。而在亚东县多庆湖畔多庆村的大棚里，虽然没有这样的南国风光，但郁郁葱葱挂满枝头的青椒、西红柿，依然让人有身处异地的错觉。

亚东县下亚东乡切玛村，是曾经发生洞朗对峙事件的地方，老百姓养殖鲑鱼的鱼池就在国境线的旁边，过去只会放牛养羊的牧民，也当起了养殖名贵鲑鱼的养鱼人。在吉隆县折巴乡桑旦林村，世代放牧的牧民把牲畜交给合作社，自己当起了打造火炉的铁匠。吉隆县冲堆村的达曼人，是2003年才加入中国国籍的共和国最年轻的公民，他们早已摆脱了漂泊不定的生活，住进了整洁舒适的边境示范村。

阿里噶尔县的典角村也在边境一线，1959 年的时候，这里只有 3 户人家，现在发展到了 48 户。典角村最具代表性的是“四代房”。由于建筑材料缺乏，村民最早居住的都是干打垒砌成的石屋，石屋矮小狭窄，现在只剩一些遗迹了。20 世纪七八十年代，村民居住的是土坯房，屋顶柳枝覆盖，算是第一代像样的住房。第二代住房是 20 世纪 90 年代建造的第一批土木结构的安居房。2006 年，村民住上了带玻璃暖廊的第三代土木结构的安居房。现如今，家家户户的第四代住房，钢筋水泥空心砖，是“楼上楼下电灯电话”的现代化小楼，堪比内地的小别墅。村子里绿树成荫，在30岁的尼吉拉姆的商店里，取款机、Wi-Fi、甜茶馆，应有尽有，她还做起了电商，帮助村民销售土特产，帮助驻军官兵网购。

只有强大的祖国作后盾，边境一线的老百姓才能安居乐业。无论在珠峰脚下，还是在达曼村里，举目所见都是人们幸福充实的笑脸，他们发自内心为新生活而努力。

西藏是地球第三极，地广人稀，自然条件艰苦，尤其是 4800 米以上极高海拔地区，气压低，严重缺氧，不适宜人类生存，乡村公共服务能力薄弱，建设成本高，脱贫攻坚难上加难。搬迁到海拔较低的地方，适度集中生产生活要素，是最好的办法。西藏自治区党委坚持易地搬迁与生态保护、城乡统筹相结合，深入细致地做思想工作，锲而不舍地推进易地扶贫搬迁，26.6 万人的生活得到了彻底改变。

党和国家的特殊关怀，全国人民的无私支援，西藏脱贫攻坚取得的成就，凝聚着党中央、全国各族人民对西藏人民的关心和深情厚谊，体现了习近平总书记“治边稳藏”重要论述在西藏的成功实践。

打赢脱贫攻坚战不是结束，而是新生活的开始。习近平总书记强调，党团结带领人民进行革命、建设、改革，根本目的就是让人民过上好日子，无论面临多大挑战和压力，无论付出多大牺牲和代价，这一点都始终不渝，毫不动摇。

根据实际，西藏自治区脱贫攻坚指挥部制定了贫困再发生的发现机制、核实机制、帮扶启动机制，确保第一时间对可能返贫的人员及时帮扶到位，在“四个不摘”的基础上，长期保持贫困人口零增长，长期保持贫困人口收入高于全区平均水平，切实巩固脱贫攻坚成果。

正如全国人民所看到的那样：西藏脱贫攻坚取得了决定性进展；西藏历史性消除了长期困扰西藏各族人民的绝对贫困问题；西藏的脱贫攻坚，与西藏和平解放一样，是西藏当代史上具有里程碑意义的大事件。

第一章　王朝的事业

王朝是一个人的名字。王朝是日喀则市白朗县嘎东镇阿亚村的党支部第一书记。

清晨，第一缕阳光还没有从东边的山头露出，远处的田野氤氲在一层薄薄的雾岚之中。在刚刚收割完的青稞地，散牧的犏牛群里，隐约间杂着几只飞来越冬的黑颈鹤，而胆小一些的斑头雁在更远一点的田野里成群觅食。王朝身披清晨的霞光，站在新建的村委会广场前，内心有点激动。昨天晚上，他和村里的党员志愿服务队、驻村工作队一起，忙乎到深夜才把今天的会场布置完。今天，县里的主要领导要来参加村里组织的活动，他的心里还是有点紧张。

王朝 2019 年初刚从县委办公室派下来，之前他在县委办公室任副主任，满打满算，来村里也才 10 个月的时间。就这 10 个月的时间，他把村里的沟沟坎坎都跑了个遍，村里的基本情况也都了然于心，不然，他还真没有胆量组织这样一场在村里不能说绝后但肯定是空前的集体活动。

王朝也是嘎东镇党委副书记兼驻村工作队队长。今天是 2019 年 9 月 31 日，国庆节前夕，阿亚村要举行“庆祝中华人民共和国成立 70 周年、纪念西藏民主改革 60 周年”文艺演出活动，援建单位上海实验学校的师生们也要来参加演出。此刻，王朝正等着实验学校师生们的到来呢。

30 多岁的王朝是江苏人，2012 年到白朗县工作，之前在拉萨当兵 5 年。10 多年的高原风霜，改变了这个江南男子的肤色，使他有了高原汉子的刚毅。到阿亚村担任第一书记，已经是他的第二次驻村经历了。让他没有想到的是，这个以前出了名的穷村乱村，虽然这些年有了很大的变化，但许多事情还是出乎他的预料。

在村里推广大棚种植，按理说，白朗县的大棚蔬菜种植全西藏闻名，有“全国蔬菜看寿光，西藏蔬菜看白朗”的美誉，搞蔬菜种植，没干过也听说过吧？村里组织种植合作社，号召大伙自愿入股，第一次开村民大会举手表决时，除了村“两委”和几个党员外，其他人都不举手，冷场。怎么办？依靠党组织，依靠党员，是王朝几年基层工作的心得体会，村“两委”首先统一思想，带头入股，村支书多吉带头入股15万元。

多吉书记的父亲就是老村支书，这些年身体一直不好，他家的负担也很重，他的带头让王朝深受感动，也让工作有了进展。村民思想不统一，王朝也记不清开了多少次会议，党支部带动党员，党员带动群众，光是带领大家到2012年就成为蔬菜“万元村”的彭仓村参观学习就有8次，每一次多吉书记都去参观学习。驻村工作队和有车的村委会成员开着私家车载着乡亲们去学习取经，最后，就连最困难的家庭都入股了1万元，多的5万元，完成了240万元的集资额，建起了25座大棚，每座400平方米。

现在，整整齐齐的大棚已经落成，虽然目前的收入仅有5万元，但王朝心里盘算，25座大棚就是10000平方米，每年的收入应该达到175万元，除去各种成本，纯收入会有120万元。当然，这可不是王朝的一厢情愿，而是经过合作社与第三方签订种植合同后测算出来的。为了节约成本，25座大棚的日常管理只雇用了3个村民——正式员工——来负责，进入种植收获繁忙季节，村党员志愿服务队就是主力军。

阿亚村是后藏地区典型的农业村，坐落在和平机场到日喀则的高速公路（正在修建中的拉萨到日喀则的高速公路）白朗县出口附近，从日喀则出来，半小时车程。位于日喀则和白朗县之间的阿亚村，曾是一个交通死角，从村里到日喀则市区，走乡村小路要一个多小时，那个时候村民的思想大都很保守，存在观望心理。

王朝记得刚引进高原枸杞种植企业开始土地流转的时候，碰到的情况跟建立种植合作社一样，冷场！王朝就奇怪了，这些沙漠化的荒滩地，除了一些矮小的沙棘，连抗寒耐旱的野草也不长，平常一点用也没有，企业以每年每亩 150 元的流转费承包，5 年后根据效益再增加流转费，这是很好的事情呀。后来经过了解才知道，不是大家不愿意，“万亩枸杞”项目现在已经是第二期了，先期其他乡镇的村子都已经得到了利益，但是有人说，旁边的某某村流转费每亩不止 150 元，还有人说，白朗县边上的地每亩给 1000 元呢。还得做工作，还是村“两委”和党员带头，挨家挨户谈，包户包人谈，开会谈晚上谈，讲道理谈实惠，从2006年谈到2007年，再到2008年才最后签订合同。

现在，由村党支部牵头的劳务输出合作社，每年跟周边的高速公路管理公司、珠峰华绿有机肥公司、“万亩枸杞”公司等企业根据村民的意愿谈劳务输出，光“万亩枸杞”公司一家，因为是劳动密集型产业，到采摘季节人手都不够用，村里的妇女老人等弱一点的劳动力，每天手快的能够收入 300 元，少一点也有 200 多元。不离乡不离土，在家门口就挣到了钱，这是过去想也想不到的事情。那些在企业固定工作的，每个月也有四五千元的收入，以半年用工计算，每年在这上面也有两三万元的收入了。

从全镇出了名的“不同意”村子，到现在的乡村振兴战略试点村、党建带动脱贫试点村、人居环境整治试点村、“双联户”试点村等，王朝切实感受到了阿亚村的变化，感受到了这些年党和政府的富民政策带给老百姓的实惠，也感受到了村民思想发生的深刻变化。不久前，村里实施人居环境卫生整治，每家都要根据居住面积建设饲养圈舍、牲畜活动场地，有些家庭居住面积大，自愿出资建设大一点的饲养圈舍和牲畜活动场地，也是王朝过去不敢想的。

阳光初照，村委会前面的小广场开始热闹起来，先是家里没上学的小孩穿着光鲜的衣服在小广场外面疯跑，引出家里的老人慢腾腾地挪到阳光下的长椅上，笑眯眯地跟王朝和村干部打招呼。这些都是基本不用参加劳动、在家颐养天年的 70 岁以上的老人家了，在村里有十几位。老人们都穿着节日盛装，互相打量着，交头接耳。王朝看看手机，离演出开始还有一段时间，县里和上海实验学校的车子还没有影子，他和多吉书记等几个村干部来到村委会里达参家开的甜茶馆，一人要了一碗藏面。一早起来，还没有顾得上填饱肚子呢。

达参的甜茶馆是村委会新房子盖起来之后开张的。新村委会是一个装配式轻钢结构建筑，1200多平方米，是全市村委会统一建设的试点，大大的阳光棚充分吸收了高原的阳光，配上绿叶植物，湿润温暖，只是夏天还有点热，明年得配上遮阳布。市里面要求把村委会建设成乡亲们愿意来，来了还不想走的场所，村委会于是就想到了搞一个甜茶馆，大家有一个喝茶聊天的场所，再逐步配上公共Wi-Fi、农村书屋、医务所、台球桌，慢慢地，大家就都被吸引了过来。

28岁的达参多年前嫁了出去，不久前离婚又回来了。嫁出去的时候地都给了哥哥，一时间她的生活没有了依托。经过村民大会讨论，村委会把开甜茶馆的机会给了她。达参很能干，把甜茶馆经营得红红火火，还在旁边开了一个小卖部，又兼着村卫生员，村里人有个小伤小病、头疼脑热的，她都能解决。采摘枸杞的季节，这里还一座难求呢。

现在，达参又成了家，丈夫是山南那边的人，在工地上跑车，开挖掘机。达参今年17岁的弟弟因为先心病在内地去世，母亲要求再见上一面，她从内地把弟弟的遗体运回来，前前后后花费十几万元，如果没有达参丈夫的收入，还真的吃不消。村里人说起达参都竖起大拇指，说他们夫妻俩不仅能干，还很孝顺顾家。如今达参家盖起了新房子，买了车，听说家里的皮沙发比县里宾馆大厅里的都豪华，电视机是62英寸的。

王朝和多吉书记及几个村干部们喝着甜茶，看着忙前忙后的达参，心里很满意。作为村卫生员，她不仅能治疗许多小病痛，还帮助村委会做了许多工作；作为困难群众，她靠着勤奋劳动，过上了好日子。今年，村党支部已经把她培养为入党积极分子了。

像达参这样的困难群众，村里还有几户，比如达珍家。达珍家只有3口人，达珍83岁，妹妹80岁，儿子玉加也50多岁了。达珍家叫“阿亚户”，阿亚村的村名就是由他们家的户名而来的。他们家过去是地主，由于人口少年龄大，现在变成了困难户，平时还好，有政策的托底保障，但一碰到突发情况，问题就凸显了。今年，达珍80岁的妹妹因为乳腺癌去世，家里一下子焦头烂额，村党员志愿服务队和驻村工作队从头到尾帮忙解决了问题。

再比如普次家。普次是外村嫁过来的，丈夫在前些年去世了，她一个人带着两个女儿，生活比较困难。普次于是想着把大女儿留在家里帮忙干活，村里知道的时候大女儿都12岁了。驻村工作队和村党支部做工作让她女儿去上学，母亲的工作做通了女儿又不愿意，觉得自己年龄大了，丢人。后来连镇长、校长也来做工作，让她去学校后直接上三年级。没想到这个叫普琼的孩子悟性极好，一年以后成绩就到了全班第八名。现在，普次的小女儿在村里的幼儿园上学，普次自己在劳务输出合作社务工，还把在马义村的父亲接到身边养老，她家地里的收割，都是村党员志愿服务队帮助完成的。

今年村干部和村党员志愿服务队确实比较辛苦。阿亚村有46户人家，4户不在村里，每户平均有4.6亩土地，当大部分家庭都收割完了，还有3户家庭没有收割，都是村党员志愿服务队出工出力加出机械帮忙收割的。正是由于他们的辛勤付出，两三年时间，阿亚村的精神面貌就有了巨大的变化，王朝和多吉书记也才有信心举办这么一场对全村而言盛大的演出。

上午10点30分，活动正式开始。县委书记来了，上海实验学校援藏校长带着20多名师生来了，全村老少几乎全部出动，各个身着鲜艳的藏装，挤满了小小的广场。首先是升国旗唱国歌。王朝很吃惊，这些平常汉语很不流利的老乡，唱起国歌来字正腔圆，响遏行云。演出内容也很丰富，加上上海实验学校带来的2个节目，整整13个节目，有朗诵《我骄傲我是中国人》、舞蹈《洗衣歌》，幼儿园的小朋友带来了舞蹈《罗珍色珍》，而更多的是传统的堆谐呀、锅庄呀，在舞蹈《感党恩》中，乡亲们加入了讲党恩爱核心、讲团结爱祖国、讲奉献爱家园、讲文明爱生活的“四讲四爱”主题教育内容，几个盛装打扮的青年男女边说边唱，很有说唱艺术风格。演出结束后，村“两委”表彰了这一年在全村工作中作出贡献的积极分子，特别是村党员志愿服务队里的积极分子，县委书记把获奖证书颁发到每一个人手上。为了村集体的发展作出贡献的人员，一定要让他们得到荣誉，这是今天活动的高潮。

明天是国庆节，王朝他们要组织村民集体收看电视直播。之后，村党员志愿服务队要到大棚里义务劳动种草莓，这个时候种下的草莓，差不多12月就能够上市了。接下来的两个月，要组织计划的各类培训，劳务输出合作社要跟合作的企业结清账目，洽谈明年的合作。还有更重要的，生态合作社要启动起来。

之前，王朝他们一直在为生态合作社的事情发愁，除了改善人居环境，整治村容村貌外，还真不知道要干什么。“万亩枸杞”固然不错，治理沙化、防治水土流失，但那是人家企业在负责。后来还是上海实验学校出了一个好主意。上海实验学校是上海对日喀则的一个援藏项目，由上海各区抽调援藏教师组建而成，阿亚村是他们的一个社会实践基地，学校会不定期地带着师生来阿亚村调研，进行社会实践活动，帮助村里排演节目、培训技能等。

学校的老师们看见村里有一条山沟风景很好，从高处看去像一条蜿蜒的巨龙，沟里有水草，有灌木也有乔木，老师们把它命名为“飞龙沟”，建议村里在这里建林卡农家乐，开发度假旅游。“这里离日喀则、白朗都不远，又有高速公路，城里的人周末过来，吃新鲜蔬菜，采摘新鲜水果，又看了风景，说不定几年以后成了日喀则的后花园呢。”老师们这样描绘着未来的美好前景，也让王朝他们下定了决心：今年抓产业，明年抓生态！除了这些，他们还计划在村边上建一个屠宰场，已经作了调研，整个日喀则只有一家屠宰场，利用地理位置和荒地的优势，引进一家内地企业，动员老百姓养殖入股，公司+合作社+党支部+群众，也是一条增收之路呀。

地处日喀则、白朗之间的阿亚村，依托这条致富路，下一步可将村里的土地集中起来，改造成大棚和养殖场，旅游、采摘、务工……王朝心里的乡村事业，道路越走越宽广。

第二章　牧场鸭倌儿

魏伟与王朝有特别相似的经历：2000 年参军，2010 年分配到日喀则市岗巴县工作，先后担任过县扶贫办主任、县编办主任、县政府办主任。2019 年 5 月，日喀则市组织开展优秀年轻干部到村担任党支部书记工作，魏伟主动请缨到基层党组织力量比较薄弱的龙中乡国措村担任村党支部书记。

国措村是一个牧业村，海拔高，条件比较艰苦。2018 年，国措村由于村党支部发挥战斗堡垒作用不够、党员先锋模范作用不足、带领群众致富本领不强，被列为全县软弱涣散基层党组织。魏伟到村子之后，面对眼前的一堆乱麻没有气馁，语言不通他就连说带比画，从村党支部、生产生活、思想观念、移风易俗几个方面渐次入手，积极与村“两委”班子和群众沟通，了解存在的问题，查找并分析原因，对症下药，将问题都晒出来，动员群众积极向党组织靠拢。

结合“不忘初心、牢记使命”主题教育，在援藏干部的积极帮助下，选派村主任索朗赴北京参观学习，利用村“讲习所”和村干部夜校平台，带领村干部和党员说初心、记初心、守初心，说问题、谈问题、找差距，现身谈发展、讲差距，让党员特别是村“两委”班子成员，把思想集中到改变现状上，把担子压在自己身上，全面提升村干部、党员素质，形成“群众看党员、党员看支部”的工作氛围，切实增强了党员为民服务的意识，进一步提高了凝聚力、向心力和战斗力。

看见村干部还没有养成坐班的习惯，魏伟以身作则，严格落实村“两委”班子坐班制度，到国措村几个月，就组织召开 10 余次支委会、5 次党员大会、3 次组织生活会和 20 余次集体学习活动，在合作社壮大过程中，村干部和党员纷纷带头踊跃加入合作社，彻底扭转了村党支部凡事等一等、看一看的局面。

国措村亚培养羊专业合作社成立之初仅有5户社员，养殖规模只有411只羊，是全县最小的合作社。魏伟采取点对点的方式，以大力发展农牧民专业合作社为契机，一户一户走，一个一个做工作，引导大家拓宽思路、转变观念，成功将国措村亚培养羊专业合作社打造成为有3000多只养殖规模的全县第三大合作社、龙中乡第一个短期育肥圈养育肥基地，与河南双汇等知名企业沟通联系，在不到半年的时间里，销售出岗巴羊近1900只，实现销售收入80万元，其中有本村合作社的羊821只，实现产值42万多元，全年有望销售羊2000只以上，实现总产值100万元以上，户均实现增收2万元以上。

牧业合作经营之后，劳动力富余了，针对国措村牧民外出务工少、观念陈旧、不愿离开乡土的情况，魏伟先后20多次逐户走访全村，谈心交心，了解大家的意愿，为贫困户解决实际困难，积极帮助有意愿外出的乡亲实现就业，先后以劳务输出合作社的名义，联系护送5名群众赴龙中乡工地打工，每天的收入有300元。由于客观条件限制，村里的卫生条件不尽如人意，魏伟每月从他的村党支部书记补贴中拿出500元作为奖励资金，采取定期与不定期检查评比方式，对家庭卫生环境好、个人卫生干净的村民进行现场表彰，增强了大家的卫生意识，村容村貌、家庭环境和个人卫生得到了极大的改善。

国措村草场少，羊产业发展规模有限，魏伟动员大家积极种植饲草，进行牛羊集中圈养。但草场只有那么大，在有限的资源禀赋下，怎么找另一条路呢？一个偶然的机会，魏伟了解到养鸭具有较好的经济效益，养殖的技术含量也不高，便萌生了在村子里养鸭的想法。

养鸭在高原上可是个新鲜事，高海拔、寒冷、干旱，这些看上去都是不可逾越的障碍。魏伟上网找资料，向县里的餐馆老板求教，心里有了底。这个想法也得到了县领导的支持，县领导协调县林业局设置围栏210米。场地围起来了，村里却没有人肯出来承担养鸭这个任务。千百年都跟牛羊打交道，没有谁伺候过那毛茸茸的玩意儿。魏伟自己拿出1万多元建起养鸭基地，先养殖了鸭苗200只。这些活泼的小东西吸引了大家的目光，一段时间以后，有人动心了，魏伟让他们以合作的方式运营，养鸭基地鸭子成活率在98%以上，不久就销售鸭子160多只，实现了纯收入8000元。牧场里养鸭子，这样的新鲜事，也只有在合作组织充分发育的今天才能够实现吧。

国措村的村民还有一件心事，就是收回村里温泉的经营权。国措村的温泉是岗巴县的三大温泉之一，水质清澈，过去承包给了个体户经营，村民们没有收益，大家都强烈要求村里把温泉的经营权收回来。魏伟了解情况后，积极向县里汇报，与相关单位沟通，争取资金，采取产权回购的方式，将温泉资源的产权收归村集体，现每年可实现村集体经济收入12万元。在产业分红的兑现大会上，村主任索朗自豪地说："以往我们村的羊子吃的多、卖的少，生产生活从来没有像现在这样好，感谢共产党为我们派来了一名好书记！"现在，大家真正看到和尝到了合作社的甜头，都积极加入合作社。

第三章　养鲑鱼记

这个鲑鱼，不是人们常说的北欧三文鱼，而是亚东鲑鱼。之所以叫亚东鲑鱼，是因为目前仅在我国日喀则市亚东县有分布。亚东鲑鱼属鲑形目鲑科鱼类，身上有彩色斑点，当地人也叫它“花点鱼”。亚东鲑鱼背部绿褐色，从背部到肚子颜色渐淡，腹部几乎白色，头、背、鳍都有黑色斑点，鱼鳍上另有红色和绿色的花点，色彩艳丽动人。亚东鲑鱼以水生昆虫和甲壳动物为食，生活在水流湍急、底下石头密布的洄水之地。

亚东鲑鱼在人们的印象里都是“贵”！贵到什么程度？餐馆卖400元每斤。它只生活在亚东境内20公里的范围内，非常稀少。亚东鲑鱼之所以稀少，是因为它对生存环境要求很高，必须是无污染的山间活水，水中不能多含沙土。

亚东县内海拔3000米左右的卓姆河水，发源于北部海拔7000多米的绰莫拉利峰附近的雪山下，到了亚东县城下司马镇，山峰逐渐变低，气温也变暖和了，上游的雪融水和林涧溪流汇合之后，河水湍急，虽寒凉但终年不结冰，河底石头清晰可见，洄水地方多，树叶、草籽、羊粪冲到河里面，随水漂流，给亚东鲑鱼生长营造了良好的环境。由于处在冰凉刺骨的雪融水中，亚东鲑鱼生长很慢，三四年才长到一斤左右。由于食物新鲜，亚东鲑鱼脂肪多，肉厚，味道鲜美。亚东鲑鱼最好的吃法是清炖，味鲜色白，香气悠长绵厚，如果再辅以亚东的蘑菇，保证神仙都流口水。

亚东鲑鱼不但肉质细嫩鲜美，营养更是丰富，有着含量极高的不饱和脂肪酸EPA和DHA。EPA和DHA分别俗称“血管清道夫”与“脑黄金”，可以清理疏通血管，降低胆固醇，改善高血压，预防心肌梗死、动脉硬化等疾病。

这样一个好东西，怎么样实现人工养殖以造福人类，帮助老百姓脱贫致富呢？早在 20 世纪末 21 世纪初，当地政府就开始了亚东鲑鱼人工养殖的试验。2013 年，亚东县农牧综合服务中心申报的“亚东鲑鱼”通过了农业部农产品质量安全中心审查和专家评审，成为国家农产品地理标志登记保护产品，亚东鲑鱼的产业化正式步入轨道。

巴桑，曾经是下亚东乡切玛村党支部书记，现在已经转岗为公务员，负责全乡的合作社，主要是鲑鱼养殖。58 岁的巴桑，祖祖辈辈都在切玛村种地放牛，从来没有想过会成为养鱼人，而且是养殖亚东鲑鱼的专家。

2016 年底，县里把村里的几个党员干部叫到春丕，带着他们参观春丕亚东鲑鱼繁育基地，教他们养鱼的一些基本知识，同时告诉他们亚东鲑鱼的价值和发展前景。村里挑选了 12 名党员去春丕学习，开始了他们鲑鱼养殖的致富之路。

2015 年就有工程队在村子的边上修建了八九个 100 平方米左右的水泥池子，刚开始村民还以为在建设什么国防工程，后来才知道这是县里利用财政边境转移支付资金修建的亚东鲑鱼繁育和养殖基地。也就在那一年，县领导拜访上海海洋大学，邀请了多名学校专家来亚东县进行技术指导，同时选派了 7 名党员技术骨干去上海学习 3 个月。这些骨干学习回来，又跟着老师们在春丕亚东鲑鱼繁育基地学习技术，巴桑他们 12 个人，就是这些老师教出来的。

2015 年，和春丕亚东鲑鱼繁育基地一同成立的，还有三个鲑鱼养殖企业。自此，鲑鱼繁育和养殖成为亚东县的一个特色产业。2016 年，亚东县成为西藏脱贫摘帽的五个县区之一，也是其中唯一的边境县。亚东县的领导说：一条鱼带动了亚东南部三个乡镇脱贫。

不仅要脱贫，还要让大家持续增收奔小康。村“两委”响应上级的号召，成立鲑鱼养殖合作社。政府修建了养鱼池，村里就动员大家积极入股，从村干部到党员到群众，从不愿意入股到最高限额 2500 元，从过去的牧民变成养鱼人，既要勤奋懂技术，也要改变观念。群众观望，党员干部带头，入股投劳，边学边干。2016 年刚开始试着养殖鲑鱼的时候，困难可真不少。鲑鱼养殖是没有经验可以遵循的，虽然老师教了基本技术，但真正上手又是另一回事。

亚东鲑鱼的人工繁育多年来无人敢挑战，为什么？专家说，亚东鲑鱼与常见的冷水鱼有显著的不同。第一，亚东鲑鱼发情期短，一年仅有7~10天。第二，亚东鲑鱼怀卵量少，一条2000克重的母鱼，平均仅有3800粒左右的卵子，而常见的草鱼等四大家鱼的怀卵量有100万粒左右。第三，亚东鲑鱼孵化期长，常见的冷水鱼的孵化期不超过1个月，而亚东鲑鱼的孵化期却要100~110天，是常见的冷水鱼的3倍以上。亚东鲑鱼卵出膜以后，还要等上30天后才能游动。

高海拔、超低温、受精卵奇少、孵化期超长、驯食成活率偏低，这些专业性的技术难题，乡亲们不懂，但他们实实在在感受到了养殖这些珍贵的鱼儿的艰难。挤鱼卵要在最寒冷的12月（10天左右），那样容易分开，不然会凝成一团。为了保证数量，每天要挤出500~600条母鱼的卵子，加上有的鱼成熟度较差，每天要筛选的母鱼有800多条，还要挤公鱼300多条来授精。手挤酸了，肩膀不能动了……

12月到次年3月，鱼卵孵化出膜，要保证温度，水要循环。鱼苗进入养鱼池，白天晚上都要有人巡视，随时清理养鱼池里的落叶、淤积物，还不能搅浑水体。因为入水口堵了，鱼苗很快会缺氧；出水口堵了，鱼苗就会流进河道，淤积物多了会影响水质。每年7月，是鱼苗大批死亡的季节，可能有一半的鱼苗活不过来，有的说水温高了，有的说喂多了，有的说喂食的饲料不对，众人议论纷纷。不管怎么样，2017年底见了效益，村里的鱼苗每尾2元，收入98万元，除了集体预留流转资金、风险基金，上交县财政5%，合作社每户分红3500元。

巴桑现在的主要精力放在全乡的合作社上，切玛村的鲑鱼繁殖合作社都由格桑达瓦全面负责。格桑达瓦是2016年第一批学习养殖技术的学员之一，是村党支部新发展的预备党员，高中文化，人机灵，肯出力，两口子都在繁殖场，每年工资奖金加分红，收入10来万元。在格桑达瓦的带领下，繁殖场 2018 年卖了鱼苗 75 万尾，剩下 40 万尾还要向河里放生一部分，保持生态平衡。

亲鱼培育、催熟促产、人工授精、控温孵化……这些关键技术难题陆续解决，在短短 4 年时间内，来自上海海洋大学的科技服务团队在亚东县建成了 1 个繁育基地、3 个鱼种培育基地、1 个成鱼养殖产业园。目前，亚东县又先后投资建设了 3 个商品渔场，这些工作都为亚东鲑鱼的产业化铺平了道路。2019 年 9 月，教育部第二届省属高校精准扶贫精准脱贫典型项目推选结果公布，上海海洋大学以组团攻坚助推西藏亚东县脱贫成功入选并排名第一，这也是上海唯一入选的项目。“我们把当地百姓请到身边，和我们一起工作。”上海海洋大学的专家说，“首先，打消了他们对鱼类的神秘感；其次，‘以工代训’模式让他们拿到了补贴，获得了实在的利益。”

由村党支部牵头把合作社建起来，贫困户优先就业，而鱼饲料由政府供应，销路由政府解决，等第一批鱼苗长成，卖出的收入归合作社，没有后顾之忧，受益的都是老百姓。繁育合作社完成取卵、授精、孵化和驯养等对技术要求较高的环节后，再把进入稳定生长期的鱼苗分发给其他合作社。由于鲑鱼生长期较长，在合作社成立的最初两年内，鱼饲料等物资由当地政府免费提供。正是这样一种扶持模式，使亚东鲑鱼养殖正朝着产业化的方向发展。1 斤亚东鲑鱼的市场售价是 200 元以上，如果能够让亚东鲑鱼实现产业化，合作社的养殖户一年增加几万元收入完全没问题。

随着繁育、养殖技术的日趋成熟，随着鲑鱼生产完成全产业链，包括贮藏、运输、加工和销售等，一项项技术成果迅速转化为当地的生产力，变成当地老百姓手中的真金白银，这正是组织化强力推动的结果，是防止返贫最有效的办法。下一步，亚东鲑鱼应该走向全国，走出国门，在产业增收的基础上实现销售增效，实现长期稳定致富。

下亚东乡的两个行政村切玛村和仁青岗村，是国家的西南大门，是最抵边的村子，除了发展生产脱贫致富外，还承担着护边固边的任务。2017 年洞朗对峙期间，乡亲们主动帮助修路，积极向子弟兵免费提供蔬菜、牛羊肉、粮食。修筑工事要占用土地，乡亲们二话不说主动提供，包括没有收庄稼的土地。2019 年 1 月，为排除暴雪灾害中的险情不幸牺牲的村干部普琼，在洞朗事件发生的第一时间，带领大家帮助部队装卸运输物资、维修养护公路，义务为部队准备军需建材。“看到军车不要拍照，电话里面不要乱说，知道什么消息不要乱传”是普琼在村民中开展的“三不要”保密宣传。在整个洞朗对峙期间，两个村的老百姓平静、从容，没有发生任何意外事情，这与乡村党组织建设、与基层干部带领大家脱贫致富带来的精气神密不可分。

除了独有的亚东鲑鱼养殖，两个村的其他产业也开展得红红火火，党员干部带头加入合作社，困难户和边缘户都是免费加入合作社的。

亚东县位于喜马拉雅山脉南麓，切玛村和仁青岗村更在前端，越往前海拔越低，最低的地方只有 2000 多米，气候温和湿润，林木葱郁。许多村民家里都种植苗木，村里有两家养花专业户，每家都有 150 平方米的温室，专卖亚东的七色花给县里的居民，加上每年珠峰文化节的需要，年收入能有 3 万元左右。除了种地、林下采摘、护林巡查，侍弄一下花花草草，既美化了别人的生活，又增加了自己的收入，下亚东乡的老百姓的思想意识都是蛮超前的。

第四章　多庆湖畔的“蔬菜大王”

2019 年 10 月 25 日，在日喀则市举办的珠峰扶贫产业大赛暨特色产品成果展中，亚东县亚东多庆农牧综合发展专业合作社获得了“蔬菜大王”的称号。这是日喀则市 18 个县许多合作社经过严格评选的结果。

日喀则种蔬菜，本不是新鲜事，早在 20 世纪八九十年代，日喀则年楚河边的白朗等县就在山东省援藏单位的支持下发展蔬菜种植，闻名西藏，但多庆村获“蔬菜大王”的称号，就有点新鲜了。

多庆村地处多庆湖畔，位于去往亚东的必经之路，因为多庆湖的谐音是“多情湖”，这里成了近年来著名的网红打卡地，是到西藏旅游的年轻人尤其是情侣的必到之处。的确，钻出康马山谷，路过著名的曲米辛古草地，一池高原圣水，丹青、翠绿、蔚蓝、灰白，四季不同的斑斓色彩，映衬着湖边近 8000 米的卓木拉日雪山，多庆湖的美，令人陶醉。不过，这里的海拔超过 4000 米，湖边四季都有大风，也是鲜明的地理特征，并不是一个种植蔬菜的理想地方。

多庆村的周边被整齐的围墙圈起来，有一座气派的大门。公路对面不到 1 公里，就是多庆湖广袤的水面。每天，村党支部书记米次都要经过这里，去到村子南边的蔬菜大棚里巡视一遍。47 座蔬菜大棚整齐地排列开，每一座都有不同的内容，光是辣椒就有 3 种。四面用围墙围了起来，这样可以抵御四季不断的大风，也可以把游荡的牛羊、野狗等挡在外面。

在大棚里劳动的大都是妇女老人，虽然大棚外面寒冷干燥，但里面湿润温暖，满目翠绿，连氧气都明显地增多，浇灌有水管，打理大棚的农事并不十分吃力。

长期以来，多庆村半农半牧，养牦牛和岗巴羊，种青稞，多年来草场退化、土地贫瘠，资源禀赋很差，带领乡亲们脱贫致富，首先要找到出路在哪里，靠那些牛羊和青稞肯定不行。

转机出现在 2012 年。那一年，县农牧局在多庆湖边上建起了五六个小温室，在援藏单位的指导下开始试种蔬菜，当年就有了收成。县农牧局的同志把收获的蔬菜分送给周边的老百姓，平常很少吃到蔬菜的农牧民吃到了自己身边长起来的蔬菜，觉得新奇又十分神秘，那可是县农牧局的技术员下了大功夫的。

小温室的成功让米次书记看到了希望，他没事就往那里跑。播种、育苗，分种、浇水，温度、肥料……他一面认真地看，一面虚心地问。县农牧局的同志看出了他的心思，鼓励他在村子里试一试，毕竟，他们试验的目的就是推广。但米次下不了决心，种植面积小了意义不大，种植面积大了资金何来？失败了怎么办？

2012—2017 年，除了学习，米次书记还广泛征求村“两委”的意见，更重要的是争取上级的支持。通过各种努力，他最终得到县里特别是县农牧局的认可。2017 年，他在村子旁边的荒地上建起了 47 座温室大棚。从选址到设计再到建成后垫土，米次都一一把关。

大棚建成以后，问题来了。全村 56 户人家，谁也没有种过蔬菜，虽然米次现身说法，把自己看到的听到的都告诉大家，但毕竟还是空中画饼，大部分人都持观望态度，虽然只需要大家出工出力，但工夫也不能打水漂呀，蔬菜合作社报名的没有几个。

是呀，这么高的海拔，干旱、大风，这附近连牧草也长不好，一下子这么大规模，大家迟疑观望也是有道理的。26 名村干部和党员带头，12 名入党积极分子也算上，每家至少包 1 个大棚，米次更是一下子包下 4 个。

春天开始播种施肥，肥料全是牧场的有机肥。除了辣椒之外，每家以自愿为原则，分别种了大白菜、上海青、西红柿、花菜、莴苣、土豆、水萝卜、白萝卜等十几个品种。米次一个大棚一个大棚跑，手把手教，这家浇水多淹了，赶紧通风补救，那家肥施多烧根了，用新土换换。不久，应季的一些蔬菜就上市了。紧接着一季季、一茬茬，五花八门的蔬菜连续上市。

刚开始，他们把这些蔬菜运到60公里开外的亚东县城销售。因为他们的蔬菜新鲜，又没有化肥，县城里的人都抢着买，菜市场的菜反倒没人买了。后来，考虑到平稳市场，加上运距太远，他们就把销售重点放在了周边的吉如、帕里、堆纳几个乡镇。不用他们跑销售，这几个乡镇的学校和机关主动上门签订合同。除了蔬菜集中出棚时需要再往北边卖到康马一些，多庆村生产的蔬菜供不应求。

2018年，蔬菜合作社收入24万多元，这还不包括村民自己卖出去的。年终分红，多的三四万元，少的七八千元，包了大棚的村民都有不错的收入。当然，没有包大棚的村民也不能落下，蔬菜合作社给他们每一户都分红2000元。

高海拔也能长蔬菜，而且由于土质、日照、温差和肥料等方面的优势，多庆村的蔬菜人气爆棚。2019年，大家都抢着要包大棚了。米次书记带头让出两个大棚，有的家庭人口少的两户包一个大棚，全村都加入了蔬菜合作社。

米次家里有6口人，老伴女儿女婿，孙儿孙女，两个小孩一个上小学二年级，一个上幼儿园，种蔬菜大棚最合适，既照顾了家庭，又增加了收入，2018年分了3万多元，但看到乡亲们热情这么高，他主动把两个条件好的大棚让了出来。村主任达瓦次仁有两个儿子，一个在外面打工，一个在读高中，他只承包了一个大棚。

多庆村的自然条件差，但村“两委”工作扎实，村党员志愿服务队每天都会有许多事情。多庆村的牧场面积大，维护网围栏是一项重要工作，由村党员志愿服务队义务完成；多庆湖边的风雪是出了名的，抢险救灾，村党员志愿服务队义不容辞；牧场道路的维修、水源地的清洁和维护等，都是村党员志愿服务队的事情。

正是有了这样的以身作则，有了这样一支带头的队伍，多庆村的群众才心齐。现在，村里成立了蔬菜合作社、人工种草合作社、岗巴羊合作社、劳务输出合作社和生态合作社，全村 260 人，除了老人和小孩，人人都在合作社工作，家家都是合作社的成员。

米次现在是蔬菜合作社、人工种草合作社、岗巴羊合作社的负责人。蔬菜生产和销售现在是没有问题了，2019 年入冬，村党员志愿服务队要把每一个大棚都维修一遍，有的阳光板需要更换，有的浇水管需要更换，还要跟县农牧局商量丰富一些蔬菜品种，更重要的是，要考虑请求上级再建一些大棚，现在的大棚是明显不够用了。人工种草合作社是 2017 年成立的，有 500 亩草地，每年收割后卖到农牧公司，农牧公司再卖给牦牛公司，生产和销售也不是问题，也要考虑如何增加产量。

岗巴羊合作社，多庆村是分社，总社在吉如村，叫亚东堆纳卡吉岗巴羊养殖农牧民专业合作社，负责人是吉如村的拉巴平措书记，他可是一个能人。这个总社带着 10 个分社，叫“1+10”模式，就是总社负责 10 个分社的岗巴羊的育肥、销售等工作，各个分社只需要负责自己合作社岗巴羊的放养就行。多庆村过去放牧需要十八九个人，现在合作社只需要 8 个人，集中起来放养的岗巴羊适合出栏的，总社直接收购过去，比单家独户放牧出售方便多了。

吉如村是一个新的搬迁点，虽然离老居住点不远，但条件好多了。新建的岗巴羊养殖育肥中心开业的那一天，县长带着县里的好多部门领导过来，鼓励拉巴平措书记带动周边乡镇的村子养殖和销售。吉如村刚开始合作养羊时，全村所有的羊只需要 3 个人管理，富余的劳动力都干别的，种草、修羊圈、出去打工，现在成立了总社，吉如村的大部分劳动力都投入到了岗巴羊的育肥销售里。

拉巴平措的脑子灵活，远处的客商一次性多买，他就便宜一些。零卖也没问题，价格好商量。他从周边的村子收购过来的羊，价格从来不打折扣，利润都从他的育肥和薄利多销中体现。县长带着几大单位的领导现场指导，也是希望能就此带动世代放牧的牧民解放思想，改变观念，在多庆湖边创造新生活。

多庆村的合作生产生机勃勃，村民完全改变了过去小农经济的生产方式，抗风险能力大大增强，集约化的优势充分显现。村党员志愿服务队承担了村里的许多集体事务，妇女老人管理蔬菜大棚，青壮年有的放牧、有的种草，更多的是出去建网围栏，到县城和县域外打工。2019 年，初步算下来，家庭收入最好的能有十来万元，多数五六万元没问题，那些家里劳动力少的、没有地没有牲畜的，在合作社里入股投劳，最少也能有 3 万元的收入。

米次的事情很多，基本顾不到自己家里的那一摊子，但他每天都很高兴。一是村民感党恩，知道今天的好日子都是党和国家关心的结果，党中央和习近平总书记一直没有忘记边疆地区的他们。二是村民心齐，村委会的工作很顺畅。眼下，村里的维稳呀、经济增长呀，都不操心，最操心的是大家的思想观念跟不上时代的发展。要说到眼下最盼望的事情，应该是尽快扩大温室的数量，加强年轻的富余劳动力的技能培训，只要掌握了一定的技能，包括用汉语交流的能力，打工的收入就要高得多。留在村子里的青年妇女，要好好学习编制技术和接待服务，以后多庆湖的旅游发展了，在家门口就能够挣到钱。

第五章　定日“金波”

金波，在定日一带的方言中是“大哥”的意思，这里特指一个人，就是身有残疾但自强不息的旦增欧珠。旦增欧珠现在是定日县的名人，走在街上无论男女老少都少不得和他打个招呼，叫“金波”。换在10年前，这是他想也不敢想的。

旦增欧珠不敢想的还有一件事，就是他能够和习近平总书记握手。从“旦增咕咕”（小个子旦增）到定日“金波”，从定日的大山里走到首都北京，旦增欧珠用残疾人的双脚走出了一条不平凡的道路。

1983年，国家走出了“文革”的阴霾，社会开始良性复苏，但那时候经济生活还很贫穷。在西藏西部边远的定日县措果乡一个贫困家庭里，旦增欧珠出生了。家里添丁进口，本来是一件高兴的事，可旦增欧珠先天残疾，两腿发育不好，这对原本就贫困的家庭来说，无疑是雪上加霜。旦增欧珠出生后没几年，父亲不堪贫困生活而离家出走，音信全无，剩下他和阿妈相依为命，艰难地维持生计。

没有条件上学，也没有能力去经营家里仅有的1.5亩耕地，看着阿妈辛苦操劳维持一家人的生计，旦增欧珠十分心疼，尽力帮阿妈干农活和家务。8岁那年，幼小早慧的旦增欧珠决定跟着村子里的叔叔们去拉萨打工。看着刚刚够上学年龄的孩子要离家远行，阿妈说什么也不同意，村里的长辈跟阿妈说，反正留在家里也帮不上忙，学校也去不了，不如跟着出去见见世面，学一门养活自己的本领。

20世纪末的拉萨，经济生活并不发达，打工更不容易，何况对一个年仅8岁又有残疾的孩子。到了拉萨，旦增欧珠四处碰壁，只能靠同乡人的救济过日子。一年后，旦增欧珠跟着同乡长辈回到了家乡。虽然没挣到钱，但那段四处碰壁的经历磨炼了他的意志，也使他感受到了社会上有些人对残疾人同情的温暖和歧视的冷漠，同时也开阔了他的眼界，在他幼小的心里埋下了靠双手改变命运并努力帮助更多人脱贫解困的信念。

2000 年，旦增欧珠 18 岁，定日县民政局安排他在仓木达温泉度假村工作，当服务员。第一个月工资 150 元，钱虽然很少，但旦增欧珠知道，这是通过劳动得到的报酬，他能够自食其力了，他也可以像健全人一样靠自己生活。

在温泉度假村工作 6 年，因为有拉萨打工的经历，他对这份工作特别珍惜，同时也为自己没有文化感到苦恼。他知道未来的生活里文化的重要性，因此一边做好自己的工作，一边想方设法学习。为了识字，他把书本藏在自己的枕头下，每天晚上当别人睡着后，他就在被窝里打着手电筒学习。为了学说汉语，他抓住一切机会和内地旅客多说话交流；为了学习藏文，他怀里揣着个小本子，一有时间就向识字的师傅请教。慢慢地，旦增欧珠学会了阅读藏文和汉文，还学会了讲普通话，对旅馆的经营也有了一些认识。

在度假村工作期间，旦增欧珠实现了从养活自己到有了独立思考能力的飞跃，同时还找到了自己的另一半，与同在度假村工作的罗布德吉结为夫妻。成家后，为了给家人提供更好的生活，旦增欧珠有了创业的想法。

旦增欧珠所在的岗嘎镇，地处通往珠穆朗玛峰、吉隆对外口岸的必经之地。珠穆朗玛峰的品牌，每年招揽着全世界的游客，为游客服务的人员也是南来北往。有了在度假村的打工经历，旦增欧珠认识了市场，懂得了经营，他觉得这是一个很好的商机，因此，夫妇俩筹划干出一番事业。

计划有了，但阻力不小，缺资金，相信支持他们的亲戚朋友寥寥无几，甚至还有人冷嘲热讽。怎么办？再困难也要上，2006 年，旦增欧珠用省吃俭用的 2000 元开办了一家家庭旅馆。这家旅馆规模很小，只有 150 平方米 4 个房间，服务员也只有他和妻子。

很多人都不相信这个残疾人能够开好旅馆。开业伊始，夫妻俩付出了常人难以想象的努力，为了节省开支，破裂的水桶补了又补，为了保证卫生，旦增欧珠和妻子跪着擦地板，膝盖不知磨破了多少次……

就在这个节骨眼上，党和政府向这对夫妻伸出了援助之手。2007 年，在定日县民政部门的大力支持下，夫妻俩渡过难关，开办了星光社会公益旅馆。还是夫妻俩经营，依靠优质服务和良好的卫生条件吸引顾客，生意越来越好。2008 年，旅馆经营收入达到 30 万元，到了 2017 年，旅馆经营收入达到 60 万元。

在经营家庭旅馆的头一年，旦增欧珠就在当地政府的帮助下，用盈利给阿妈盖了一间新房，也是在这个时候，旦增欧珠终于可以和贫困说再见了。

看着阿妈满意的笑容，旦增欧珠在欣慰之余，想到了他的初心，一个人富了不算富，大家要共同富裕。如果没有定日县民政局帮助安排他在度假村工作，就不会有他的家庭，也不会有当初的创业；如果没有党和政府关键时刻的帮助，也就没有今天的旅馆。

2008 年是旦增欧珠生命中很重要的一年。开旅馆的经历让他打开了眼界，因为诚信经营，他认识了越来越多的朋友，同时也有了一种紧迫感，一定要帮助那些生活困难的残疾人自食其力，帮助他们找回人生的自信。

在政府有关部门的帮助下，旦增欧珠依托旅游资源优势，在珠峰脚下开了一家民族手工艺品商店，组织村里 7 个残疾人参加缝纫技能培训，制作、销售旅游纪念品。这家商店 40 平方米，地方有了，按照最初的想法生产的第一批产品也出来了，但就是卖不出去。那个时候，旦增欧珠把旅馆的事情交给妻子，自己和 7 个残疾人整天扎在商店里，提高技术，琢磨销路，嘎东镇党组织也派人来指导。慢慢地，特色出来了，销路有了扩大，7 个残疾人的生活也安顿了下来。在这个过程中，旦增欧珠发愁、苦闷，甚至有了退缩的念头，但镇里的领导不断鼓励他，给他打气，使他消除了势单力薄的感觉，他也对共产党有了更深刻的认识。2013 年，党组织批准了他的入党申请。

民族手工艺品产销上路了。2013 年，他们的团队有 15 人。2014 年，在定日县政府的支持下，旦增欧珠成立了岗嘎镇残障人士民族手工业合作社。

2015年，成员达到36名。在旦增欧珠的带领下，合作社研发了一组男女布偶“糌粑喔落”（糌粑娃娃）。糌粑娃娃的衣服搭配不同的风格，纯手工缝制，精致可爱，销路也不错。

旦增欧珠认为，能够到珠峰来旅游的都是有钱人，只要你的产品有特色、品质好，不愁卖不出去。他还希望销量多多益善。现在，旦增欧珠每年都要往上海跑好几趟，跟上海市松江区合作，不光销售糌粑娃娃，他还有更多的想法。

定日每家都有一种特殊的日用品——妇女用的围腰，藏语叫“邦典”。定日的邦典因为图案、色彩富有特点，在藏族聚居区很有名气，藏族聚居区的人一看就知道这是定日的邦典。这些邦典新的换下旧的，日积月累，每家都积攒了不少。过去，有的家庭就把淘汰下来的邦典随意丢弃。旦增欧珠在这上面看到了商机，他根据新旧程度或者十元或者三五十元收购回来，裁剪之后做成手包等产品，这样既增加了老百姓的收入，又达到了废物利用、保护环境的目的。

合作社的工作，除了手工艺品编织、缝纫外，还有木家具加工、农机具维修、房屋建筑等。旦增欧珠还开办了一个培训基地，专门帮助残疾人和贫困户学习技能。现在合作社已经由最初的7人发展到56人，其中有36人是残疾人兄弟姐妹。像牧区的残疾人索朗、德吉央宗，他们原来靠乞讨为生，后来在合作社接受技能培训，出去自己创业，现在都买上了小汽车。聋人阿妈努增，在合作社的照料下，已经有了一份稳定的收入，不再无依无靠。还有贫困户曲宗的孩子，也在合作社的帮助下顺利考上了大学。在这56人里，除了家住附近的以外，都统一提供免费吃住、免费培训和生活补助。

珠峰附近和318国道旁边，为了方便游客，国家投资修建了许多公厕，但因为没有专人管理，加上气候寒冷，卫生条件差，公厕无法正常使用，过往游客都很有意见。旦增欧珠与有关部门沟通协调后，成立了环卫公司，安排残疾人、贫困者专门负责公厕卫生清扫和设施维护工作，每月给予1000元至2500元不等的补助。刚开始的时候，没人愿意干，旦增欧珠就亲自带头，带着2名党员，用他在旅馆工作的经验示范，冻了的地方就带上煤气灶烧水冲，有的地方戴上手套去清洁，看见旦增欧珠亲自打扫，别人也都再没二话。现在，全县的公厕都统一由县清洁公司管理，旦增欧珠带出来的员工成了那里的骨干，也完成了自食其力的蜕变。

身残志坚，旦增欧珠的故事感动了很多人。在别人眼里，他是不屈服于命运、傲然屹立的英雄。但他自己明白，他的成功离不开党和国家的好政策，以及各级政府的支持。他说："一个人的意志固然重要，但如果没有党和国家的好政策，以及和各级政府的支持，就不会有我的今天。"

日喀则的18个县，旦增欧珠跑了11个县作宣讲，现身说法，教育引导大家常怀对党的感恩之心，在党的惠民利民政策下撸起袖子加油干，用自己的双手勤劳致富，过上幸福生活。他鼓励每一个残障人士树立信心，老天对每个人都是公平的，尽管肢体残疾，也要树立坚强的生活信念，去奋斗、去争取，成为主宰命运的强者。

不仅宣讲，旦增欧珠也身体力行地回报社会的承诺。近年来，他已资助10名贫困大学生每人每学期5000元，直到他们完成学业；逢年过节，他都要慰问贫困家庭，送去生活物资；2015年4月25日大地震后，他为受灾群众捐赠了价值5万元的物资，夫妻俩的家庭旅馆还免费为受灾人员、救灾人员提供食宿15天；他的合作社吸纳镇里的残疾人和贫困家庭子女就业，为他们提供免费吃住、免费培训和生活补助……在旦增欧珠的带动下，越来越多的贫困群众走上了致富路。这也让他收获了许多荣誉：青年致富带头标兵、最美志愿者、全区农村青年致富带头人、脱贫攻坚一线优秀共产党员。

2019年5月16日，是旦增欧珠终生难忘的日子，作为全国自强模范，旦增欧珠和与会的代表们受到了习近平总书记和其他中央领导的亲切接见。在北京开会的一个星期，他每天凌晨三四点钟起床，精心准备他在会议上的发言。他向大会的组织者表达了想跟习近平总书记握手的愿望，大会的组织者并没有明确回答他。不过，5月16日上午11点在人民大会堂北大厅，他还是荣幸地握住了习近平总书记那双温暖的大手。

致富后的旦增欧珠依然开着普通的轿车，衣着朴素，但他的言谈举止充满了自信和豪情，创业的豪情。

目前，定日县搬迁集中居住的有近 1000 户，每个行政村都建立了合作组织，旦增欧珠最想做的事情就是整合 170 多家合作社的资源，打造统一的商品品牌，利用互联网的平台，发扬自己经商办企业的经验，把县城里集中居住的劳动力也带动起来，为国家分忧，让群众自立，不离乡不离土就业脱贫。

家庭旅馆、民族手工艺品商店、残障人士民族手工业合作社，旦增欧珠在当地创造了许多第一。现在，他又在县里成立了第一家驾驶学校，他的愿望是为县里的干部群众学习驾驶技术提供方便，同时也为贫困人口解决技能培训的问题，加强县里的产业发展能力。他每年还在合作社培训木工及编制、缝纫技能，每一期都三个月。每天，他往返于县城和各乡镇之间，帮助大家解决创业中碰到的难题，县里的、其他县的创业者要解决问题找不到方向，都少不了给他打电话。每年，他还要跑去上海、北京、山东等地为产品找销路，为未来的发展找信息，他知道，商业机会是跑出来的，坐在家里永远等不到天上掉的饼子。为了让家庭困难的孩子坚定学习的决心，他现身说法，拿出自己随身携带的小本子说明读书的重要性、知识的力量。

旦增欧珠想要做的事情太多太多，有人问他："不累吗？""不累，"他说，"习总书记操心 14 亿人的事，他累不累？县委书记操心 6 万多人的事，他累不累？我就操心 50 多个人的事情，有什么累的？"

2006 年，旦增欧珠连 2000 元都拿不出手，现在他坐拥 2000 万元的资产。旦增欧珠说，这一切都不是他个人的，地是政府划拨的，资产是员工们共有的。他说："我的想法很简单，一个人富了不算富，一个人强了不算强，现在党的扶贫政策这么好，党委、政府对残疾人这么关心，我也要帮助身边的贫困残疾人。"

2019 年底，旦增欧珠的合作社的新楼竣工开业了。新楼就在曾经一间屋子的岗嘎镇残障人士民族手工业合作社旁边，前店后厂，前面四层的大楼，上面三层做宾馆，门脸后面有一个院子，再后面是厂房、仓库、培训中心，旁边是一栋独立的四层宿舍楼兼办公楼。

说起这栋小楼还有一段故事。这栋小楼预算300万元，刚开始旦增欧珠打算统一贷款修建，但在外面看见有敬老院这样的机构，他就动了心思。他的这些员工现在在这里工作，以后没有劳动能力了也要到那样的地方去，不如自己建一个，熟人熟事好互相照顾。于是他就动员大家入股建宿舍楼，给大家算账，每个月的工资发下去大家不是吃了就是喝了，剩不了多少，不如攒起来入股，以后大家都在这里养老。大家听了觉得有道理，纷纷响应，多的10万元，少的1万元，都成了合作社的股东。

旦增欧珠的新合作社与岗嘎镇政府办公地点隔一条318国道，可见政府对他的优待和关照。在新合作社的另一边，是规划中的火车站，在东边不远的地方，新的机场已经破土动工，随着定日旅游经济的发展，旦增欧珠的事业前途无量。

第六章　珠峰脚下的绿色梦想

珠穆朗玛峰，一张巨大而响亮的名片。在人类生存的地球上，珠穆朗玛峰和太平洋、撒哈拉沙漠齐名。

珠峰给人的印象一定是冰天雪地，而珠峰也正需要这样的冰天雪地，但是，有一个人却在珠峰脚下做着绿色的梦。

定日县的扎西宗乡，是珠峰脚下一个有 30 个行政村的乡，20 世纪 60 年代王富洲、屈银华、贡布等老英雄首次从珠峰北坡登顶之后，这里就成为从北坡攀登珠峰的必经之路。在乡政府所在地西南方向的崇山峻岭背后，矗立着海拔 8848.86 米的珠峰，它时而被倏忽变幻的高原云层遮蔽，时而隐约露出难得一见的身影，而冬季，那雄伟壮丽的巨大山峰经常呈现在世人面前。

随着登山体育和旅游经济的发展，珠峰成为扎西宗乡乡亲们发财致富的“金饭碗”。现在，如何分配帐篷、如何安排驮牛、如何保证环境卫生，阿旺久美一点也不操心，他心里的头等大事，是如何让村里的苗木种植更上一层楼。

阿旺久美是乡政府旁边托桑林村的党支部书记，此时，他正跟村主任顿珠、副主任桑珠几个村干部一起在苗圃里商量扩大种植面积的事情。

托桑林村的苗圃现在全称叫桑定曲德育苗种植专业合作社，位于发源于珠峰的扎嘎河的漫滩地，最早滩地上只有一些野生的红柳、沙棘，到后来零星种植一些当地的苗木，到 2000 年，珠峰管理局投资建起了苗木基地，2014 年交给了村委会管理。目前苗圃里主要种植的都是一些当地品种，如竹柳、藏杨、北京杨、沙棘等，用于全县各项植树造林工作。2019 年出圃了 2500 株北京杨，收入 35000 多元，可以增加村里的一部分收入，但阿旺久美看到的远远不止这些。

从20世纪90年代开始，珠峰迎来了旅游和登山热，来自世界各地操着各自语言的外国登山者，来自祖国各地操着各种方言的游客，无不对珠峰顶礼膜拜，无不对这里严酷荒凉的自然环境望而生畏。

珠峰脚下也有绿地。这绿地距离珠峰不过50公里。让这一抹绿色变成绿洲，让来自地球各个角落的登山游客感受到珠峰脚下的良好生态，同时还珠峰一个原初自然的环境，就是阿旺久美的梦想。

2018年，阿旺久美参加了县里组织的培训，到北京等地参观学习，看见祖国内地到处都覆盖着郁郁葱葱的绿色，阿旺久美想到了村里的苗圃，既然能够种植树苗，当然也能够绿化家园。回到村里，他就把过去的苗圃改成了专业合作社，除了按不同的年份出圃苗木外，也进行绿化。

托桑林村村民很大一部分收入来自珠峰，每年4月初到10月底，村子里都要组织部分村民进山服务。为登山旅游服务的联合合作社，覆盖全乡20多个行政村，加上牦牛驮运合作社、环保马拉车合作社，全乡30个村子全覆盖。淡季，山脚下的村子也一样热闹非凡，家庭旅馆、甜茶馆、藏餐馆，顾客盈门。“感谢珠峰，她是我们心中的‘神山’，我们听着有关她的歌谣、喝着她的冰川水长大，现在她又给我们带来了实在的收益，我们更要好好保护她。”阿旺久美心里这样想。

阿旺久美是扎西宗乡的能人，从全乡各村协商成立联合合作社以来，他就牵头管理着全乡在珠峰大本营的58顶帐篷，每年都要在珠峰大本营待将近7个月。最初，那还是20世纪90年代吧，一些扎西宗乡的老百姓开始把可供游客住宿的帐篷和移动商铺开到了珠峰大本营前。那个时候，游客甚至可以直接步行到海拔6000多米的登山者专业营地。

当时由于缺乏管理，纠纷不断，环境遭到破坏，珠峰脚下成了垃圾场，珠峰的声誉受到极大的损害。打一场珠峰保卫战，是全社会的共识，也是珠峰脚下人们最大的事业。从2007年开始，有了全乡的协商制度，珠峰大本营也撤回到了绒布寺前的台地上，全乡每年只允许经营58顶帐篷，每年分配，集中管理。2018 年，托桑林村分配到了 4 顶帐篷，村集体收入 24 万元。

珠峰大本营现在已经回迁到了绒布寺前方圆不足 2 平方公里、海拔 5150 米的台地上。每年的登山季和旅游季，这里人来人往，川流不息。在 58 顶帐篷和绒布寺的旅馆进进出出的人们，有着各自不同的背景，怀揣着一个共同的愿望，多则三四天，少则一晚上，枕着山风，伴着星月，演绎着形形色色的故事。这里完全是一个小世界，社会构成的复杂程度甚至超过某些城市。

为了更好地管理这个小世界，乡党委成立了珠峰大本营临时党支部，阿旺久美是临时党支部的书记。临时党支部有 14~16 名党员（因为进山的人员时有调整），这些党员组成志愿服务队，对进山的人员进行登记，提醒那些不顾危险逞强好胜者不要到危险的地方，帮助解决伤病、缺氧、酒后拉扯等问题。一天晚上，大本营狂风大作，许多游客的衣物被狂风刮起四下散落，接着下起了大雨，许多帐篷进水，那天晚上志愿服务队队员几乎一夜没有合眼，直到把所有游客的东西全部找齐。

在海拔超过 5000 米的地方，有的人会失去常态。一天晚上，一对夫妻突然在帐篷里争执起来，继而大打出手，周边的旅客都束手无策，经过阿旺久美等人的耐心劝慰，辅以吸氧，喝葡萄糖，他们的情绪渐渐平复，清醒过来之后都不知道发生了什么。当然，来自世界各地的游客带来的更多的是新的观念、乐观的态度、良好的环保意识……这些对珠峰脚下的农牧民都有深刻的影响，阿旺久美也在这样的磨炼中越发干练了。

除了管理联合合作社珠峰大本营的 58 顶帐篷外，阿旺久美还负责村里的苗木合作社。如今，桑托林村又成立了环保合作社和食用油生产合作社，阿旺久美要忙乎的事情还真是不少。眼下，他们几个村干部在苗圃里商量的方案有了眉目：除了目前的 1500 亩苗木，从 2020 年开春起，往东北面的漫滩地发展，除了种植苗木也种植绿化树，争取几年内再扩大 1500 亩，让全村都绿起来。

2019 年，除了卖北京杨收入 35000 多元，3 月植树造林时卖出去的其他树苗加起来收入有 12 万多元，全村人均也有 3000 多元的收入。负责浇水的几个贫困户和老弱妇女，每天都在浇水，也计算了工资；刚刚成立的食用油生产合作社，每天都在生产，解决了 3 个人的工作，榨出来的油全部卖给了乡里的食堂、学校和寺院，已经签订了 3 年的销售合同，年初种下的几十亩油菜籽一点也没有剩下。

2018 年，珠峰管理局出台了一条公告：禁止任何单位和个人进入珠穆朗玛峰国家级自然保护区绒布寺以上核心区域旅游。一时，“珠峰大本营将无限期关闭”的消息在网上广为流传。珠峰大本营真的要无限期关闭吗？登山爱好者还能再追寻梦想攀登世界第一高峰吗？游客还能去珠峰大本营远眺珠峰打卡拍照吗？对珠峰并不了解的人忧心忡忡。

公告里所说的“珠峰大本营”，是登山者攀登珠峰的第一站，之前也是游客观看珠峰的一个地标，位于海拔 5200 米的地方，与珠峰峰顶的直线距离约 19 公里。在靠近珠峰大本营的地方，还提供游客住宿。不能进入核心区域旅游，说的是游客不能再进入珠峰大本营了。其实，从珠峰大本营到绒布寺，下撤距离只有 2 公里左右，这个距离对于游客观赏雄伟的珠峰没有任何影响。在绒布寺附近，还有几个非常理想的观景点。

利用珠峰大本营回迁的机会，按照乡里的部署，阿旺久美带领大家开始了整治环境卫生的工程，成立生态合作社，生态补贴用于生态岗位；把牦牛运输的分红用于生态合作社建立环保银行，购买了食用油、厨房用品、洗衣粉、挂面等，鼓励大家用捡来的垃圾兑换积分然后换这些东西；牦牛运输队从 5200 米到 6500 米，运进去多少东西，就要运出来多少垃圾。2020 年，珠峰脚下的环境卫生有了非常大的改观。

珠峰，世界第一高峰，是许多登山者心中的圣地。如果成功登顶，更是一个了不起的殊荣。更多的游客是抱着一睹珠峰雄姿的心愿，千里万里跋涉而来的，他们的心情一点不比那些登山者的朝圣逊色。给大家一个美好的环境，让大家不虚此行，是阿旺久美最希望做到的。每年入冬，珠峰常常可以一览无余，许多游客到了这里，惊叹之后就是遗憾，遗憾没有更多的服务项目和更好的旅游产品。

在珠峰脚下长大的阿旺久美知道，珠峰每时每刻都有不一样的美，但是，她最美的时候，正是她欲露微露的时候。神秘，才是珠峰美的所在。由此，阿旺久美想到，在未来几年，他要向有关部门建议，把珠峰大本营再下移到现在环保车场的位置甚至更下面一点，建设旅游设施、环保设施、抗高反设施都更加完备的游客基地，从基地到绒布寺一带开通即上即走的环保车，让越来越多到珠峰的游客，既保持对珠峰的神秘感，又有更好的旅游服务。到那时候，乡亲们拥有的就不仅仅是 58 顶帐篷了。

新的游客基地会吸引和接待更多的游客，家庭旅馆、茶馆等就不用说了，就是村里的苗圃也能开发成度假村，让游客在珠峰脚下享受绿色服务。最重要的是，这样就会还珠峰一个神秘宁静的本来面目，就像第一位登顶珠峰的女性、日本女登山家田部井淳子去世前留下的那句话：请让珠穆朗玛峰清静些。

托桑林村“两委”是扎西宗乡 30 个行政村里的先进，全村 19 名党员在阿旺久美的带领下，使托桑林村完全摘掉了贫困的帽子。如今，阿旺久美想的是，如果游客基地真正建立起来，珠峰又回到过去神秘宁静的时候，他一定要在 3000 亩的绿地里大力发展林下产业，让珠峰脚下的人们吃上绿色饭。

第七章　达曼人的生活变奏

达曼，藏语的意思是骑兵。达曼人，是生活在中国尼泊尔边境西藏自治区吉隆县吉隆镇的一个独特群体，吉隆镇是中国唯一的达曼人聚居地。

18 世纪末期，当时的廓尔喀军队两次入侵西藏，给当地带来了严重的祸乱，清政府派福康安率军平定，完成了中华各民族共御外辱的伟业。之后，清政府为了加强对西藏地区的管理，命福康安会同西藏地方首领共同筹议了《钦定藏内善后章程》。在那次战争中，一部分打散的廓尔喀骑兵滞留边境地区，一直没能回到故土。在漫长的岁月里，这些人与中尼边境上的人共同居住繁衍。据说，现在的达曼人就是他们的后裔，至今已繁衍 100 多年五六代人。

曾经，达曼人不属于任何一个国家，过着很艰辛的日子。他们在当地没有房屋、耕地和牛羊，情况好一点的有一个 10 多平方米的简易小木棚，由几根拳头粗的木头搭成架子，上面盖一些木板，木板上面再压上石头。除了居住、生活，这些小木棚还是吉隆镇远近闻名的铁匠铺。那个时候，吉隆镇的每一户人家几乎都有这些铁匠铺里生产出来的生产生活用品，锅碗瓢盆、斧头镰刀，你需要什么他们就可以给你打造什么，当地人都叫他们“索瓦”（铁匠）。

而更多的达曼人以做木匠、当背夫和打杂为生，家里所谓的经济来源就是给别人打散工、长工，去哪儿打工就留住在哪儿，到了夜晚，在地上铺个垫子就睡了。颠沛流离、居无定所，就是达曼人那个时候的生活写照。

2003 年 5 月，经国务院批准，在中国的达曼人获得了中国国籍。拿到盼望已久的中国居民户口簿，当时只有 24 岁的达瓦都不敢相信自己的眼睛。达瓦还记得政府当时给他们40多户人家都盖了新房子，建起了达曼新村。后来达瓦知道，这是兴边富民项目投资了147万元，修建的新村总建筑面积达3846平方米，每一个达曼人都有了属于自己的家。2011年9月18日锡金地震后，国家又投入500多万元启动达曼村灾后重建项目，高标准改善村容村貌、人居环境，硬化了道路，修建了牛棚、广场，安装了太阳能路灯。而目前正在实施的达曼村边境小康村民房改造工程，涉及47户，投入资金约300万元。达曼村未来会成为吉隆县新农村建设的一个亮点。

加入中国国籍后，达瓦的生活发生了翻天覆地的变化。白天，她在外面的工地打工，晚上在村子里的夜校扫盲。在过去，由于没有国籍，他们基本上没有学习的机会。从小艰苦的生活，培养了达瓦敢拼敢闯的性格。后来，她还在内地生活了6年。

黝黑的皮肤、高挺的鼻梁、深而蓝的眼睛，但达瓦的身份证标明的是藏族，这在内地引来许多好奇的目光。而内地繁荣的经济、高大的建筑、勤劳的人民，也给达瓦留下了深刻的印象。从内地回来后，达瓦更加坚定了带领大家过好日子的决心。

刚刚入籍那会儿，政府不仅帮助达曼人建起了新村，还利用有限的土地资源给他们建了一些温室大棚，希望解决部分经济来源问题。但几代达曼人都是靠打铁、打小工为生，侍弄田地真是不在行，所以只能将温室大棚承包给会种地的来自四川、青海、河南这些地方的人。好在现在对尼泊尔的贸易很发达，村里的人出去打工也不是一件难事。

达曼村和冲堆村隶属于同一个行政村，全村90户近300人，其中达曼村59户195人，比刚刚入籍时增加了20户。冲堆村以农牧业为主，而达曼村就不一样了。虽然现在除了铁器销售、务工的收入外，国家还给予达曼人和当地其他人一样的补助，2018年每人每年的收入达到了12000多元，但达曼人过去赖以生存的打铁技艺，正受到那些便宜又好使的工业化生产的生产生活用品的冲击，销路比往年要差。这会儿，村党支部宣传委员达瓦正和副书记巴桑一起，去找铁器师傅扎西顿珠商量打铁合作社下一步的工作。

扎西顿珠 50 岁出头，两个子女都已成家，分家单过了，他从 18 岁开始就跟着家人在吉隆镇打铁，现在应该是吉隆镇打铁一把好手了。目前，他手下有 25 个人，忙的时候都来，闲的时候各干各的。达瓦和巴桑找到他的时候，他正和徒弟小边巴给人打一把斧子。

扎西顿珠和小边巴用的还是传统工艺，在合作社厂房的一个角落里盘腿而坐，把生铁用焦炭和手动风箱加热后锻打。这座建筑面积 600 平方米的厂房南面是玻璃暖廊，摆放着 10 余架编织机，是编制小组集中工作的地方，而剩下的 400 平方米的地方，是打铁小组的地盘。为了拓宽群众增收渠道，将“输血式”扶贫转变为“造血式”扶贫，解决持续增收问题，结合达曼人传统的打铁和编制工艺，2018 年县政府投资 300 多万元，实施了达曼村民族手工艺展示和培训基地建设项目。

基地建起来了，2019 年 3 月，在村“两委”和第一书记拥中的推动下，吉隆宜农传统手工艺加工农民专业合作社正式注册成立了，选举了理事长、副理事长、执行监事、会计、出纳各 1 名，合作社的业务范围包括金银铜首饰、手工艺品销售和农具加工，主要的铁制产品有锄头、镰刀、锉刀、弯刀、铝锅、斧头、菜刀、铃铛、锅铲、汤勺等，编制产品有藏式毛毯、藏被、坐垫、针织背包这样的生活用品。6 月，县扶贫指挥部又配备了锻压空气锤、切割机、电焊机、砂轮机这样的现代化工具。不过，这些东西现在还在合作社厂房里堆着没有启用。

扎西顿珠打的这把斧子，厚重锋利，一看就是好东西，但要卖 500 元，可是够贵的。达瓦知道，在内地最好的斧子也不超过 200 元。

扎西顿珠是党员带头人，他带的徒弟有的都自立门户挣钱去了，但扎西顿珠也清楚，随着内地便宜实惠的铁器越来越多，他的这些手艺怕是要找一条新的出路才行。县里给合作社新配了这些现代化工具，他想着要让年轻人赶紧学习使用，减轻劳动力支出。这不，村“两委”和合作社商量在尼泊尔找几位手艺高超的师傅，提高年轻人的铁器制作技艺，特别是做佛像首饰盒的手艺，这门手艺要是能够学好，一定能把传统的技艺发扬光大。

曾经，由于没有国籍，达曼人没有土地和生产资料，只能靠打铁营生，不得不寄人篱下，身份卑微，很多当地人都不愿意与达曼人交往。2003年以后，达曼人的生活发生了翻天覆地的改变，许多老人都说，这样的生活是过去做梦也想不到的。

从内地回来后，达瓦成了家。2017年，达瓦迎来人生中的一件大事——大儿子多吉考取了武汉理工大学，成为达曼村首位大学生。收到录取通知书那天，她家的小院里挤满了人。达瓦没有想到，从没有上过学的她，家里能出大学生。2018年春节，大儿子还回家过了年。目前，达曼村适龄人口入学率和升学率达到100%。达瓦最大的梦想就是达曼村多出几名大学生。

2011年住房改造后，达瓦一家住着统一标准的住房，96平方米，厨房、卫生间、客厅、卧室一应俱全，在明亮的客厅窗台上盛开着月季、海棠，北面的一溜藏式柜子，上面是两幅巨大的毛主席和习近平总书记的画像。平时她帮人卸载水泥，多时一天有300元收入，少时也有90元收入，还有村干部补贴。她丈夫在吉隆镇电厂做零工，一天能有200元收入，一对小儿女一个上小学，一个上幼儿园，一家人生活得很富足。达瓦如今已连续两届当选为日喀则市人大代表。

经历过寒冬的人，最知道太阳的温暖。从那样一种艰苦的环境里过来，达曼人最知道党和国家的恩情。入籍以来，不到200人的达曼村出了20名党员。平日里，生产劳动时党员带头，合作社成立的时候，党员首先入股参加。2019年，县妇联组织编制技能培训，达瓦带着村里年纪大的36名妇女学习，编制完成了藏被39床、藏毯28床、钩针编织线毯9床，暖瓶罩、电视机罩这样的小件20多件，一床藏毯能够卖四五百元，如果全部卖出去，也是一笔不小的收入。

达曼村贫富差距不大，曾经艰苦的生存环境，造就了达曼人乐观开朗的性格。成为中国公民之后，他们能歌善舞的天性得到了释放，大学毕业回来的占堆，2018年辞去幼教工作，在吉隆口岸移动公司找了份工作，他要圆他的明星梦。现在，他在业余时间练习歌舞、学习英语，一回到村子，就拉起场子。铁匠、采药人、建筑工人、公司员工，只要音乐响起就纷纷登台。

哪里有音乐，哪里就是达曼人的舞台。天生拥有一副好嗓子的占堆，在短视频平台抖音上走红，已拥有上万粉丝。28 岁的普布卓玛一袭深蓝色纱裙，拥有曼妙的身姿，当欢快的音乐响起，立即成为舞台的中心。外人很难想象，这位翩翩起舞的漂亮“女神”，已是两个孩子的妈妈。2013 年，普布卓玛在拉萨打工时认识了四川绵阳的龚先生，两人相知相爱，结婚后一起回到达曼村。龚先生现在在吉隆镇一家工地做厨师，收入不错。生活稳定，丈夫温暖体贴，一家四口其乐融融，但聪明能干的普布卓玛还是总想着做点什么，从小对歌舞情有独钟的她，很快成为达曼村文艺演出小分队中的一员。眼下，普布卓玛和占堆合计着把演出队拉出去，开启村子里的歌舞经济，因为有几位在抖音上认识占堆的朋友邀请他到拉萨去演唱。

这里的人们淳朴勤劳，热情奔放，达曼村不仅吸引了其他地方的青年男女来到这里通婚并成为这里的一员，很多达曼年轻人更是走出家门，到外面打拼。现在，已经有 28 户人家的女儿嫁到了四川、青海、河南这些内地省份。当然，其中也有一些人像候鸟一样在外面转一圈又回来的，但更多的人已融入了当地的生活，每年回来探亲，都会为达曼村带回许许多多外面新鲜的消息。这些走出大山的达曼人，说不定真能成为达曼人融入祖国内地的重要桥梁。

第八章　新老书记

2019 年，老书记多吉索加快 60 岁了，按他的意思，早就想交班然后到吉隆镇跟老伴安享晚年，但村里的事情离不开他，村“两委”班子都不同意他退下来，再说，驻村第一书记刚来不久，还需要老书记帮一帮。

玛嘎村离吉隆镇 15 公里，原先，老书记骑摩托车往返很方便，但这几年他的“老寒腿”毛病越来越严重，眼神也不济，骑摩托车真有点受不了，加上儿女们也坚决反对，他只好放弃来回通勤，基本上住在村子里。

玛嘎村现有 19 名党员，村主任嘎米石达带着 30 多名村民在外面做项目，一年有大半年时间在外面，能给他们每人每年带来三四万元的收入，但村里的大事小情基本上就顾不上了。驻村第一书记兼驻村工作队队长扎西顿珠刚来不久，主要负责协调上级和相关部门，考虑村里发展的大事，而村里的党务工作、日常管理，还得靠老书记。

多吉索加在吉隆镇也算是个名人。早先，他在镇里的卫生所工作，一般的小伤小病都能够应付，也算是一个“恩吉啦”（医生），光接生小孩就接生了 100 多个，现在吉隆镇里的许多人，都是经他的手来到这个世界的。

老书记 1993 年入党，1998 年就担任了玛嘎村的党支部书记。那个时候，玛嘎村的条件很艰苦，地不少，但出产不了多少东西，养的牲畜也满足不了自家吃的肉和奶，此外，居住环境背阴，十分寒冷。2015 年 4 月 25 日大地震后，政府启动灾后重建，老书记抓住机会，在国道旁边选择了新址，国家投入大头，每家每户各出一些钱，建起了玛嘎新村。玛嘎新村每户 120 平方米，一楼一底，还有一个独立的小院，完全是一栋栋小别墅。

村委会一层是便民服务大厅和各种活动场所，村“两委”成员在这里上班，二层是村“两委”和驻村工作队的办公室、宿舍，三层是仓库和“4·25”地震纪念馆。村委会前面的广场，比得上一些乡镇的广场了。

别看这是个村级纪念馆，档次可不低。2015年4月25日，尼泊尔发生8.1级强烈地震，西藏的吉隆、聂拉木、定日三县数千间房屋顷刻间被夷为平地，那一刻，日喀则市多地震感强烈，震波辐射到阿里、山南、拉萨等地。这是西藏近80年来最大的一场地震灾害，也是西藏和平解放以来最大的地质灾害。这次突如其来的灾难发生后，党中央、国务院高度重视，习近平总书记等中央领导同志第一时间作出重要指示批示，西藏自治区党委立即成立抗震救灾前方指挥部，自治区、市、县有关领导和地震、民政、卫生、交通、通信、消防、边防等部门迅速赶赴灾区一线，查看灾情，组织抗震救灾工作。由民政部、国家发展改革委、财政部、国土资源部、住房和城乡建设部、国家卫计委、交通运输部、地震局组成的国务院抗震救灾联合工作组也迅速赶往灾区，与自治区“4·25”地震抗震救灾前方指挥部共商抗震救灾工作。

位于重灾区的玛嘎村在这次地震中房屋全部受损，在地震发生不久，自治区、市、县各级领导和抢险队就出现在乡亲们跟前，衣食住行，灾后重建，一切都考虑周全。地震后仅仅一年多，村里老百姓就全部搬进了新居。为了让子孙后代记住这个历史时刻，为了表达全村老百姓感党恩爱核心的心情，村“两委”和驻村工作队请自治区和市里相关部门指导，建起了“4·25”地震纪念馆。纪念馆面积不大，但有许多珍贵的原始资料，还有声光电的现代辅助效果，是一个远近闻名的爱国主义教育基地。

地震后建起的新村，各方面条件都顶呱呱，村民干事创业的积极性也大幅提升。通过灾后重建，大家的观念、技能都有极大的转变和提高。但是，怎么巩固脱贫摘帽成果，让村民持续增收稳定增收，却是驻村第一书记扎西顿珠最为操心的事情。

扎西顿珠到村里的时间不长，但之前单位的驻村点一直在玛嘎村，所以对村里的情况还是很了解。他跟老书记一起算过账，2019年村里的人均收入达到18000元是没有问题的，下一步怎么办？新老书记合计着。

村主任领导的劳务输出合作社一直运转得不错，2019年已经进入盘点了。2020年除了把手头的项目做好外，还要再找些大一点的项目。听说仲巴县的基建不少，嘎米石达还是要多去跑一跑。村子里的年轻人在灾后重建期间，都学习了一些技术，能够多带一些人出去，也能够增加一些收入。

村妇女委员央金巴姆带着5户人家在老玛嘎村组建了畜牧产品合作社，虽然人不多，奶牛也只有20多头，但每年生产的酥油、牛奶、酸奶等，除了自己家用，每户还能赚6000多元。现在全村的牲畜有500多头，下一步条件成熟了，还是要纳入合作社的，统一放牧，把劳动力都解放出来，把畜牧产品做大做强。

这几天天气不错，村“两委”要抓紧时间组织大家去水源地把水坝修好，之后还要利用元旦和春节的时间活动活动。村里的荞麦酒合作社，国家产业扶贫已经投入资金100多万元，清洗、烘干、发酵的设备都已经到位了，从2018年开始就号召大家种荞麦，现在每家拿出四五百斤还是没有问题的，问题是产品出来以后的检测、注册和销售。

“扶贫资金你出了大力，下一步的产品注册和销售又都靠你了。”老书记对第一书记扎西顿珠说。

第一书记扎西顿珠说：“生产设备是没有问题，主要看技术了，只要产品过关，产品注册应该会得到相关部门的支持。只是产品出来以后的销路我可不敢打包票。”

老书记说：“销路方面，我们大家都跑嘛。我听小儿子说，东边的昌都生产的荞麦酒他们那里很喜欢，每瓶能够卖到400多元，都说荞麦的营养价值高。”老书记的小儿子2010年从部队退伍后在林芝鲁朗工作，大儿子在吉隆镇电信局当领导，小女儿今年大三，正在准备公务员招录考试。扎西顿珠知道，老书记现在坚守岗位，完全是为了村里这些头绪繁多的事情。

想到这里，扎西顿珠说：“老书记的门路广、面子大，销售一定不是问题，荞麦酒卖得好了，还不知道荞麦种植能不能跟上呢。”

老书记说：“这个你放心，在我们这里就荞麦和油菜籽长得好。种四亩地的青稞，种子要五六百斤，最后也就一千来斤的收成。种荞麦就不一样了，同样四亩地，只要一百斤种子，收成也一千多斤。原来大家不愿意种荞麦是因为不好卖，留着自己吃只能做荞麦饼，没有油水也吃不下去。”

“就是，”扎西顿珠接过话头，“现在荞麦是好东西，降三高，城里的人都抢着买呢。”

老书记刚上任的时候，没有现在这样合作化的方式，他会些木工活，于是带着村里几个会点木工活的人给人家打家具，还组织石匠在山上的田里砌墙防野猪。这一带是林区，野猪、狗熊多，如果防范不好，地里种的那点庄稼就会全让它们祸害了，不过现在用的全是网围栏，简便。

玛嘎村地处喜马拉雅山脉南麓，林下资源丰富，两个自然村每年采集贝母、虫草、黄连、灵芝等，年人均也有三四千元收入。老书记想，这些都是老天爷的恩赐，靠天吃饭，饭碗终究不是自己的。他在看电视时看见养蜜蜂是一个很好的产业，现在内地的污染普遍比较严重，蜜蜂都不好养，而这里除了冬天其他时间几乎都开花，也有许多野蜜蜂。老书记跟驻村第一书记商量，让他去农业科技部门了解一下，看看是不是能够把这个想法变成现实。

还有，在地震前，村里每家每户都养了十几只鸡，地震后新居建起来了，养鸡的倒没有了。老书记想，老玛嘎村有许多没用的房子，可以收拾出来搞一个养殖场，销路肯定不是问题。

在扎西顿珠的眼里，老书记真的是一个能人（现在腿脚不太灵便），就是汉语差点，要是他的汉语交流能力再强一点的话，说不定现在在哪里干大事呢。这不，现在虽然是农闲季节，但事情还是很多，即便这样，老书记还是要求驻村工作队把夜校开起来，除了宣传党的政策，还教大家学汉语。老书记明白得很，汉语是全国人民都使用的语言，汉语学好了，走到哪里都不怕，卖东西也说得清楚，不然想方设法生产出再多的东西也变不成钱。

还有就是日常工作，许许多多需要填写的表格，没有驻村第一书记和驻村工作队，只靠村“两委”还真拿不下来。所以，村委会的大会议室除了安排培训和政治学习，老书记还带头学习藏文和汉语拼音，用他的话说，拼音学会了，就可以自学了。老书记对自己要求很高，现在还在学习驾驶，已经考过了科目一，正准备考科目二和科目三。

村委会的大会议室还有一个功能，就是为村里提供活动场所。逢年过节、村民家里婚丧嫁娶，村委会都会提供场所，提供煤气罐，提供锅碗瓢盆，慢慢地，大家去宗教场所少了，来村委会多了。老书记还想，灾后重建是根据全村的户数统一进行的，有的家庭人口少，可以把房子改造一下做民宿，像玛嘎新村这样的环境，完全可以做成西藏新农村的典型，那些到边境旅游的人来这里住一晚上，体验一下真正的藏家风味，同时也感受一下边远地区藏族人民的幸福生活，不是一举多得吗？

玛嘎村的村名是爱母亲的意思，是说过去玛嘎村有一个孝子，为了赡养父母终身未成家，现在村里把这个故事延伸成一段话：玛嘎村的含义是爱母亲，我们大家要一起努力，做祖国母亲的好孩子，像敬爱母亲一样爱党爱祖国，像格桑花一样，扎根在珠峰后花园，争做神圣国土守护者、幸福家园建设者。

在玛嘎村的北边，村“两委”计划在那里建一个幼儿园和一个洗澡堂。目前幼儿园在过去的木材加工房里临时上课，看见新老书记和村“两委”在这里比比画画，孩子们纷纷跑过来行礼，用汉语说“书记啦好书记啦好”。

玛嘎村全村 91 户 301 人，劳动力人口 174 人，在校学生 89 人，其中在校大学生就有 8 人，适龄儿童入学率、农牧民合作医疗参合率、新农保参保率都是 100%，这样的成绩，也是对新老书记和村“两委”的一种回报啊。

第九章　高原新牧民

说起高原牧民，许多人脑子里会出现这样的画面：在广袤荒凉的高山草地上，几个牧羊女赶着羊群缓缓移动，头顶白云飘过，空中牧歌传来；或者是几个高大英俊的汉子，戴着狐皮帽，骑在骏马上，赶着牦牛群在雪地里迁徙……不过在现在的桑旦林村，你可看不见这样的景象。

桑旦林村位于吉隆县折巴乡，海拔 4570 米，是个纯牧业村，走进村子，但见一排排整齐的民居，却没有牧区牛羊成群、人欢马叫的场景。原来，村子里的羊基本都集中到了霍尔巴羊肉质改良合作社的基地里，不需要村民单独去放牧了。

合作社成立之前，每一户村民都得单独放牧自家的牛羊，不仅占用劳动力，还由于草场日益退化，牛羊品质不好，生产效益也越来越低。合作社成立后，夏季可以集中放牧，到了冬季就在基地里育肥，不用再操心，也可以抽出时间外出打工挣钱了。

在桑旦林村，现在有 5 个合作社，除了霍尔巴羊肉质改良合作社外，还有建档立卡产业示范点、妇女编织合作社、生态保护合作社和劳务输出合作社，生态保护合作社和劳务输出合作社是西藏的“标配”。以村党支部为龙头，这些合作社将全村的老百姓都吸纳了，实现了新牧民的成功转型。

旺扎夫妇就是这样的例子。过去，旺扎放牧家里的牛羊，妻子次央料理家务，照顾孩子。放牧早出晚归，虽然很辛苦，收入也不多，但自由自在，也不费脑子，旺扎很满足。大约从 2008 年开始，村干部带着一些人到萨嘎、吉隆这些地方打工，旺扎很不以为然：牧民的天地在草场上，只要牛羊在，吃不愁穿不愁，干吗要去其他地方看人家的脸色，再说，那些技术活是我们老牧民干的吗？

一直到2015年地震之前，旺扎都不为所动，坚守着自己的生活。2015年灾后重建，旺扎看见那些工地上忙碌的工人手里的活计似乎也并不是那么复杂。等到搬进新居开始脱贫攻坚精准识别之后，身强力壮的夫妻俩居然成了贫困户，倒不是他们好吃懒做，而是这些年的牲畜状况不好，这让旺扎大受刺激。村里建档立卡产业示范点创建时，他第一个报名，成了合作社的积极分子。

桑旦林村的劳务输出合作社是有些基础的。早在10多年前，刚刚入党成为村干部的益西索朗就意识到，仅仅靠每家每户的牛羊脱贫致富是不够的，他那个时候就带着村了里几个愿意跟他出去闯闯的年轻人走出牧场，到周边几个县里找活干，在工地上打小工、当保安、扫大街，只要能挣钱就干，几年下来，不仅收入增加了，还开阔了眼界，学到了技术，汉语的交流能力也大大提高。

现在，已经成为村主任的益西索朗主要配合村支书扎琼做好党支部工作。桑旦林村23名党员，除了个别身体不好的老党员外，其他都是创业致富的能手。建档立卡产业示范点刚创建的时候，找不到合适的事情做，村“两委”结合外出务工的经验，觉得做铁皮火炉子的生意不错，这里是高寒地区，一年四季都卖得出去。

老牧民打铁，听也没听说过，且不说打铁这件事过去是让人看不起的，就是打铁做火炉子的技术，也比在工地上打小工拌水泥绞钢筋复杂多了。这一回旺扎带头响应，认真学习技术。因为不用离开家门，7个贫困户成员都二话不说，边学边干。世上无难事，只怕有心人，时间不长，这几个人干得有模有样，不仅生产火炉子，还根据当地气候寒冷、有些材料易损坏的特点，生产铁皮垃圾箱、铁皮装煤箱、电炉架等7种产品，销路很好，一年下来，纯利润3万多元。2020年，建档立卡产业示范点准备扩建厂房扩大规模，把生意做到更远的地方。

除了配合村支书工作，益西索朗还组织大家学文化学技术。2018年县文化局局长旦增罗布带队驻村，益西索朗抓住机会，跟旦增罗布商量开办了驻村讲堂，带领大家学藏语拼音、学汉语，特别是大家需要掌握的日常词汇和工地上的专门词汇。党员干部带头规范学习，严格要求，党员带着群众学，党员做给群众看。每周一集中升国旗、唱国歌，家家户户挂国旗。结合村里还没有学校的实际，旦增罗布把村里的幼童集中起来，教他们简单的藏汉拼音知识，培养他们良好的生活习惯，学生放假回来后又带着他们补课复习，教师出身的文化局局长给大家带来了新风尚。

村里的妇女编织合作社，集中了 57 个女劳动力，桑旦林村有原材料的优势，过去各家各户也编制一些自用的东西，有一定的基础，但销路一直上不去。旦增罗布发现她们的编制古朴粗放，有一种独特的韵味，但与县域或周边的审美习惯还有一些差距，特别是在做工上还需要提高。他利用村里的夜校，给大家教授怎样把牧区淳朴的审美融入产品之中，怎样搭配色彩，怎样布局造型。在工艺上，村党支部请来技工教授编制和针织技艺，学会了的人再传帮带。现在，她们已经能够生产卡垫（地毯）、沙发靠背、围裙、腰带等多种产品，产品在周边牧区很受欢迎，还有外地人主动找上门定做。

益西索朗因为村里的事务出不去，现在带着大家的是劳务输出合作社的两个副主任次珠和白玛旺加。他们是村里的监督委员，一方面代表群众监督村“两委”的工作，另一方面代表村里监督外出打工成员的劳动生活表现；另外，他们还要代表劳务输出合作社跟甲方打交道，带队、翻译、引导、沟通，维护村民的利益。从某种程度上说，他们就是村里的全权代表，甚至还担负产品代言人和销售代理的职责，是乡村现代化治理的一个新形象。

羊子长膘，靠的是水草；羊群保膘，靠的是头羊。在桑旦林村，村支书扎琼和村主任益西索朗是一对黄金搭档。大家都说，这两个“80 后”，一个老成持重像定盘星，一个眼界开阔像方向盘，带领桑旦林村走出牧场，走出一条新路。大家对他们、对村“两委”也高度信任。可以这么说，桑旦林村今天的变化是村“两委”班子不辞辛劳干出来的。

过去，牧民与牛羊为伴，天地之间任我行，对外边的世界缺乏了解，很容易满足；收入单一，观念落后，“等靠要”思想不同程度存在。2015 年灾后重建，桑旦林村在原址进行了整村规划重建，村容村貌焕然一新，但一部分人的落后思想观念，并没有跟着焕然一新。扎琼和益西索朗经常挨家挨户做思想工作，不仅向大家宣讲党的惠民利民政策，还帮助大家找到致富的路子，久而久之他们就在大家心目中树立了威信。如今村“两委”有什么设想，只要一声号召，大家就积极响应。现在，村子里有一件事情正进行得热火朝天。

那是什么事呢？是流动红旗“三评比”：评勤劳致富、评劳务输出、评家庭卫生。在传统生活中，牧民天当铺盖地当床，天性随意，吃了零食垃圾乱扔、早上起床懒得整理被子，每家 100 多平方米的安居房也不会打理，家居环境乱七八糟。

村子里开展流动红旗评比活动，全村 64 户人家分为两个组，两个组之间每周进行一次交叉考评打分。村妇联主席次仁央吉组织“双联户”的户长，平时进行不定期考评，大家一边接受考评，一边互相学习。这家的客厅家具放得好看、那家的阳光棚布置得合理，都是人们学习的对象。这里每家的阳光棚都是 22.38 平方米，是村集体统一修建的。大家过去都没有享受过阳光棚，看见布置得好的都争相学习，一个月下来，评出分数较高的前三名。通过这种方式，不仅村民的家居环境改善了，家具摆放也更美观了。

劳务输出、勤劳致富的流动红旗，每半年评比一次，如果评上了，那可是极高的荣誉，说明你宁愿苦干不愿苦熬，用苦干实现梦想。旺扎夫妇就得到了一面勤劳致富的流动红旗。2019 年，旺扎在建档立卡产业示范点干得很好，不仅技术上完全胜任，还经常加班加点赶急活，收入也是最高的。妻子次央学会了饰品编织，因为心灵手巧，成了合作社的技术能手。现在，她把这门技艺与牧区传统编织结合在一起，编织出的产品立体感极强，极富牧区特色，旦增罗布局长准备把它们推荐给自治区的艺术家。

第十章　远近风景

紫金乡努堆村，是日喀则市江孜县最大的行政村，全村 128 户 819 人。在西藏，这也是少有的大村了。将近年关，努堆村的老百姓大都回到家里准备过日喀则新年（日喀则新年比藏历年大概要早一个月），而努堆村由村委会集体出资修建的新办公楼正在进行最后的装修，很快就可以使用了。

努堆村前任党支部书记坚参、现任党支部书记普贵等 7 个村“两委”成员，正在村委会前面的小广场召开村“两委”会，商量农机合作社分配的事情，该合作社新招的大学生会计在给他们算 2019 年的收入。农机合作社成立至今已添置了 4 台种子包衣机、4 台联合收割机、1 辆装载车、1 辆大型运输车和许多小型农业机械，年收入有 60 万元，农机合作社提留 30%，其余都分红。

2013 年，努堆村党支部书记坚参牵头，全村每户集资 300 元，成立了农机合作社。当初集资的时候，有的村民对农机合作社的前途不看好，但几年下来，大家的分红大大超出预期，大家对村党支部的信任度也大大提高。村里的劳务输出合作社和生态合作社成立的时候，大家争先恐后入股，最后还得由村“两委”来协调平衡。

努堆村过去就有出去务工的传统，许多人在外面都有相对固定的工作，成立劳务输出合作社的时候，这些人就暂时不参加。当时入股的就有 32 人，村里的建档立卡户都加入，2019 年每户分红 2000 元，建档立卡户每户分红 4500 元，由于建档立卡户没有劳动力，只有纯分红，因此给他们分红多一些也体现了对他们的照顾。

过去村里的 27 个大棚，由于定位不好，蔬菜的产出维持不了大棚的运行，许多都破败了。生态合作社成立以后，把大棚都纳入其中，一个“双联户”负责两个大棚，剩下的三个分配给建档立卡户。根据周边绿化的需要，大部分大棚种植沙棘苗，销路很好。

村“两委”通过合作社给群众带来了实惠，在群众中的威信没得说，而村“两委”7个成员这些年也为大家付出了很多。按理，这些人都是村子里的能人，个顶个都是挣钱的好手，所以在2018年年终考评的时候，党支部书记普贵提出给村干部适当的补贴。村民大会一致同意将合作社的收益提取5%，在年终对村干部进行绩效考评后给予奖励。

江孜是个产粮大县，地处年楚河流域，光照充足，阡陌纵横，土地肥沃，有“西藏粮仓”的美誉，是青稞主产区之一。过去，农牧民增收主要靠外出打工，这些年，随着科技对农业生产的贡献越来越大，围绕青稞的产业也越来越多，靠着青稞奔小康成了一项光彩的事业。

青稞是西藏第一大粮食作物，也是西藏最大的优势特色作物，青稞的发展，一直是影响西藏农业发展、人民生活水平提高和社会稳定的基本因素，有“青稞增产，粮食丰收；青稞转化，农民增收；青稞丰收，社会稳定”之说。2000年以后，西藏开始了从自给自足的传统农业向市场型、科技型和效益型的现代农业的转变，迎来了产业发展的新阶段。

作为高原人的传统食品，青稞具有丰富的维生素、纤维类营养和药用保健价值，能下气宽中、壮精益力、除湿止泻，青稞食品特别符合现代“三高两低富硒”（高蛋白、高纤维、高维生素，低脂肪、低糖，富含微量元素硒）的饮食结构。同时，青稞还富含 β－葡聚糖和支链淀粉等物质，长期摄入人体具有明显的降血脂和降胆固醇的作用，能预防心血管疾病，还能控制血糖防治糖尿病。

在高寒缺氧的青藏高原，人们的饮食主要以高脂肪、高蛋白和高热量的奶制品和牛羊肉为主，在基本没有食用蔬菜的情况下，藏族人民的糖尿病患病率却为全国最低，这与当地人长期大量食用青稞有直接关系。现在许多人认识到了青稞食品的价值，对它的需求越来越高，相应地，社会对青稞生产的需求也越来越高。

青稞丰产靠好种子。江孜是青稞生产大县，也是西藏青稞原种供给大县。努堆村有2000多亩青稞种子地，每亩平均产青稞800斤，每年能够提供包衣种子140万斤，每斤能够卖到3.2元。所谓种子包衣，就是利用现代科技在选出的青稞种子上包裹一层促进发芽和防病虫害的物质，使青稞在生长的第一步就有一个良好的开始。

努堆村的种子包衣产业，除了给自己村里生产的青稞种子进行加工外，还接受外来加工，以赚取加工费。加上其他几项的收入，2019年村里人均收入能有一万七八千元，情况好的家庭早已过上小康生活。农区节日多，在村委会前面的小广场上，每年从儿童节开始，建党节、建军节、望果节、国庆节、农民丰收节，小广场上都会搭起帐篷，大家表演节目、进行体育比赛、举行军民联欢，每次少则一天，多则三四天，都要热热闹闹尽兴而归。

日喀则农区有酿酒的传统。过去，条件稍好一点的家庭都会酿一些青稞米酒，孩子们上学时都带一壶过滤得几乎没味的青稞米酒当饮料，所以这里的人喝青稞米酒都是海量，问他们酒量有多大，他们伸出一根手指头——一直喝，可以从白天喝到晚上。

努堆村没有这样的情况，村里60名党员带头不抽烟不喝酒。村规民约有明确规定，包括劳务输出合作社，出去务工人员的大部分收入都由合作社集中保管，年底再一次性发给大家，省得有的人自制力不强，胡乱消费了。

努堆村巨大的变化，来自村“两委”以党建带动脱贫和社会事业，村民看到了村“两委”辛勤工作带给大家的实惠，村“两委”也在大家热情的参与中提升了工作能力。村党支部书记普贵前不久由县里组织去内地参观学习，在云南的昭通和曲靖，他看到了当地老百姓为了改变生活面貌付出的努力，更感受到了党和政府给西藏老百姓的优惠政策比内地好很多。他决定在年终总结评比的时候给大家好好讲一讲自己的见闻。

跟努堆村相比，白朗县旺丹乡巴金村的情况完全不一样。巴金村在大山深处，海拔高，半农半牧，农业生产的效益不高。怎么样巩固脱贫攻坚成果，让老百姓持续增收，是旺丹乡党委、政府最关心的事情。

寻找一个符合当地气候条件又容易被当地群众接受的项目，成了旺丹乡的课题。自治区农科院是乡里的驻村单位，多次深入农户家中实地调研，了解到旺丹乡目前种牛严重退化老化，黄牛质量下降，于是决定引进几头娟姗牛种牛，提升旺丹乡的黄牛繁育质量。

娟姗牛是一个著名的乳牛品种，原产于英国哲尔济岛（也叫娟姗岛）。哲尔济岛是英吉利海峡南端的一个岛屿，位于英国和法国之间，气候温和，水草丰富，适宜牛羊等家畜的放牧。娟姗牛体形小，产奶量大，乳脂色黄而风味好。几年前，有人在日喀则试着繁育娟姗牛，没想到这个产于海岛、体形不大又比较耐热的品种同样适应高寒的气候，与当地黄牛的适配性也很强，成为当地黄牛改良很好的资源。

成立娟姗牛养殖合作社，驻村工作队与乡里的想法不谋而合。娟姗牛养殖合作社覆盖全乡10个行政村，根据各村的气候条件、资源禀赋，或者育种，或者产奶，或者放牧，而巴金村是全乡的娟姗牛繁育基地。

巴金村有76户447人，其中，26名党员，2名入党积极分子。娟姗牛养殖合作社成立之初，大家报名并不踊跃，这让村“两委”很是不解。按理，市里、县里投入援藏资金建设了牛舍、办公室，乡里10个村集中惠民资金入股建设了仓库，优势是显而易见的。经过了解后得知，村里2017年成立的娟姗牛养殖合作社因为没有条件，还是各家各户散养，效益并不太好，加上娟姗牛的确是一个新生事物，因此村里的许多人还是持观望态度。

合作社肯定不能强制入股吧，但是，村“两委”必须带头。首先要建立健全合作社制度，如理事制度、监事制度、股权分红制度等，设置理事、监事等职务，还设立了办公室。因为见多识广，村“两委”都积极入股，每股500元，有的一次性就入100股。建档立卡户和边缘户全部入股。乡里的企业旺达公司入股20多头娟姗牛，提供技术指导和免费学习，并且收购合作社的牛奶、奶制品。

乡里计划通过一代一代改良、提纯，在3年时间内将全乡的黄牛全部淘汰。娟姗牛个头小，食量少，单位体重产奶量和乳成分含量高，但营养物质很容易摄入不足，根据高原的特点，科学养殖、集中养殖非常重要。目前，巴金村的养殖场建了3个牛舍和附属场地，2019年计划集中87头娟姗牛，最后达到200头的规模。

跟别的奶牛品种一样，要想娟姗牛的产奶量高，选好种是首要工作。其次是一定要根据本地的资源和条件，选择适宜生长发育的场地，有效避免适应难和适应慢的问题。在巴金村新建的牛舍里，现在已经有几十头娟姗牛入住了。虽然已到初冬，但这些牛步伐稳健，毛发顺滑，一头三四个月的小牛就有散养了一年的小牛那么大，能卖7000多元。

在旺丹乡桑巴村，有一家编制合作社，叫旺丹乡桑雄畜产品加工农民专业合作社。旺丹乡这一带有一项独门技艺，就是男人会编制一种厚实细密、图案对称的卡垫（地毯）供寺庙专用。2015年，由5个人发起，成立了一家编制合作社，开始用传统的工艺进行生产。由于原材料货真价实，且都是用矿物颜料上色，手工精制，该合作社发展得很好，为周边乡村的脱贫攻坚出了不少力。

白央是编制合作社现在的负责人，22岁，高中毕业后就从创始人之一的妈妈手里接过了这份事业。现在编制合作社解决了乡里65名劳动力的就业问题。编制合作社实行计件制，收入多的每月有6000~7000元，少的每月也有3000多元，对农牧民家庭来说，这是一笔在家门口就能够挣到的不少的收入。目前，白央和合作者正准备把编制合作社改造为企业，扩大场地，增加产量，那样，招收的员工肯定也会越来越多。

在远处的江孜县年堆乡，也有一家编制合作社，叫尼玛藏式卡垫加工农民专业合作社。这家合作社的创始人是一个“90后”的小伙子，名叫旦增称来。2014年大学毕业后，小伙子放弃了多数人梦寐以求的铁饭碗，带着创业的激情，开始了编制江孜新卡垫（地毯）的创业之路。

江孜地毯主要是仿古毯，与波斯地毯、土耳其地毯并称为世界三大名毯。江孜地毯织法独特，色泽鲜艳、和谐，毯面柔软、细腻，洗涤不褪色、不掉毛，经久耐用，图案花纹的民族色彩浓厚，具有很高的欣赏价值，对生活在高寒地区的人们有防潮御寒、保温取暖的作用，是长期在高原牧区生活所不可缺少的用品。它在藏族传统工艺的基础上，吸收、融合了祖国内地、印度和尼泊尔的工艺精华，既是具有自己独特风格的工艺美术品，又是藏族群众生活中不可或缺的用品。

2014 年，23 岁的旦增称来从西藏大学建筑系毕业回到家乡，与 4 个家乡的伙伴一起，成立了一家编制合作社。他是建筑设计出身，有人问他怎么会想到做卡垫（地毯）生产。他说是因为他的哥哥。他的哥哥是江孜藏毯厂的修剪工，修剪工的工作就是在卡垫（地毯）编制完成后，用剪刀修剪卡垫（地毯）上的图案使其凸显出来，这也是卡垫（地毯）生产的最后一道工序，工作很有美感。他从小跟着哥哥在江孜藏毯厂玩，对这份工作很着迷。他在学校学建筑设计，对如何把电脑技术运用在卡垫（地毯）的设计和生产上，有自己的一套想法。为了这个梦想，他们 5 个人成立了合作社，成功迈出了自主创业的第一步。

创业之路是艰辛的，合作社成立之初，资金短缺，技术工人少，销售渠道单一，问题接踵而至，给这些创业的年轻人带来了不小的挫折。面对残酷的现实，旦增称来没有打退堂鼓，县乡党组织也及时伸出援手，县里给的扶贫贷款让合作社彻底走出了困境。在政府的支持和伙伴们的齐心协力下，合作社渐渐有了起色。

让旦增称来最引以为傲的是他的 3D 地毯编织技术。他说，作为世界三大名毯之一的江孜地毯，传统工艺面临挑战，由于产品单一，人工费用越来越高，越来越不适应现在的市场需求。他通过老照片仔细琢磨已经失传了的纺织地毯技术，找回了这种独特的编织技法，同时在染色技术上大胆引进，精心调试，在很大程度上打破了产品单一的局限性，灵活地纺织出各种图案、各种功能的产品，为藏毯业的发展拓展了新的空间。目前，他们能生产跟唐卡艺术相结合的藏毯唐卡，以及带有 3D 效果、平面图案的各种装饰藏毯、壁毯、毛毯等。

传统工艺与现代技术的完美结合，使生产出来的产品赢得社会各界的肯定。合作社的一幅藏毯与传统唐卡相结合的作品《莲花生大士》，荣获 2017 年国际新品潮流地毯奖。还有一个布达拉宫挂毯，在传统纺织工艺的基础上进行 3D 技术处理，整个挂毯很有立体感。将 3D 技术融合到纺织工艺中，在江孜乃至整个西藏的藏毯业中都是独一无二的。

自合作社成立以来，旦增称来就积极申请入党。现在，合作社成立了党组织，以“合作社 + 贫困户”的发展模式经营。为解决贫困农民就业难、收入低、无技术的问题，合作社采用了社内与社外两种就业途径。目前，合作社共有 65 名员工，其中社内员工 23 名，社外员工 42 名。在社内员工中，7 人是精准扶贫建档立卡贫困户子女，4 人为残疾人；在社外员工中，12 人是精准扶贫建档立卡贫困户子女，其余的都是贫困家庭子女。

旦增称来看上去很腼腆，戴一副眼镜，眉目清秀。刚毕业那会儿，他做得很辛苦，看到去单位上班的同学，也有后悔的时候，但想到所做的事情都是开创性的，是自己的事业，将来还会有自己的品牌，最终还是坚持了下来。现在，跟在单位上班的同学相比，他的收入要高出许多，同学们还是挺羡慕他的。

梦幻与现实，传统和前沿，仿佛通过时光的“虫洞”在旦增称来的身上相遇，碰撞出了意味深长的回响。

第三乐章

阿里：高原新牧歌

引子

极西之地的报告

阿里，西藏之西，与新疆一道，拱卫着共和国的西大门。

这片广袤的高地，平均海拔超过4500米，冬季极端气温在零下40摄氏度以下，含氧量只有内地的50%左右，是中国最艰苦的地方之一。在世人的眼里，这里遥远而神秘。很长一段时间，哪怕你身在西藏，去阿里也是一件很不容易的事情。

阿里，仿佛一个缥缈的存在。那里有沟壑纵横，那里有土林蔓延，那里有雪山横亘，那里有湖泊点缀……古老象雄的传说，神山圣湖的召唤，多少年来，无数仁人志士、热血男儿心向往之。朝圣的脚步，往往终止于艰难的路途、严酷的气候。然而，生活在这里的十余万各族群众，工作在这里的干部职工，几十年来艰苦奋斗、忘我工作，创造了一个又一个人间奇迹，书写了一页又一页辉煌篇章。

进藏英雄先遣连、孔繁森、泉水湖检查站、尼玛顿珠、次仁巴珍……这些耳熟能详的名词，向人们无声地阐释着一种精神，那就是“阿里精神”。

70多年前，新中国成立不久，党中央就作出了和平进军西藏的决定。1950年8月1日，在新疆于田，新疆军区独立骑兵师一支由汉族、蒙古族、回族、藏族、维吾尔族、哈萨克族、锡伯族7个民族193名官兵组成的进藏先遣连，在总指挥兼党代表李狄三等领导的率领下，挥师南进，向藏北出发。

先遣连官兵在没有地图、没有向导搜索前进的情况下，孤军徒步2000多公里，横跨海拔6000多米的昆仑山和冈底斯山，将第一面五星红旗插上藏北高原，促进了西藏全境的和平解放。进入藏北无人区后，后勤给养线被大雪阻断，官兵们饱受饥饿严寒和高山疾病的折磨。在粮草断绝的情况下，他们组织打猎自救，过着以兽肉为食、兽皮为衣的原始生活，食盐和维生素都极为缺乏。在这段艰难的日子里，毛主席致电藏北改则，请改则地方政府帮助解决先遣连的给养问题。驻扎在南疆的喀什军区也竭尽全力保障供给，托运队前赴后继，历时近百天，却只为先遣连送去一公斤半的食盐和七个馕，而倒在运输线上的四万多只牲口的白骨，在进藏路上连成了一条线，一直延伸到昆仑山的深处。

1951 年 5 月 28 日中午 12 点，独立骑兵师 300 多名官兵，沿着先遣连开辟的路线，赶到先遣连驻扎了半年多、海拔超过 4700 米的扎麻芒保。12 点 15 分，在交代完遗言之后，李狄三同志停止了呼吸。这一天，是西藏和平解放协议在北京签订的第五天。先遣连在进军西藏的行动中，有 63 名官兵先后献出了自己宝贵的生命。当年，毛主席听了先遣连的事迹后，一连说了三个“盖世英雄”，还高度评价说：“先遣连的先期进入，像一把钢刀插进了后藏，震撼了西藏上层人士，有力促进了西藏的和平解放。”

70 多年来，“生死未卜，信念犹存”的先遣连的红色历史、“鞠躬尽瘁，死而后已”的好公仆孔繁森的感人事迹、“与海拔比高度，与风沙比坚韧”的泉水湖检查站公安干警的时代标杆，以及“老西藏精神”“两路精神”，犹如前进道路上的盏盏明灯，激励着阿里广大党员干部缺氧不缺精神、艰苦不怕吃苦、海拔高境界更高，在工作中不断增强责任感、使命感，增强能力，锤炼作风，肩负起保卫边疆、建设边疆、造福人民的崇高职责。

新时代，为了适应“巩固政权安全、巩固边境安全、维护社会稳定、打赢脱贫攻坚战、全面建成小康阿里”的新要求，中共阿里地委开展了“藏西先锋·红色阿里”党建品牌创建活动，经过 2017 年筑基年、2018 年提升年、2019 年巩固年和 2020 年深化年，以打造藏西党员先锋模范队伍为支撑，引导党员在服务改革驱动、发展稳定、民生改善实践中担当奋进，以强化基层党组织领导核心作用为目标，释放各级党组织活力，整体推进党的思想建设、组织建设、作风建设、制度建设和党风廉政建设，各级党组织始终以习近平新时代中国特色社会主义思想为引领，坚持党要管党、全面从严治党，牢固树立“大党建”理念，以“强责任、固基础、有特色、重示范、接地气、提成效”为统领，以“党旗引领促发展、保稳定、惠民生、助脱贫、增团结”为核心，以改革创新精神推进党的建设新的伟大工程，为决战决胜脱贫攻坚、全面建成小康社会、推动阿里高质量发展和长治久安提供了强有力的组织保证，干部职工的精神面貌焕然一新，人民群众的获得感、幸福感大大增强，昔日荒凉高寒的阿里高原，现如今绿色点染、生机勃勃，在 34.5 万平方公里的土地上，呈现出一派积极向上、奋力赶超的生动景象。

革吉、改则、措勤，是阿里地区东部的三个县，俗称“东三县”。照通常的理解，阿里地区东部的条件应该相对好一些。然而，在阿里，“东三县”是条件更艰苦的代名词。那里地处万里羌塘的腹地，与藏北无人区相接，远离相对繁华的城市，是藏羚羊、野驴、棕熊这些高原生灵的天堂。在那里，连保证最基本的日常生活都困难重重，但那些基层干部饱满的精气神，普通群众向上的精神状态与发自内心的感恩之情，深深地打动着每一个与他们接触的人。

第一章 新中国的同龄人

每天一大早起来，久美老人要做的第一件事情就是在占地 20 多亩的直属库红色爱国主义教育基地转上一圈，看看各处山洞有没有落石，道路有没有损毁，各处建筑的门窗是不是完好，最后，再到新建的交通工具展厅里，看看那些费尽艰辛征集的展品是不是都安然无恙。在老人的心目中，直属库是他后半生最大的牵挂。

直属库，是直属仓库的意思。

这个直属库位于阿里地区革吉县西侧 3.5 公里的地方，前面是一片广阔的湿地，站在高处，革吉县城尽收眼底。在一面山脚下，依稀能看见许多山洞，一些建筑的废墟零星散布，也可见复建的几座房子。这里曾经是解放军骑兵支队带领革吉县人民进行民主改革、开展革命工作的重要场所。

1951 年 7 月底，革吉县迎来了和平解放，阿里分工委以 3 顶帐篷和 10 处山洞为基础，建起了阿里地区直属库。那 3 顶帐篷，是革吉县历史上第一个人民政府所在地，10 处山洞，除 1 处用作学校，其余发展成为阿里地区直接管理的储备库，承担着物资储备、应急救灾等重要职能，是当时阿里地区最大的储备库，存放了弹药、粮食、银元、草料等物资。经过多年不断发展，直属库逐步建有卫生室、缝纫室、会议室、职工宿舍等场所，为革吉县乃至藏西地区的医疗、教育、卫生、基础设施建设事业作出过不可磨灭的贡献。

久美老人，就是这里的义务讲解员和管理员。

老人是新中国的同龄人。1949 年 7 月，老人出生在革吉镇布贡村一个农民家庭。西藏民主改革后，老人积极参加工作队组织的各种活动，学习文化知识和党的方针政策。1964 年，老人开始学医，成为周围几个村子离不开的

“恩吉啦”（医生）。后来，因为工作需要，他到山洞里的革吉县小学，当了一名管理员。在直属库的建设中，他挖过山洞，垒过土墙，参与和见证了直属库的发展。1982年，老人加入中国共产党，又在牧场上干起了兽医。近年来，他被选聘为革吉县脱贫攻坚政策宣讲员和“四讲四爱”群众教育实践活动农牧民宣讲员。

村医、兽医、学校管理员、退休村干部、宣讲员……几十年下来，无论身份如何转变，老人始终怀着一颗赤诚之心，热情不减，坚守着一个老共产党员的初心和担当。我们慕名找到他的时候，他拿着一大串钥匙，正在给前来参观的客人作讲解。

得知我们也是来参观的，老人站在一个土坡上，招手让我们聚拢，说：“正好给大家一起讲解，先把上边的看了，我再给你们开下边的房间。”老人的汉语不是十分流利，但表达的意思清楚。他指着眼前的一个山洞说：“这里就是过去的小学，我那个时候就在这里上班。”

山洞有20多平方米，采光也不错，空间的高度让我们吃惊，有四五米。老人告诉我们，这是用铁锹和炸药开辟出来的，他也参与了这项工作。因为是亲身经历，老人兴致很高，老师在哪里讲课，学生是怎么坐的，哪里是厨房，男生、女生都住在何处，包括他自己住过的小山洞，一一指给我们看。

在一条山沟的尽头，很隐秘的地方，离地面半米左右，有一处山洞，指示牌上写着“银元库”三个字。老人说：“这里就是过去的银行、财政局。”老人的这种说法，倒比“银元库”三个字更生动贴切。除此之外，一路上还有草料库、粮食库、弹药库等，弹药库在更加高峻的地方。老人领着我们在纵横的沟壑间穿行，在高原灼热的阳光下，步履轻快，一点不像年过七旬。

来到复建的礼堂，老人找出钥匙打开门后对我们说：“这里的讲解我不行了，还是让阮珍珍给你们讲，她讲得好。”

阮珍珍是县妇联主席，也是直属库红色爱国主义教育基地的兼职讲解员。近年来，革吉县克服经费困难，深入挖掘红色遗址的历史文化和红色教育资源，成立了以县委书记为组长的专项领导小组，下设综合组、宣传报道组、野外作业组、资料收集组、后勤保障组，历时 1 年多，到全县 5 个乡镇 20 个村居走访，组织曾经在直属库工作过的退休老干部老党员“现场复原”，严格按照修旧如旧、保持原貌的原则，恢复了原有的 3 顶帐篷、职工食堂、卫生室、主任室、电报室，新建了缝纫室、小会议室，设立了交通工具展厅，维修了 10 处洞窟，整理了红色革命历史及英雄事迹 12 篇，收集了 1052 件老物件、114 张历史图片、53 份革命文献，打造了一所集红色文化熏陶、乡风文明宣传、革命教育于一体的红色教育基地，是阿里高原一份珍贵的红色记忆。

在礼堂布置的纪念馆里，各个时期的老照片、进藏英雄先遣连战士用过的物品、四代发电机……种种展品，记述着艰苦岁月的革命经历。在新疆读书成长的阮珍珍，更是用她声情并茂的讲解，为我们还原了无数感人的故事。

在一封手写的来信跟前，阮珍珍跟我们说，这封信是她从废纸堆里翻出来的。一位在直属库工作过的老干部，在内地不知通过什么渠道知道了革吉县在征集革命文物，他写信到县里，只写了文物征集负责同志收，所以没有人拆开，幸亏她当时留了个心眼儿，不然就错过了这份珍贵的文物。

在阮珍珍给我们讲解的时候，老人拿着他那一大串钥匙，认真地跟在后头听讲。其间，也有一些前来参观的人，老人便前去询问从哪里来，做了防疫措施没有，准备参观什么地方。

在老人领着新来的人去别处参观的时候，阮珍珍指着一个展示柜告诉我们，展示柜里面的东西都是老人主动找到县里捐赠的。

我们向老人表示敬意，老人说这些老物件，放到这里是最合适的。阮珍珍悄悄告诉我们，曾经有人找到他要高价收购，他都没卖。

直属库红色爱国主义教育基地，生动复原了许多当年的场景。比如山洞学校、银元洞窟、电报房，在那间主任室里，竟然有一位活灵活现坐在那里看报纸的蜡像“主任”。当年的生产生活用品，在阮珍珍生动的讲解下，仿佛活了起来，历史的厚重感和沧桑感扑面而来。在参观期间，久美老人不时用亲身经历解释某一个物件，使人感受到每一处历史留痕都承载着无数让人感动的事迹，也使人对老一辈革命者坚守初心、不改本色，对党忠诚、无私奉献的精神深深敬仰。

出身平凡、年逾古稀、文化水平不高、农民身份的久美老人，从来没有忘记一个共产党员的责任，依然战斗在脱贫攻坚一线，带头学习脱贫攻坚政策和理论知识，带领革吉县代表队，夺取了阿里地区脱贫攻坚知识竞赛农牧民组的冠军。他放弃安享晚年的机会，带领周边群众外出打工，勤劳致富，身体力行，走遍乡里每个牧业点，努力宣传脱贫政策。他家境并不富裕，却最先递交了退出贫困户申请书，在脱贫攻坚的道路上，深刻诠释了“脱贫没有局外人”的理念。从前，在挨家挨户宣讲政策的同时，他总是喜欢给大家讲述当年解放军战士修路护路的故事，讲述先遣连战士宁愿牺牲生命，也不拿群众一针一线的故事，讲述孔繁森为人民服务直至献出生命的感人事迹。

久美老人经历过那个激情燃烧的岁月，对那段历史充满了感情。老人最怕的是，随着时间的流逝，大家会慢慢忘却先辈英雄为了我们现在的幸福生活作出了怎样的牺牲，付出了多大的努力。老人的最大心愿，就是把先辈英雄的事迹传颂下去，保证不怕牺牲、不畏艰险的革命精神代代相传。

在参观直属库的将近 3 个小时里，老人在崎岖的山路上爬上爬下，一点没有疲劳的意思。这里的海拔超过了 4700 米，我们几个在他身后跟得气喘吁吁，而久美老人精神矍铄，毫无倦意。十几处参观点一一走过，每一处都生怕遗漏什么，尽量周全。

这样一位长者，跟他守护着的爱国主义教育基地，构成了一幅生动的画面，让我们对“老西藏精神”，坚守初心、坚定恒心，有了更深刻的理解。

在直属库红色爱国主义教育基地的大门口，我们即将告别的时候，久美老人指着革吉县城所在地对我们说：“60 多年前，那里只是一片茫茫草原，为了开展民主改革的各项工作，工作组在这里搭起了 3 顶帐篷，分别是革吉县委、县政府和县百货公司，当时的党员干部们，在艰苦的条件下，骑马下乡、帐篷办公、山洞办学、野外露宿，全心全意为人民服务。随着革吉县经济社会的发展，最初的‘马背党委’‘帐篷政府’也搬到了直属库，形成了最早的革吉县。从最早的几顶帐篷到现在的革吉新城，在共产党的领导下，我们的日子一天比一天好，直属库教育基地重现了那段历史，对我来说，这是最宽心的事情。”

“在旧西藏，我的外公是部落头人，我的母亲爱上了我的父亲，我的父亲是一个农奴。农奴的妻子、农奴的后代只能是农奴，注定了世世代代都要受苦。我从小就挨打受骂，跟我的外公形同路人，这也是我早年投奔革命的动力。”

是啊，伟大的爱情在那个时代只能结出苦涩的果实，血缘、亲情越不过森严的等级制度。现如今，这位与新中国同龄的老人，身上焕发的革命热情，让每一个听过他讲解的人都受到深深的感染。

第二章 理发书记

森布村的第一书记黄小龙，这几天既兴奋又紧张。1500 公里以外的拉萨，西藏广播电视台《驻村夜话》栏目，邀请他去做一期节目。黄小龙兴奋的是，这么多年过去，单位的驻村工作得到了大家的认可。作为驻村第一书记，他于 2020 年初才到森布村，严格来讲，并不能代表驻村工作的全部，所以他心里又有点紧张。

森布村位于阿里地区革吉县的西南部，平均海拔超过 4700 米，是一个纯牧业村，草场面积 380 万亩，区域面积广大，生态环境脆弱，牧民群众居住分散，相距遥远，全村 280 多户近千人，其中建档立卡户 110 户 360 人，贫困面大，贫困程度深，村民受教育程度偏低，曾经是西藏的深度贫困村之一。在黄小龙驻村之前，中国工商银行西藏分行已经派出 22 批次 55 人次参加驻村工作，驻村的地点最早为札达县，2013 年底调整到了革吉县森布村。那时候的森布村，经济结构单一，全村的年人均收入不足 2000 元，脱贫攻坚成本高，难度大，经过几年驻村工作队与森布村干部群众的共同努力，2019 年底，森布村贫困户人数已降为零，顺利实现整村脱贫摘帽。

这么多年，一批又一批驻村战友扎根阿里基层一线，办实事、解难事，拔穷根、摘穷帽，助力脱贫攻坚，做增收的领路人。黄小龙知道，在他之前，驻村战友们做了大量工作，面对这样一个难啃的硬骨头，是什么原因致穷、当地可以发展什么样的产业、有哪些相匹配的优惠政策等，都需要深入了解，精准施策。驻村工作队走村入户、现场勘查、查阅资料，针对森布村经济结构单一、发展思路不清等问题，广泛征求村干部和村民代表意见，制定了切合实际的《革吉县森布村精准扶贫实施方案》《森布村集体发展规划》《森布村产业三年发展规划》《森布村去懒树勤制度》等文件，给森布村未来的发展规划蓝图。

一直以来，当地群众依靠传统粗放型养殖模式，收入不稳定，劳动力无法转移。往年还经营着一家年收入 40 万元的沙石场，但因 2018 年环评不达标而停产，影响了村里的集体收入，也使原来在沙石场打工和出租运输车辆的一些群众失去了重要的收入来源。驻村工作队发现，基于现有资源，牧业改革是关键突破口，要从粗放型向集约型转变。

在推进牧业改革中，有村民不理解，驻村工作队就一遍遍讲解改革的好处；村民遇到具体困难，驻村工作队就一次次拿出解决方案。通过鼓励联户放牧，驻村工作队成功将 48 户无畜户的草场经营性流转，将剩余劳动力劳务输出，建立了养殖合作社，集中对牲畜“托管代养”，家里没有劳动力的贫困户可入股分红。

2019 年，驻村工作队将精力投入产业化人工种草建设项目运营上，全村 204 人参与了进来，共带动 56 名贫困户就业增收。村民桑嘎将自家草场经营性流转，自己主动参加县人社局组织的驾驶员培训，考取了驾照。现在，桑嘎在县城周边新建公路工地开洒水车，每月收入有 8000 元，日子过得红红火火。他经常自豪地跟别人说：“看我买的新家具，我现在的日子过得并不比拉萨人差。”

黄小龙要讲的事情可不少，驻村快 10 个月了，他感到，要完成脱贫攻坚的艰巨任务，除了派出单位的大力支持和乡亲们日益高涨的生产热情，加强党建工作更是必不可少。这些年，驻村工作队加强党员教育培训，积极培养党员骨干力量，由村“两委”帮扶贫困党员，每名富裕党员帮扶 2~3 名贫困户，其他党员根据能力定点帮助贫困户，“有钱出钱，有力出力，无力出个好主意”。村“两委”成员白马，是个劳动能手，家里养了 400 多头羊、100 多只牦牛，每年牛羊出奶、卖羊毛羊绒的收入超过 10 万元，是远近闻名的养畜专业大户。白马自己富了不忘乡亲，对于生活困难的人家，他提供小羊、小牛；对于有资金的人家，他手把手教如何建养殖场，如何预防疾病，如何选购羊种，如何把握市场行情。在他的带动下，大家尝到了科学养殖的甜头，生羊产业得以迅速扩大，养羊专业户增加了好几户，带动了全村经济效益的提高。这样的事例还有很多，全村 52 名党员对建档立卡贫困户进行结对帮扶，讲惠民政策，鼓励大家外出务工增加收入，群众的思想观念逐渐从“要我富”变成“我要富”，人人有事做、天天有收入的局面正在形成，想到这些，黄小龙心里就有了底气。

李承阳驻村快 2 年了，村里 100 多户建档立卡贫困户，哪一户哪一人的情况，他都了然于心。2019 年的冬天格外寒冷，最低气温达到了零下 37 摄氏度，有一天，离村委会将近 100 公里的三组打电话过来，说有危急病人需要抢救。李承阳跟着驻村工作队的车辆前往，在回来的路上，车辆陷入泥坑，车上有病号，车外是寒冷的冬夜，不时传来阵阵狼嚎，手机也没有信号，等下去大家都死路一条。李承阳和驻村工作队队友不顾生命危险，走路近半个小时到附近的山坡找到了信号，等来了救援的车辆。那个时候，他浑身都冻得麻木了，只能用双手捧着电话，不然拿不住。这以后，单位专门给驻村工作队配备了卫星电话，因为这样的应急情况，包括救灾，每年都不少。

也是在 2019 年冬天，低温导致河流结冰很厚，牲畜饮水困难，驻村工作队多次赶赴受灾地点，了解受灾情况，带着铁锹、十字镐等工具，帮助受灾群众凿冰取水，保证牲畜能够正常饮水。说起这些年的工作，太辛苦了，但辛苦之外，能够得到乡亲们的认可，是最大的安慰。

在村干部多吉曲旦的印象里，这些年，村里来了好几十名驻村干部。尽管有些人的名字他已经记不清了，但是村里处处都是他们做的看得见摸得着的事情：第一年，村里加宽了道路；第二年，完成了土地整治项目；第三年，村居环境更加优美了……此外，驻村工作队还建立了贫困学生结对帮扶机制，动员所有人参加新型农村合作医疗保险，积极协调投入资金修建高标准村级医务室，让群众在家门口就医看病……点点滴滴的小事改变着森布村，也温暖着乡亲们。慢慢地，大家越来越信任和喜爱这支队伍，谁家煮了肉、挤了奶，都不忘给队员们捎上一份。队员们也和乡亲们融在了一起。现在，李承阳学会了几句藏语，通过手势，基本能够听懂乡亲们表达的意思，“突几其”（谢谢）、“秀巴德勒”（早上好），略显生硬的发音却让村民心里涌动着一股暖流。

二组的建档立卡户嘎儿一家是李承阳一直关注的。嘎儿全家原来除了一些政策性收入外，基本依赖家里的几十只绵羊，自家草场面积小，资金也缺乏，很难添置更多的牲畜扩大牧业生产，日子过得紧巴巴。

李承阳得知他家的情况后，专门帮他出主意、理思路、算收入、分析对策，动员他将草场经营性流转，牲畜“托管代养”，引导他通过外出务工寻找新出路。

但嘎儿担心自身文化水平低，语言不通，生活不习惯，不愿外出务工。李承阳又发动本村外出务工人员一起上门给他现身说法，鼓劲打气。后来，在驻村工作队的帮助下，嘎儿到狮泉河镇焦炭公司打工，每月收入近4000元。他还常常利用打工间隙返回革吉县，投入人工种草、公路维修劳动，增加收入，同时说服鼓励妻子玉珍在革吉县开了一家茶馆。

2019年，嘎儿全家收入近8万元，成为森布村劳动致富的领头羊。像嘎儿这样勤劳奋进、主动脱贫的事例在森布村还有很多。李承阳算了算，2019年以来，森布村光转移就业就有86人，其中就近就地转移45人，外出务工41人，平均月收入都在3500元左右，为森布村2019年顺利实现整村脱贫奠定了坚实基础。

“没有比人更高的山，没有比脚更长的路。”面对脱贫攻坚的艰巨任务，李承阳和驻村工作队队员们走村入户，挨家挨户“走亲戚”，详细了解每户的产业发展情况，收集关于脱贫攻坚工作的好建议、需要帮扶的好项目，在“精”和“准”上下足了功夫。

石确一家原来居住在离县城140多公里的高寒草场，2017年享受到易地扶贫搬迁的好政策，一家人搬迁到县城的康乐新区。石确家世代以放牧为生，没有任何技能，到了新的环境后，一直无法融入，生计都成了问题。

驻村工作队了解到石确的困难后，建议他参加县人社局组织的驾驶员培训。石确在培训班考取驾照后，贷款购买了拖拉机，到地区砖场从事搬运工作，妻子也和他一起干活，他们每人每月可以拿到3000元的工资。石确一家既实现了“挪穷窝”，也通过稳定就业实现了“拔穷根”。

春节、藏历年、国庆节这些重要节日，李承阳和驻村工作队队员们都要开展访贫问老献爱心活动，对孤寡老人、困难老党员进行走访慰问，真正把实事办到群众的心坎上，赢得群众一个个点赞。李承阳心里有万千感慨：都说群众工作不好做，但只要心里始终揣着群众，带着感情走到群众中，群众就会把你当成自己人。现在，群众都把队员们叫作“玛格巴”（女婿）。

在黄小龙、李承阳的工作计划里，2020年还有许多事情要做。首先是设计好了的森布村生活服务中心项目。这需要用到2019年单位向村里捐赠的用于集体产业发展的100万元。经过前期的认真调研，根据革吉县干燥、寒冷的特点，准备建设一个集洗衣、洗浴、村民取水、小卖部、水吧、儿童乐园、野生动物饮水于一体的洗浴中心，做一个大水箱自制自来水，以环保新型燃料锅炉作能源。因为村委会靠近县城，洗浴中心不仅能为村委会周边的村民提供价格相对低廉的服务，也能吸引县里面的干部群众前来消费，每年预计为村民创造利润12万元。在革吉县寒冷的冬天，这样一个温暖的去处，不仅能为森布村带来收入，也能够改变村民的卫生习惯，提高他们的生活质量，同时也为革吉县的群众提供便利。更让人感动的是，在这个设计里，还专门为周边的野生动物提供了饮水方便。

前不久，为了提高村“两委”的工作效率和水平，黄小龙给村干部、大学生村官、乡村振兴专干等人专门进行了公务礼仪培训。现在，大家在日常的接人待物中都有了比较规范的礼仪，村委会的面貌有了可喜的变化。因为经常接到远离村委会的村民小组的救急电话，路途遥远艰险，驻村工作队于是想到了进行急救知识培训，如进行简单的心肺复苏、食物卡噎急救培训等，培训所用的设备都已到位，就等着冬天人员集中的时候进行培训。还有村里的青少年足球队，集中的这一批热爱足球的中小学生，假期里已掌握了踢足球的基本技能，下一步就是更规范的培训。不过，因为海拔高，训练的强度也不能太大。训练之后洗澡、看电影，在寓教于乐中也培养了孩子们良好的生活习惯。

去拉萨参加《驻村夜话》节目之前，黄小龙还有一件事情要做，那就是在“第一书记理发日”给大家免费理发。这项工作已经坚持很久了，不仅在一定程度上解决了村里理发贵、理发难、留辫子等实际问题，也加深了驻村工作队跟村民的感情，村民都亲切地称黄小龙是“理发书记”。

第三章 居委会的调解法

说起居委会，人们会想到街坊邻里，油盐酱醋，调解更是婆婆妈妈的事情，怎么也不会想到，我们要说的这个居委会，居民主要从事的是牧业生产。

那普居委会地处阿里地区革吉县革吉镇，有两个村民小组，草场总面积为120多万亩，是一个纯牧业生产单位。居委会有38名党员，居委会党支部坚持把抓党建与抓脱贫紧密结合，从配强班子入手，落实组织建设标准化要求。在村级发展的领头雁中，最得力的，应该就是村支书占堆了。

占堆是1963年生人，西藏民主改革后，家里条件有了好转，占堆得以进入学校学习。后来因父母年迈，家里缺乏劳动力，17岁的占堆辍学帮家里放牧。那些天当铺盖地当床的日子，让占堆从小在心里就埋下了改变现状的种子。

1982年，占堆当时所在的狮麦村，要去采盐进行盐粮交换，村里决定选派精干的村民采盐，将采集到的自然盐运到普兰、噶尔、日土这些地方换取粮食。听到这个消息后，一心想着做点事情的占堆坐不住了，他冒冒失失地跑到老村主任家，请求老村主任让他跟着去。当时的占堆还不满20岁，老村主任没有答应，占堆软磨硬泡，找人说情，终于说服了老村主任。就这样，占堆和运盐队其他4名成员，赶着村里的300多只优质羊，把采集的湖盐运到普兰、噶尔、日土，换回粮食。往返一个多月的时间，占堆和运盐队其他成员不但没有丢失一只羊，还带着换回的粮食安全回到村里，顺利完成了运盐任务，解决了村里口粮短缺的困难。从那以后，占堆就一直为村里的事情忙碌着，也得到了村民的认可。

1998年，占堆被选为狮麦村村委会主任，从此，他踏上了在基层发展的征途。从群众最期盼的事入手，努力为村民办实事、解难事，并积极向党组织靠拢，2000年，占堆成为一名共产党员，在党组织的培养与教育下，履行党员义务，组织群众发展生产、建设家乡、改善生活。

2007年，工作表现优异的占堆，被选为革吉县革吉镇那普居委会党支部书记。上任以后，他带领居委会班子，下牧场、入牧户，抓党建、促脱贫，探索“党支部+公司+合作社+牧户”模式，先后创办了牦牛养殖基地、沙石场、砖厂，发展村集体经济，提高群众收入。2018年，那普居委会贫困发生率由12.8%下降到0，实现整村脱贫摘帽，做到了小康路上没有一个人掉队。2019年，3个集体经济组织共计分红152万元，实现了人均增收3360元的目标。

习近平总书记指出：“要把夯实农村基层党组织同脱贫攻坚有机结合起来，选好一把手、配强领导班子，特别是要下决心解决软弱涣散基层班子的问题，发挥好村党组织在脱贫攻坚中的战斗堡垒作用。”

在过去的10多年里，占堆身体力行，加强班子合力，汇聚群众力量，将“带头人”“领头雁”的角色一点点融进骨血，将必需的担当化为自觉的行动，将村民的希望一点点变成现实。

那普居委会的日子变好了，越来越多的人家从牧场搬到了城市。新的环境，新的生活，许多过去没有碰到过的难题也随即而来，家庭成员之间，邻里之间，不时有一些过去没有碰到过的事情发生。

有一天，一对新婚不久的小夫妻找到占堆，争执的事情让占堆哭笑不得。女的说，有女人给她老公发暧昧的微信。男的说，老婆整天埋头玩手机，根本不管家里的事情，这个日子是过不下去了。双方都态度坚决要离婚。既然找到了占堆，占堆理所当然要调解。几十年来在基层工作，特别是在牧区，牲畜草场的纠纷时有发生，处理这些事情，占堆还是有相当的经验，但是面对今天这种情况，他感到有点棘手了。

两个年轻人都情绪激动，占堆想到了冷处理。他让两个年轻人先回各自的家里考虑一段时间，他知道，他们双方的亲戚朋友，一定会做和解工作，帮助双方解开一些疙瘩，消除误会。过了两天，占堆主动到双方家里，了解他们的思想状态。女方的家庭，本来就对这个女婿有些不满意，加上这次的事情闹得满城风雨，因此还是不能原谅男方。占堆把他了解到的男方跟女人微信来往的事情讲得一清二楚，消除了女方家的误会。同时，占堆也指出了男方错误对待婚姻的态度，举了许多眼前和周边的事例说明这样做的严重后果。双方家庭听完后都心悦诚服，这件事情算是得到了完美解决。

从自由自在的牧场到人多事多的县城，许多人并不能很快完成从牧民到居民的蜕变，他们还保持着自由自在、我行我素的行为方式，有时甚至自以为是，一意孤行。

在牧区，都有囤积燃料的习惯，家里囤积的烧柴或者牛粪，是财富的象征。一位村民在附近的建筑工地上，看见许多散落的木板无人看管，便捡拾回来，堆放在自家的院墙上。那些木板其实是建筑材料，工地上的工人们寻迹找到了村民家中，指责村民家里的人盗窃。在村民的观念中，偷盗是很严重的指控，而村民认为那些无人看管的木板见者有份。观念不合，双方甚至大打出手。

这件事情，给占堆很大的触动。因为打架斗殴，事件双方都受到了治安处罚。而事件的起因，却是村民法律知识的欠缺。后来，这件事情成为一个典型案例。碰到类似的矛盾纠纷或一些吃软不吃硬非争一口气的人，占堆就把这件事情拿出来，用事实教育大家知法懂法守法。后来拓展到开设平安讲堂，增强大家的法律意识。

利用村级活动场所标准化建设机会，占堆他们完善了村级调解室建设，在居委会活动室建立了占堆调解室，以“占堆调解四法”及时做好矛盾纠纷调解工作。几年来，调解矛盾纠纷 30 多起，居委会邻里之间更加和睦，矛盾纠纷明显减少。

什么是“占堆调解四法”？即占堆在实践中总结的 4 种工作方法。比如前面那对小夫妻的家庭纠纷，占堆用的是“冷处理法”：先叫双方回去考虑一段时间，通过这段时间，双方的亲戚朋友做一些和解工作，同时也帮助双方解开一些疙瘩，消除误会。有的当事人会主动来撤诉，没有完全想通的当事人，也会有不同程度的动摇，这时可趁热打铁，加大调节力度，这样和好的可能性便大大提高。冷处理需要注意的是，不能久冷而不处理，要通过各种渠道，不断了解双方的思想动态，以便掌握最佳时机，尤其要避免久调不解。其他三种方法是“事件剖析法”“亲情融化法”“事例教育法”。

在基层尤其在牧区的工作经验，使占堆深刻了解到，任何一件纠纷背后，都会有比较复杂的情况，因此，对每一件纠纷，占堆一定会亲临现场，花大量时间分析事件的起因。

前不久，加布村村民小组发生了一场草场纠纷。两个本来很要好的家庭，一直合伙放牧，草场也是共同使用，但现在提出来要分开。占堆到实地了解到，原来分配草场的时候，双方父母关系很好，主动分配到一起，现在时过境迁，后代要求重新分配。占堆认真询问了双方的诉求、各自的家庭成员构成、牲畜数量等，拿出当时草场分配的依据，再用最新的测绘技术精确测量，在双方亲戚的见证下，对草场重新进行合理分配，圆满解决了这场纠纷。

至于父母与子女之间的矛盾，则先了解清楚矛盾产生的原因，分析矛盾内容，采取批评教育的方法，让当事人认识到错误，教育子女尊老爱幼是中华民族的传统美德，帮助当事人回想亲情的可贵，现在有矛盾以后的情感会受到伤害，求大同存小异，大事化小，小事化了，这样调解便水到渠成了。

几十年来，占堆调解的纠纷何止这几年的30多起，耗费的时间和精力更是难以计数。“占堆调解四法”不仅是他基层工作经验的总结，也是“枫桥经验”在西藏基层治理中的成功实践。那普居委会创建平安第一村，充分发挥了示范引领作用，创新的占堆调解室，强化了第一村平安教育功能，助推社会平安稳定。那普居委会“两委”班子真正做到了深入群众，了解群众，倾听民声，党员干部以身作则，用实际行动感化群众，第一书记、大学生村官、乡村振兴专干、“两委”班子作用发挥明显，培育了新型牧民，增强了党组织的凝聚力、战斗力，增强了党员的责任心、事业心，提高了村民的积极性、创造性，那普居委会在牧民变居民的社会进展中，焕发出了强大活力。

第四章　先遣，先遣

先遣乡因进藏英雄先遣连而得名，先遣连壮烈悲怆的英雄事迹，不仅让这里名满天下，也让人感知到这里的高寒艰苦。

先遣乡位于改则县的西北部，北边与新疆的于田接壤。这里气候干燥寒冷、大风频繁，年平均气温低于 –2 摄氏度，有记录的极端最低气温达到过 –44.6 摄氏度，雪灾、旱灾和风霜灾害频发，是藏北无人区的核心区域，可谓人类生命的禁区。虽然自然条件艰苦，但这里依然活跃着一批继承先烈遗志、续写高原传奇的奋斗者。

在先遣乡人民政府的暖廊里，有一株两三米高的班公柳，乡党委书记李熙斌骄傲地告诉我，这是“改则第一树”，也就是说，这是整个改则县长得最高的树。此说法是否确切无法考证，但在先遣乡这样的高寒地区，能看见郁郁葱葱的树，的确是个奇迹。

李熙斌书记是甘肃人，说话带着浓重的西北口音，从他黝黑的脸庞和紫红的嘴唇可以看出高原生活的印记。李熙斌在先遣乡已经待了将近 10 年，他说刚刚调到这里当乡长的时候，条件远没有现在好，情况不熟悉，各方面工作还没有展开，面对荒凉一片，他经常绕着乡政府背后的小山转圈，有时觉得自己都快要抑郁了。女儿稍长大，爱人带着女儿从老家过来探亲，看见老公的工作环境，忍不住放声大哭。那时候还没有条件吸氧气，娘儿俩半夜睡不着，爬起来跟李熙斌商量：“这份工作咱们不要了，回家种地去！”

透过李熙斌招牌式的微笑，依然能够感受到他当年内心的无奈和歉意。很快，李熙斌适应了生活环境，各项工作也逐步展开。这几年，农牧民安居工程、牧业改革、脱贫攻坚、极高海拔搬迁，千头万绪，李熙斌根本没有时间去体会当年那种心境了。

这些年李熙斌忙的另外一项工作，就是先遣连纪念馆的建设。为了纪念136名进藏先遣连英雄在和平解放西藏时作出的不可磨灭的贡献，传承“不怕牺牲、不畏艰难、坚守信念、军民团结”的先遣连精神，自治区决定，在先遣乡已有的革命纪念碑、驻地旧址的基础上，建设一座纪念馆。李熙斌为此投入了大量精力，展厅的每一处布局、每一件展品都有他的参与。在为我们讲解时，从序厅、先遣连进藏路线图，到封建农奴制度下的旧西藏、党中央解放西藏迎来曙光、结束语等，娓娓道来，为我们还原了先遣连进军西藏、解放阿里的全过程。

1950年8月，先遣连进军西藏，他们穿峡谷，越冰峰，跨湖滩，克服气候恶劣、高原缺氧的重重困难，翻越海拔6000多米的界山达坂，在两水泉短暂休整，取得当地牧民的信任。先遣连将花布、方块糖、茶叶等礼物送给他们，并通过翻译，详细地向藏族群众宣传党的政策和人民解放军的纪律。根据上级指示，先遣连留驻30多人在两水泉和多木，将此处作为前进部队的转运给养点，其余103人继续向前挺进藏北腹地，抵达扎麻芒保，按照上级命令就地扎营，做好越冬准备。

进入冬季后，藏北高原大雪封山，部队的粮食、服装、帐篷、药品给养出现了极大困难。为了应对严寒，先遣连官兵克服高原反应和冻土施工的重重困难，历时1个多月，建成了一座标准化军营。整个军营由16间地窝子、6座马棚、49个掩体、249米蛇形交通壕和2座2.5米高的碉堡组成。从1951年1月开始，先遣连的缺粮困难越来越严重，许多官兵患上高原病和其他疾病，在艰苦卓绝的条件下，受高原病折磨的官兵一个又一个失去了生命。

总指挥李狄三是第一批患病的人，但他一直坚守在领导岗位。为了开展工作，他派人与改则宗本进行交涉，要求其严格遵守协议，不得阻挠解放军行动，不得威胁群众与解放军的正常交往。为了鼓舞士气，他以身作则带领大家与恶劣的环境与条件抗争，创作多首歌曲鼓舞官兵。他坚持手写和口述行军作战日记，直到病情恶化躺倒在床，也坚决不肯使用全连仅有的一盒盘尼西林。1951 年 4 月下旬，李狄三时常出现昏迷现象，生命处于垂危之中。5 月 28 日中午 12 点，当新疆军区独立骑兵师二团的首长带着医生和电台赶到扎麻芒保时，弥留之际的李狄三看到后续部队到来，并得知西藏和平解放协议签署，欣慰地合上了双眼，12 点 15 分，这颗坚强的心脏停止了跳动。

先遣连在海拔 5000 多米、气温低至 –30 摄氏度的扎麻芒保坚守了数月，经历了难以忍受的严寒、缺氧、饥饿、疾病的折磨，先后有 63 位指战员献出了宝贵的生命……

讲到这里，李熙斌书记眼镜后面的双眼噙满泪水，我们也被先遣连官兵的英雄事迹深深打动，还为像李熙斌书记这样一批当代先遣人的执着和坚守深深感动。

先遣连纪念馆所在地扎布村，也叫红色文化第一村，依托纪念馆的开馆，2020 年的集体经济收入又有了提升。

由于地理位置和自然环境等因素影响，扎布村长期处于欠发展阶段，曾经是国家脱贫攻坚的重点对象。2020 年以来，改则县依托党建品牌创建，致力推动当地经济社会高质量发展，扎布村的内生动力、发展基础、造血功能，都实现了质的提升和跨越。

现在扎布村驻村工作队队长，是县委宣传部副部长巴桑多吉，他给我们介绍说，过去扎布村有茶馆、招待所、施工队、牦牛养殖基地、民族手工艺、服装加工、蔬菜大棚、养猪场等 10 多个合作组织，钱和精力都很分散，现在整合成了一个“扎麻芒保合作社”，有了专职的会计，各方面运作都很规范。村民自愿加入合作社，实行工分制，全村的牛羊都集中放牧，其余劳动力根据特长，分配到各个专项合作组织中，真正实现了按技能分工，按劳动量领取报酬。合作社于 2018 年成立，当年全村的人均收入就从 4000 多元上升到 8000 多元，翻了一番，2020 年全村的人均收入达到 1 万元。2019 年收入最多的一家牧民，承包了村里的一群羊、一群牦牛，家里 6 口人，2 个小孩上学，牛羊养得好，副产品也多，年收入达到了 13 万元。

因为靠近乡政府，又守着先遣连纪念馆，村民们不必去远处打工，村里有时安排他们就近务工，每天向合作社上交 200 元，多余的归自己，如果安排了工作不去干，每天也要向合作社交 200 元。村里的学生每年有 850 元的分红，如果家里有辍学的学生，全家的分红都要受影响。在自愿加入的基础上，这样一种合作形式，无疑是高原资源整合的很好形式。

说到养猪场，巴桑多吉来了兴致，非要拉着我们去看猪圈里的藏香猪。我们跟着他到了离村委会不远的一排猪圈里，太阳正当头，火辣辣的，猪圈里的藏香猪，都在呼呼大睡，任凭怎么驱赶，就是不肯出来。有人让他钻到猪圈里去轰，他说："那可不行，这些家伙惹急了会咬人的。"看得出来，他对这些藏香猪有一些爱怜。

在海拔超过 4500 米的地方养猪，是一件新鲜事。刚开始的时候，轻松对付牦牛、绵羊的牧民，对这些四处乱跑的小东西束手无策，也不知道该给它们吃些什么，后来向在附近务工的汉族同志请教，才慢慢摸清门道。巴桑多吉告诉我们，养猪场的猪仔，是改则县个体非公党支部捐赠的，2018 年给了 7 头，这些年出栏了 11 头，每头卖出去的价格为 2500~3000 元不等。

改则县个体非公党支部，也是改则县基层党建的一个亮点。改则县现有工商户 1475 家，注册资金 6.18 亿元，改则县个体非公党支部有党员 30 名，成员包括藏族、汉族、回族、土族、土家族等 5 个民族，几年来，在精准扶贫、民族团结、招商引资、关爱牧区学生、拥军爱兵等方面做了大量工作，扎布村的养猪基地，就是他们投入专项资金帮助建设的。党支部副书记左勇华，是一位江西龙虎山的小伙子，10 多年前来改则县发展，从一间超市干起，现在已经小有成就，他的企业吸纳本地就业 32 人，人均工资每月 3000 元，一对日喀则夫妇做管理工作，每年收入 17 万余元。

"改则县经商环境好，在政策指导、职业培训、经营奖励等方面，政府都很支持，我们在这里干得都很有动力。"受巴桑多吉的委托，到改则县时我们专门找到左勇华，向他反馈扎布养猪场的情况并向他表示感谢，他这样告诉我们。

左勇华夫妇来改则县的时候，不过 20 岁左右，创业资本也就 5 万元，从拉萨坐班车到改则，随身带了20瓶矿泉水和20块压缩饼干。为了创业，最长的一次他们4年多没有回老家，只去过一次狮泉河、一次拉萨，还是为了生意上的事情。在当地党组织的培养下，左勇华于2012年入党，之后就一直积极从事公益事业，回报社会，是一个急公好义的人。

“我们这里养出来的藏香猪，比林芝那边的要大。”林芝是藏香猪的发源地，巴桑多吉对我们说，“养了两年的猪，大家都积累了一些经验，那些藏香猪也适应了这里的环境，每天早上出去，中午回来睡觉，等太阳不太晒的时候再出去，晚上回来吃猪食，十分自在。”听他这么说，我们都不太相信，觉得他说的可能不太现实。

当天吃过晚饭，巴桑多吉急匆匆地跑来说，藏香猪出门了。我们跟着他来到草地上，看见远处果然有八九头大小不一的藏香猪，这些藏香猪与散放的马匹、追逐的家犬，构成了一幅和睦的高原景色。

见到加央贡桑的时候，他正在乡里的收购点帮助本村的牧民卖羊毛。

“受疫情和外贸形势的影响，今年羊毛的收购价不太好。”加央贡桑说，“好在有收购站的保底价，不然群众就吃大亏了。我早就给大家说了，还是要相信国家，那些羊毛贩子，没钱赚的话早就没影了。”

加央贡桑不像一个已经退休的人，也不像一个一直驻村工作的人，他衣着整洁，精神状态很好，在卖羊毛的村民中间显得有点突兀，但村民围绕着他，一点也不生分，好像加央贡桑是他们的主心骨。

加央贡桑，男，55岁，中共党员，中国邮政集团公司阿里地区分公司网络运营中心主任，现任先遣乡巴热村驻村工作队队长。

巴热村距改则县240公里，离先遣乡78公里，平均海拔5000米，一年四季都要生火炉，特别是在冬天，气候寒冷，被称为“纯天然冷冻库”。人们说，这里每年只有两个季节：冬季和大约在冬季。

2011年，西藏全区开展创先争优强基惠民活动，四级干部驻村工作，加央贡桑主动报名，来到了巴热村。正好是年底，村民饮水要到往返40多公里的地方取冰化水。因为高寒偏远，村里没有产业基础，有的家庭连像样的家具也没有。头一年，他想方设法在村子里开了一家商店，依托单位安排了一辆旧的邮政车，给村里捐赠了一车日常用品，解决了一些实际困难。一年的驻村工作结束，加央贡桑的心，牢牢地被拴在巴热村那些还没有脱贫的村民身上，不时抽空回村子里看看，村民进城也必然到他家里小坐。2016 年，加央贡桑又回到了巴热村，他说：“只要我的身体允许，只要大家需要我，只要还有贫困户，我就不退休，一直干到脱贫攻坚胜利结束。”他是这么说，也是这么做的。直到今天，他还忙碌在为村民工作的第一线。

巴热村山高路远，居住很分散，最远的村民小组相距 200 公里，如何组织大家学习就成了问题。加央贡桑建起了村民组、双联户的微信群，在微信群里宣传党的政策，疫情防控期间，及时学习宣讲必学的内容，讲授疫情防控知识，微信群成了大家生产生活离不开的纽带。几年来，加央贡桑先后创办了惠民商店、手工艺作坊、牦牛养殖基地、便民茶馆、招待所等实体，让牧民群众有了实实在在的创收途径，为巴热村打赢脱贫攻坚战奠定了坚实的基础。

为了带领乡亲们共同致富，根据巴热村的实际情况，加央贡桑想到了借母（畜）还子（畜）和委托放牧的办法，鼓励那些牛羊比较富裕的村民，把多余的牛羊流转给贫困户。一些刚组成家庭的年轻人，既没有牲畜，也没有其他经济来源，加央贡桑就鼓励他们去牛羊富裕户中流转。在一年的劳务中，出栏的幼畜，70% 归流转户，其他如羊毛、羊绒、酥油、奶渣、奶产品的收入，50% 归流转户，合同期满后，牛羊富裕户再给流转户奖励 4000 元现金和 5 只羊。对于一些牛羊富裕的党员，加央贡桑鼓励他们把母畜借给贫困户，第二年借一还一（幼畜），多余的都归贫困户所有。这样，不仅提高了贫困户自我发展的能力，也解放了牛羊富裕户的劳动生产力，两全其美，相得益彰。

根据国家政策，2020 年，巴热村全村整体易地搬迁。在搬迁过程中，加央贡桑对那些上了年纪不愿意搬迁的人，没有少费口舌。他说：“帮扶也好，搬迁也好，最重要的是思想交流，只要你工作做到了，哪怕一个电话、一条微信，都会有效果。”

为了一个承诺，加央贡桑完成了坚守，就要整村易地搬迁了，我们问他作何感想，加央贡桑想了想说：“村民搬走了但牛羊带不走，不知道能不能成立个合作社，让那些暂时不能适应的人过渡一下。”他的心情我们能够理解，但易地搬迁的整体政策，恐怕不能随意改变吧。

天还没亮，贡布和妻子从帐篷里起来，与亲戚一起聚拢要挤奶的母绵羊。母绵羊挤奶，这几天也就要结束了。2020 年绵羊和山羊的产奶都还不错，除了上交合作社的，还能剩下不少。

贡布是扎布村的一个牧民，今年 39 岁，妻子比他小 2 岁，夫妻俩有 4 个小孩，老大在拉萨阿里中学上高一，是个女孩，老二是个儿子，在改则县小学上四年级，三女儿在乡小学上二年级，还有一个 4 岁的小儿子，现在正在帐篷里睡觉呢。

就因为这几个孩子，贡布一家的日子曾经很艰难，在合作社成立之前，有时连饭都吃不饱。2015 年，贡布一家是建档立卡户，2018 年脱贫。我们询问贡布是怎么实现脱贫的，贡布说不出大道理，他给我们算了一笔账。贡布 2020 年的经济账如下：

承包村里 320 多只羊的放牧，每年承包费（牧业补贴）6.9 万元；

一家人每年的草场补贴 3.3 万元；

贡布每年的野保员补贴 7000 元；

妻子每年的生态岗位补贴 3500 元；

合作社每名学生补贴 860 元；

合作社承包要求每年上交酥油，山羊每只 7 两，绵羊每只 5 两，上交后家里的酥油还有剩余。到目前为止，羊毛超了 100 多斤，羊绒超了 10 多斤……

听着贡布算账，我们感慨：城里的双职工家庭，养 2 个孩子都捉襟见肘，而贡布夫妻俩养了 4 个小孩却并没有叫苦连天。

贡布一家的夏季牧场在离乡政府比较远的地方，等我们回到乡上，正赶上食堂的早餐。见我们到来，李熙斌书记热情招呼我们，说正好有用蔬菜大棚种的大白菜包的包子。食堂的厨师是乡武装部部长的妻子，从贵州老家探亲过来，看见部队下来的丈夫工作的地方连个像样的厨师都没有，便主动留了下来，为全乡干部职工提供“家的味道”。

李熙斌书记说：“多亏有了我们部长的夫人，要不逢年过节，还不知道有多少人要抛洒思乡泪呢。”李熙斌书记告诉我们，刚搞大棚种植蔬菜的时候，牧民群众见萝卜的叶子长得茂盛，便把它们全部掐了喂牛羊，说这样萝卜会长得更大。种的白菜却让它们疯长，还骄傲地展示，看我们的白菜长得多大！殊不知那些白菜已经结苔开花，嚼也嚼不动了。

听我们讲了贡布一家的故事，李熙斌书记沉吟半晌说：“我们党在西藏的所有工作，都是围绕改善民生、凝聚人心这个经济社会发展的出发点和落脚点，老百姓也切实知道惠在何处、惠从何来，这正是我们的工作能够立于不败之地的底气和源头！”

李熙斌书记的微信昵称叫“清风玖月”，我在想，在这位高原乡党委书记的心目中，他是在九月的清风里，展望先遣乡美好的未来吧。

第五章　高原新传奇

盐，是人们生活中不可或缺的东西。俗话说，盐是万味之王。离开了盐，天下美味都无法展现。甚至，我们身体里的每个细胞，都离不开盐——化学常识告诉我们，氯是消化和排汗所必需的物质，人类也依靠钠传送营养物质或氧气。据说，一个成年男性体内含有 250 克盐，也就是半斤，这可不是一个小数字。

盐，一种不起眼的白色粉末，每一粒都很细小，遇水溶解于无形，我们每天都在接触它。进藏先遣连官兵，在扎麻芒保时就因为一度缺盐，体质急剧下降，造成大量非战斗减员。

盐和茶，也曾经是藏族人民生活中最贵重的物品，在高原严酷的生存环境中，陪伴高原儿女度过许多艰难岁月。

曾经有一群人，守着珍贵的盐，却过着穷苦艰难的生活，为了获取维持生命的糌粑和米面，当地人靠驮运自然盐到普兰县甚至尼泊尔交换粮食为生。革吉县的盐湖乡，乡境内的鲁玛仁布措、吉嘎措、卡庆措是藏西地区最大的盐湖，被称为“章仓三湖”，在广袤的阿里高原名声显赫，是盐羊古道的源头。

现在说起来人们可能不相信，以前，从盐湖乡驮运出去的盐，2 斤盐换 1 斤粮食，价钱不好的时候 3 斤盐才能换 1 斤粮食。60 多岁的盐湖乡羌麦村“两委”委员桑布，就是当年盐羊古道的亲历者。在他的记忆里，他们家是个大家庭，有 9 口人，但只有 100 多只羊，主要靠驮运盐巴维持生活。他们家一年能产盐 1200 斤，每次父亲拿 400 斤去换粮食，去一趟来回要 2 个月，每年要去 3 次。

驮运队一般由家境相似的几户村民相约组成，由于家境贫寒，养不起牦牛和马这样的大型牲畜，驮运湖盐主要靠绵羊，甚至还有家里养的狗。从盐湖乡到距离最近的普兰县有三四百公里的路途，全靠徒步，风餐露宿。途中最怕的是下雨和下雪，不仅道路泥泞难行，牲畜生病，还会把盐融化冲掉。

10岁那年，桑布第一次跟随父亲去普兰县，现在的印象就是痛和泪，还有大风刮得他瑟瑟发抖，路上哭了好几次鼻子。

为了讨得基本生计，年复一年，盐湖乡人就这样在盐羊古道上往返奔波，耗费着生命与活力。桑布有两个亲戚因为生病在驮盐途中去世，虚弱的父亲也50多岁就早早离开人世，没有福气享受儿孙满堂的幸福生活。

进入20世纪80年代，随着生活的改善和交通的发展，盐粮交易逐渐停止，盐湖乡的老百姓只需把盐和畜牧产品卖到革吉县，就能换到粮食了。

盐湖乡乡长贡觉次仁，一个腼腆的山南洛扎人，现在已经完全是个藏北汉子的模样，大概因为总是在盐湖周围强烈的阳光下工作，他的肤色比一般的村民更黑一些。两年前，我慕名前去盐湖探访，在湖边巧遇这位乡长。当时，盐湖乡羊背驮盐的习俗被收入西藏自治区区级非物质文化遗产代表性项目名录，这位乡长正筹划着建一个盐羊古道博物馆，要把这古老的文化遗产以另一种方式保留下来。

这是一个超前的想法，我推荐了几位认识的专家给他，这次前来，专门想看看他的博物馆建得怎么样了。

“东有茶马古道，西有盐羊古道。”早在几百年前，就有多家盐帮驻扎在盐湖周边，他们有着严密的组织，采用传统方式手工采盐。这些盐装入羊毛编织的袋子里，通过羊背驮运，边放牧边运输，东边运到日喀则地区，西边运抵普兰县、札达县，远的可以到尼泊尔，用以物易物的方式与商人进行交易，换回青稞、砖茶、布料等生活物品。久而久之，孕育了这条享有盛誉的盐羊古道。历史上，规模最大的盐帮有1000多只绵羊运盐，场面应该非常壮观。

问及盐羊古道博物馆的筹备情况，贡觉次仁挠挠头说：“实物和资料都太少，现在只有一个展厅，还兼做一些其他展示。”见我有点失望，他又补充道，

“不过，前不久乡里专门请羊背驮盐习俗的传承人布玛尔组织了一场传统的采盐仪式。”

传统手工采盐怎么采、装盐的羊毛袋子怎么缝、羊背驮盐有什么讲究……都需要进行传承。不过，要想真正保留这一传统，还需要在发展中保护。贡觉次仁介绍，下一步，乡里将对盐羊古道的旅游资源进行合理开发，希望可以让游客亲身体验采盐的过程，再现昔日古道羊背驮盐的历史场景。

对于当天的采盐仪式，有一位记者作了生动的记录：清晨，第一缕阳光刚刚翻越雪山，柔柔地照射在卡庆措盐湖晶莹雪白的湖面上，随之一阵阵“嗒、嗒、嗒”的敲打声在湖面此起彼伏。放眼望去，一群脚穿长筒皮靴的村民们手持牛角，俯身将湖面的大块结晶盐敲碎，并小心地将其垒成堆。这些垒起的湖盐经过雨水的冲刷和太阳的曝晒，会更加晶莹剔透，这种传统手工采盐的方式在当地已经延续了数百年。

随着社会的发展，昔日热闹繁华的古道已经逐渐被人们遗忘，但盐湖乡的群众对盐羊古道依然有着深厚的感情。

“依靠盐湖，当年祖辈们辛劳能够养家糊口，现在政策这么好，商机这么多，我们没有理由再‘等靠要’，要积极挖掘盐产业附加值，让盐湖的盐增颜值、升价值，带动更多农牧民群众增收致富。”贡觉次仁说。

2005 年，盐湖乡羌麦村通过申请专项扶贫资金、村民入股成立了羌麦村扶贫盐厂。2018 年，羌麦村扶贫盐厂改造升级为盐湖乡粗盐巴加工厂，确定为当地扶贫产业项目。对湖盐生产采用“统一开采、统一管理、统一经营、统一销售”的运营模式，改变过去“一筐装不下，一车不够装”的小打小闹情况，经济效益日渐凸显。2019 年，粗盐巴加工厂销售额达 47.6 万元，实现利润 19.7 万元，带动 132 名贫困群众就业增收 17.6 万元。2020 年，虽受疫情影响，但截至 7 月，粗盐巴加工厂的销售额已达 102 万元。

为了最大限度保护盐湖资源，采盐还是采用传统的方式，但不再是用牛角去湖边敲了，而是用上了更顺手的工具，加工则采用新的方式，热风干机、破碎机、皮带输送机、包装机等一应俱全，因为在食用盐标准上，国家有严格的要求。粗盐巴加工厂在原有足疗盐、工业用盐的基础上，又开发出了浴盐、热敷盐等6种产品。党员干部带头跑销售、促生产，粗盐巴加工厂发展成为集采盐、储存、加工、包装、销售于一体的企业。在加工厂的储藏和包装车间里，我们看到码放整齐、包装大小不等的成品，5斤装的最好销，每包50元，主要是一些保健品厂需要。

在藏区，许多人对湖盐情有独钟，觉得用湖盐煮肉、打酥油茶，都有特别的香味。

离开盐湖乡，我们顺道去了文布当桑乡荣热人工种草基地，据说这也是一个高原景观。

汽车离开大路，拐进一条山谷，顺着山谷中的小河，渐次延展开一大片茂盛的草地，与周边的长势明显不同，这就是人工种草基地了。下了车，进到围栏围起来的基地里，才感觉到它的气势，有些地方的草已经长到一人多高，绵延到山脚。据了解，这个项目从2016年开始启动，采取平等自愿原则，按照每人一亩二的分包方式，固定承包给有种植意愿的牧民群众。基地严格实行“四带法”，乡党委书记带动班子成员、班子成员带动村“两委”、村“两委”带动牧民党员、牧民党员带动贫困群众，同时协调乡科技特派员，对种植作物的灌溉、施肥、收割等各个环节进行全方位指导，做到同种植、同灌溉、同施肥、同收割、同交易，分别试种了青稞、燕麦草、披肩草、绿麦草等。2017年试种的植物长势良好，特别是绿麦草，高度超过1.6米，每亩青干草产量高达600斤，获得阿里地区年度科技二等奖。2020年，在过去种植的1800亩的基础上，又增加了1500亩的平整土地面积。人工种草不仅增加了牧民群众的收入，还提高了牧业抗灾防灾的能力，牲畜的存活率大幅提高。

依托人工种草基地可以大力发展新型畜牧业，从过去的以放养为主，逐步转变为以圈养为主；从以天然草场养殖为主，逐步转变为以草料养殖为主。同时，依托奶牛养殖基地、牦牛短期育肥项目和绵羊短期育肥项目，实现“草变成肉、肉变成钱”和“草变成奶、奶变成钱”，真正改变传统的游牧方式。

这应该是人工种草最大的效益吧。

文布当桑乡属于高原内陆亚寒带干旱季风气候区，空气稀薄，气温低，水汽含量小，太阳辐射强，日照充足，降水稀少且集中，昼夜温差大，霜期长，空气十分干燥，风灾、雪灾频发，平均海拔4680米，在这样的地方人工种草获得成功，也是高原的一个传奇。

第六章　圆梦新居

早在几年前，圆梦新居易地搬迁点刚刚开始建设的时候，多琼就暗暗下定决心，一定要争取一个指标搬到这里来。那时候，多琼在工地上做了 2 个月劳务工，亲眼看见钢筋水泥的二层小楼一幢幢建起来，小的为 75 平方米，大的有 125 平方米。

多琼的老家在海拔极高的牧区，气候寒冷，牲畜少，灾害多。搬迁点就在改则县城边上，“圆梦新居”这个名字也好，新的家，还能够成就梦想。村里组织大家报名，多琼想也没想，第一个报名。当时许多人不理解，人生地不熟的，跑到那么远的地方，没有牛羊草场，他们去做什么？

虽说搬迁是在充分尊重大家意愿的基础上自愿报名，而且这是改则县的第一次易地搬迁，但报名的还是不少，经过审核、报批、公示等一系列环节，多琼顺利实现了自己的愿望。

不用操心水、电、上厕所、取暖这样的生活问题，孩子上学、看医生也比过去方便多了，告别了一年好几次转场的游牧生活，在自家加盖的近 20 平方米的暖廊里，多琼觉得自己像在做梦一样。

多琼现在是圆梦新居家政服务公司经理，每天开着拖拉机在县城送水，收送衣服，用汉语跟居民交流，进步很快。他们一家六口人，四个小孩有两个在内地上大专，三女儿在县里上初三，身边还有一个最小的女儿，她的理想是当一名医生。因为疫情影响，大儿子普布仁青还没有开学，现在帮着父亲干家政服务公司的活，老三帮着妈妈料理家务，一家人的生活井井有条，其乐融融。

如果没有搬迁，这个季节，多琼应该在离家里很远的夏季牧场，大儿子如果回家，也应该去牧场帮忙，而几个小的没有上学的话，都得由妻子全部照顾起来，不要说一日三餐，就是一起吃顿像样的饭，都是一种奢望。

“在牧区顶多也就是吃糌粑、干肉，喝酥油茶，在这里去外面想吃什么吃什么，火锅、炒面、干锅这些，香得很！”多琼说。如果在外面饭店吃到好吃的东西，多琼总是要问清楚是什么，下次发了工资，就带着家人去吃。

多琼家自建的暖廊简单而温暖，这样的暖廊，圆梦新居的44户搬迁户每家都自己加盖了，无论是简单还是富丽堂皇，在最显眼的地方，都挂着毛主席和习总书记两个人的画像。这会儿，圆梦新居的支部书记兼第一书记德吉康珠正带着新来的乡村振兴专干，找多琼的妻子商量妇联工作的事情。

前不久，圆梦新居社区居委会召开了第一次妇女代表大会，大会审议通过了《圆梦新居社区居委会妇代会工作报告决议》，选了主席、专职副主席，还有2名兼职副主席和5名委员，多琼的妻子扎桑也被选为委员。会议很郑重，新当选的主席嘎卓玛很认真地表示：“要肩负神圣使命，团结带领新一届执行委员会全体成员，认真履行工作职责，不辜负县妇联和改则镇党委、政府的重托，在今后的工作中，用实际行动向全社区妇女姐妹交上一份满意的答卷，努力开创圆梦新居妇女工作新局面，再谱巾帼华章。”县妇联主席央措卓玛就做好新一届妇联工作提出了三点希望：一是希望新当选的妇联班子认清形势，团结合作，共同做好圆梦新居妇女儿童工作；二是希望妇联工作人员进一步加强学习，注重沟通，立足岗位，起到模范带头作用；三是希望各位妇联干部扎实工作，在其位、谋其政，言必出、行必果，立足岗位作奉献，用妇女工作的优异成绩促进圆梦新居脱贫致富。

对扎桑这样从牧民变成城镇居民，新的生活刚刚开始的人来说，这样的场面未免太过严肃了，不过，这也体现了一种全新的生活正在这些草原牧民的面前展开。

多琼家的暖廊里种满鲜花，最多的是天竺葵，五颜六色，装点得暖廊格外温馨。多琼一家正围在一起观赏扎桑刚织好的一床毛毯，两个大孩子仗着从内地回来见识多，正在评头论足。三个在外读书的孩子都在家里，这是难得的团聚。见支书来了，扎桑忙放下手里的活迎上去，而德吉康珠和乡村振兴专干正是为了编织这件事情来的。

居委会妇联成立了，像县妇联主席说的那样，要“在其位、谋其政”“用妇女工作的优异成绩促进圆梦新居脱贫致富”。干什么好呢？新一届妇联班子成员有点发愁。居委会有了茶馆、洗车场、洗衣房，家政服务也干得不错，还有什么更适合的项目？有一天，德吉康珠在抖音上看见一种编织方法，不难学，织出来的东西也美观大方。她想到居委会还有不少像扎桑这样的家庭主妇，平常要照顾家庭孩子，无法离开，如果能够有这样一种活，既能照顾家里又能增加一些收入，多好！改则县冬天很冷，编织的毛毯肯定好卖。

说干就干。德吉康珠她们组织了七八个情况跟扎桑一样的家庭主妇，由居委会先垫钱买来毛线，德吉康珠和专干在抖音上学习技术后传授给她们。织一床毛毯快的 7 天，最慢 15 天也能完成，一床毛毯的利润将近 200 元都归织的人，不用操心销路，现在已经有人预定七八十床了。

让妇女在照顾好家庭之余能有一些收入，一方面提高了她们的生活质量，另一方面也可提高妇女在家庭中的地位，德吉康珠是这样想的。

家政服务公司刚成立的时候，启动资金只有 1000 元，买了几个水桶、扫帚、毛巾，就开始干活了。因为是县城第一家，也因为是易地搬迁的创业，市场需要，大家支持，打扫卫生、搬家、送水、洗衣，生意络绎不绝。而当初走出第一步，却是费了大劲。

圆梦新居是改则县第一个易地搬迁点，44 户居民来自全县六乡一镇，以前在牧场放牧，搬迁后，生活环境、生活方式的突然转变，使得许多人短期内不能适应新的生活，出门不辨路，买东西无法交流，特别是缺乏自主就业创业的知识技能和自信，一时间人心惶惶，六神无主。

圆梦新居第一批驻村工作队队长卓玛于 2018 年开始驻村，通过 2 个月的入户摸底调研，她发现了上述现象，同时注意到 44 户搬迁户中，有 38 户家庭的妇女除了接送小孩上学和照顾家庭外，没有其他工作。

搬出来只是第一步，还得搬得出、稳得住、有就业、能致富，让大家都过上更好的生活。针对这些问题，卓玛一方面给大家宣传党的各项惠民政策、扶贫政策，引导群众从“要我脱贫”向“我要脱贫”转变观念，另一方面利用自己的财经专业优势进行市场调研。卓玛发现，随着改则县经济的发展和干部群众家庭经济收入的提高，对家政服务的需求不断增加，发展家政服务市场条件成熟、需求广阔，同时可以有效带动贫困妇女实现就业。

什么是家政服务？家政服务都干些什么？如何同客户打交道？家政服务能带来什么效益？如何通过自己的劳动实现脱贫致富？……通过卓玛对一个个问题耐心细致的解释，一次次现身说法的传帮带，终于有人主动申请加入家政服务中心，多琼就是他们中的一个。

多琼记得，刚开始的时候，他们给居民送水上楼，是用水桶一桶桶往上提，在这样的高海拔地方，来回两三趟就累得精疲力竭。不久，驻村工作队就积极从县扶贫办争取到项目资金，接着兵分三路协同推进，第一组由卓玛负责，对招聘的员工进行短期培训；第二组由驻村工作队副队长负责，采购设备；第三组由驻村工作队队员负责，开展线上、线下的全县广告宣传。家政服务公司买回来了电动车、拖拉机、水泵，往楼上送水再也不用手提了。自治区支持的两个大洗衣机还在路上，到了以后，就能够承接宾馆、饭店的大件洗涤订单了。

“家政服务公司成立到现在，已经得到了大家的认可，每天都会接到许多订单，我们的收入也逐渐增多。”多琼自豪地给前来取经的人说。卓玛认为，圆梦新居家政服务公司解放了居委会女性富余劳动力，让她们家庭和工作两不误，除接送小孩上学和做家务外，也能赚取可观的劳务收入。最重要的是，通过开展家政服务，贫困群众面向市场就业创业的自信心和自豪感得到增强，为全县脱贫攻坚注入了正能量。

圆梦新居，这个位于改则县城的居民大院，在藏北的旷野里显得亭亭玉立。藏北风沙大，吹得塑料袋之类的垃圾四处横飞，但在圆梦新居看不见垃圾四散的情景，每天上午，居委会要求各家清扫门口，每周还有一次集体大扫除。

大院门口，改造升级的茶馆已经恢复营业，44户居民每户集资1000元建起来的简易茶馆，已结束历史使命光荣“退休”了。目前，茶馆不仅还清了大家的集资款，2019年每户还分红500元。茶馆经营的藏餐，用的是居委会牦牛养殖基地的肉，茶馆里的甜茶3元一杯，如果论壶卖，2磅的15元，8磅的也就35元，而藏面素的5元，加肉7元，咖喱饭和盖浇饭25元，价格还是很亲民的。茶馆和隔壁的洗车场一起，用美味和服务吸引着来县车辆检测中心检测车辆的客人，也吸引着来往的长途司机们前来落脚。

从2017年底开放入住的圆梦新居，到2020年已经实现了每个家庭至少一人就业的目标。加上观念的日益改变、环境的日益改善以及国家优惠政策的实施，圆梦新居的居民们不仅能够住新居，还能够圆梦想。

第七章　美朵村的一天

一大早，美朵村的驻村工作队队长李小云就开始张罗，今天是党员大会召开的日子。这几个月，8个村民小组除了外出打工的，其余都在夏季牧场忙活，因为是牧区，大家住得都比较分散，除了在微信群里给大家宣讲政策、布置工作外，村里的党员好久没有见过面了。

李小云在宿舍兼办公室里烧开水，副队长此曾多吉、队员扎多在村委会新建的会议室里打扫卫生。美朵村村委会是标准化村委会，规范的会议室，大大的暖廊，现代化的办公设备，文体活动场地、器械，一应俱全。召开党员大会是村委会的大日子，此曾多吉和扎多还准备了一些水果、干果。

扎多就是本村人，地区公安局在这里驻村以来，聘用他当驻村工作队的司机，一来帮助解决他家里的困难，有他一个人的工资，他家的脱贫就不是问题了；二来他熟悉村里的情况，是驻村工作队开展驻村工作的好帮手，最要紧的是他熟悉路况，在这样的高海拔牧区，不熟悉道路是非常危险的，而驻村工作队的性质要求其经常下到牧区，有一个技术好、熟悉道路、知道天气变化的司机，可以保障生命安全。扎多这几年跟着驻村工作队走家串户、进城开会，不仅学会了汉语，还见识了驻村工作队的日常工作，了解了机关工作的许多程序，说不定是村干部的苗子呢。

队长李小云也正是这样想的，所以，在驻村工作队在假期辅导村里中小学生功课的时候，也特意让扎多在边上听一听，多掌握一些文化知识。李小云这会儿烧好了开水，提着2个8磅的热水瓶上到206国道旁的美朵检查站简易房里，他知道，检查站这会儿正是需要开水的时候。隔壁便民商店的大嫂还没有起来开门，经过一夜值班，检查站的民警现在一定又冷又饿，拿开水泡一碗方便面，又暖和又解饿。

美朵检查站是公安一级检查站，因为在改扩建，现在临时在简易房里执勤。虽然是 8 月，但在藏北高原海拔超过 4800 米的草原上，晨风一吹，还是冷得刺骨，气温只有三四摄氏度。美朵村在阿里地区措勤县西南面 60 公里的地方，紧临日喀则，是阿里地区的东大门。这里全年无霜期仅有 80 多天，一年四季都得生火炉，这会儿，站长多吉刚刚把火炉捅开，李小云送来的开水正能派上用场。

多吉是地区公安局的干部，也是美朵村包村县级干部，检查站和村委会，就是一家人。晨风吹得简易房的铁皮屋顶嘎嘎作响，不时有拉夜活的大货车到来，在检查站进行例行检查、测量体温、看手机健康码和司机行程码。大车司机一般都知道检查站同志们的辛苦，很配合，请他们进屋暖和暖和，也都很客气。的确，这个临时建筑也就五六平方米，除开一张行军床、一张桌子和一个火炉，也就没有什么落脚的地方了。虽然简陋，但在简易房的外墙上还是有一个庄重的党徽，两边分别写着“党建引领”“大湖崛起”几个字，下面是“美朵公安一级检查站”和“美朵疫情监测点”两行大字，让人肃然起敬。再下面还有两行大字：“疫情是命令 防控是责任”“请主动配合公安、医务人员工作”。

2020 年疫情严峻期间，航班停飞、马攸木和泉水湖两个检查站关闭，美朵是进出阿里地区的唯一通道，想起那一段紧张的日子，多吉都不知道是怎么熬过来的。3~5 月，美朵夜里都是零下二三十摄氏度，滴水成冰，加上设备落后，基本没有什么防护措施，要对所有进出阿里地区的人进行全面检查和检测，有的要劝退，不理解的要耐心解释，生病的、出现高反的要及时救助，太不容易了。

疫情期间，有一对内地的年轻夫妻带着两个老人家，在马攸木检查站被劝返之后，不知怎么就把车开到了美朵检查站，到达时已是晚上。放行肯定是不可能的，但这个风雪季节也不能让他们开夜车返回。大概是因为一路不顺，客人的情绪很激动，大发脾气，说他们一天没有吃上热东西了。多吉心想："你们一天没有吃热东西，我们还一天没有吃东西呢。"因为所有的过路人员都要进行严格检查，进度很慢，加上人手紧张，公安和医务人员都没有时间吃东西，也尽量不喝水，没有时间上厕所。这里的海拔高度有 4862 米，一般人在这里超过一个小时，都会有不同程度的高反，多吉他们尽量争分夺秒进行检查，让大家都尽快离开这里。这不，刚消停下来，就碰到这一家子。

因为疫情防控需要，也不能把他们安排在村民开的家庭旅馆，多吉只好把他们临时安置在没有开张的食堂里。每个人的氧气必不可少，那都是检查站用慰问金购置的。还借给他们军大衣，送给他们方便面。这想要躲避疫情的一家人，在美朵检查站的食堂里度过了难受又难忘的一夜，也见识了美朵检查站的公安和医务人员的执着坚守。回到内地，他们寄来了一封热情洋溢的信，还把内地家庭的详细地址告诉大家，请大家到内地一定要去坐坐。

慢慢地，路过的车辆开始多起来。

美朵检查站每天过往的大小车辆多的时候超过千辆，检查站 13 名公安干警除去正常休假的，常年在岗也就 10 人左右，工作量不小。

检查站除了常规检查工作，还要保证公路沿线 100 公里的人员及车辆安全。执法与服务相结合，是多吉对公安干警们最基本的要求。检查站里基本是年轻人，有时执勤时间长了，脾气难免不好，多吉日常最常说的就是"放松心态，调整情绪"。这些年轻人 30 岁上下，但最多的在这里待了快 8 年了，长年累月面对茫茫雪野和苍凉草地，心情可想而知。

内地来的游客好奇心重又不知深浅，常常偏离公路到处乱跑，陷车是经常发生的事情。公安干警接到救急电话，什么时候都得出动救援。那些车辆出故障的、爆胎的、缺油的、打滑的，什么问题都有，公安干警们出去救援，搞得一身泥水不说，有的时候还得在野外当"团长"，这些都是额外的事情，无形中大大增加了工作量。

遇到最多的就是病号和出现高反的人。在检查站改造之前，多吉他们设了服务点，就是在检查站的一角摆几把椅子，准备了氧气瓶、开水、方便面，很管用。一些有高反的游客，看见这些东西，心理上马上就有一种安慰。当然，有时碰到车上有病重的，得开着警车护送他们到下一站。也有这样的情况，一车人里有一个出现高反不想走了，同车的就拜托检查站帮忙找顺道的车带回去，你说你能不答应吗？在检查站4年多，多吉记不清碰到过多少这样的情况了。现在，多吉最大的愿望就是检查站改造的时候能够单独建一个便民服务站，准备好氧气、床、沙发、火炉、大衣，再有一些常用药品，应急的时候，可以将就一晚，这样服务起来就更完善了。

村委会的会议室这会儿也已经聚了好多人。美朵村有51名党员，对于全村710多人来说，党员比例还不小，村委会成员除了妇女主任次吉卓玛，其他的也都到了。现在已经进入秋天，牧场上开始收羊毛，活少了一些，驻村工作队从前几天开始，该打电话的打电话，电话不通的带口信，要求是通知到每一个党员。

会议首先是传达学习近期的一些文件，了解8个村民组17个“双联户”这一段时间通过微信群学习的情况。2020年上半年结合疫情防控宣传了防疫知识，加强了对脱贫攻坚法律法规以及民族团结、参保入保知识的学习，美朵村结合阿里地区党建品牌创建，着力打造了“拥戴核心、一心为民”的“双心”品牌，在村干部和党员的推动下，也深入人心。

美朵村2020年的各项工作开展有序。年初，美朵村在周边工地积极协调，争取到2台小型装载机、3辆小型货车、1辆大型货车及15名群众的务工机会，务工报酬为每天200~220元，还管两顿饭，这些已通过村里的微信群向大家广为宣传，让许多没有积极报名的人后悔。村里的手工艺产品、服饰加工厂也都有一些收入。地区职业技术学校免费为村里培训了共10名装载机手和挖掘机手，前期27户易地搬迁群众也顺利入住，开始了新的生活……村里建立了建档立卡贫困户“一户一册”定期更新制度，一月一更新，一季度一汇总，跟踪掌握就业动态、收入情况、劳动技能、就业意愿等，帮助他们巩固脱贫成果。

美朵村的贫困户，从2016年的49户209人，到2017年的44户193人，2018年的37户154人，再到2019年初的26户85人，2019年底全部脱贫摘帽，一步步走来，在这样一个高海拔纯牧业山区，可谓历尽艰辛，驻村工作队功不可没。

2020 年 4 月的一个晚上，村里接到通知，说大专毕业生格玛石确被聘用到阿里地区一家酒店就业。格玛石确是一家建档立卡贫困户的儿子，酒店要求他本人尽快前去报到。格玛石确所在的小组没有手机信号，工作队马上派出 3 人开车到格玛石确家，在当天凌晨 3 点把他送到县城，并联系前往阿里的车辆，确保格玛石确能够按时报到上班。“一人就业，全家保小康。”为了一个人的就业如此大费周章，是因为帮助村民巩固脱贫成果，是驻村工作队的头等大事。

临近下午，党员大会结束，李小云和驻村工作队其他成员一起向“双联户”户长们了解前不久对全村煤、气、电设施开展安全检查和整改以后的情况，嘱咐他们一定要把炉子、电、煤气罐的使用常识和注意事项给大家讲透，有隐患及时排查，同时了解了村里 3 口水井的维修加固情况。

前不久，内地的一位企业家给村里捐助了儿童衣物、文具，老人过冬的棉衣棉鞋以及米面油等生活物资，这些都已经发到各家手里，现在，第三批捐助物资已经到了拉萨，第一书记欧珠罗布正在拉萨协调运输，李小云告诉各村民小组组长，到时候组织村民来领取。

这时候村支书贡布仁增拿着一份文件站了起来，老支书今年 70 多岁，党龄 40 多年，先后荣获各级“先进个人”称号 17 次，担任村支书 20 多年，在群众中威信极高。他手里拿的是《美朵村饮食结构调整工作方案》。你可别奇怪村委会和驻村工作队管得太宽，连村民吃什么都要调整。原来，美朵村的群众过去吃菜困难，加上不知道科学饮食，吃肉多，吃菜少，导致出现家庭肉食支出高、生活成本高、患病率高、治疗费用高、发病率高的“五高”现象。对此，驻村工作队和村“两委”商量过若干次，决定发放宣传品，上门送菜，给大家教授厨艺，特别是无盲区普及营养知识，鼓励大家少吃肉、少喝酥油茶，多吃蔬菜、多喝白开水，许多家庭做得很好，生活成本降低了，患病率降低了，医药开销也降低了。但也有一些顽固分子，声称“肉吃少了肚子里没有油水，干活没劲”。老书记今天有点生气了，他说：“实施‘让群众吃上蔬菜，改善饮食结构’计划，是为了让大家追求卫生健康，尽快适应即将到来的新生活，做‘讲文明爱生活’的新牧民，连这样一点不良生活习惯都改变不了，谈什么拥抱美好未来。以前靠着国家发放的补贴生活，每天除了将牛羊赶到草场，就是在家或茶馆坐一整天，父母不愿意让孩子上学，孩子也不愿意去学校，现在不都改变了……”

老书记的话让下面一些人面红耳赤，看得出是戳中了痛点。

接下来又到了辅导学生的时间，还没有开学的学生们都在农家书屋坐好了。过去给大家辅导功课的除了第一书记欧珠罗布，就是村支书贡布仁增，但今天不行。今天贡布仁增还要组织人员给美朵村 49 户和诺仓村 13 户建档立卡贫困户发放大米、面粉、酥油、砖茶、糌粑、衣物、水壶、炊具等帮扶物资。而其他参会的党员们以藏北草原的礼节互相道别，他们有的还要赶很长的路途。

今天，欧珠罗布收养的孤儿扎西卓玛当起了辅导员。16 岁的扎西卓玛和妹妹尼玛桑姆一个上九年级一个上六年级，因为家里没有大人，又要上学又要管家，一度十分困难。村“两委”和驻村工作队了解情况后对她们特殊关照，欧珠罗布跟家人商量好决定资助扎西卓玛到大学毕业。他告诉扎西卓玛：“从今以后你们两姐妹有家了，我就是你们的亲人，即使你成绩一般，我也不会停止对你的资助，你不需要羡慕其他同学，只要认真学习，健康成长，开心活泼，过好每一天。”

扎西卓玛曾经比较孤僻自卑，学习成绩也一般，经过欧珠罗布耐心劝导，加上学校老师悉心照顾，现在学习成绩上来了，自信也有了，像今天的这种辅导工作，也敢于承担下来了。

这个时间段，是检查站最忙碌的时候，从阿里地区出来的、从日喀则进去的车辆都很多，道路两边排起了队，公安干警有条不紊地进行检查，司机和乘客也都很配合。随着疫情的缓解，特别是西藏疫情防控取得了较好的成绩，进藏自驾游的车辆大增，这对西藏旅游业是好事，但多吉他们的担子就重了，不仅要提醒大家注意交通安全，还要行使防疫职责。好在还是秋季，气温虽然不高，但不算寒冷，那些从炎热的内地过来的游客有的衣物准备不足，多吉他们就主动到车辆跟前检查，以免他们受凉。

这时，从一辆面包车里下来好几个乘客，他们抱着红牛、奶茶、火腿、自热小火锅、自热米饭，东西很多，几个人也不说话，径直把东西抱进检查站。（像不像疫情期间新闻里所说的扔下什么就跑的场景？）不过他们没跑，一个长头发像艺术家的人问多吉还认识他不。多吉说当然认识，因为他那头长发太特殊了。那还是疫情最严重的 3 月间，此人带着一辆中巴，车里坐着 10 来个人，硬要去阿里，拿出了一叠各种证明，结果当然不行。这一位大吵大闹，声称要给地委领导打电话，多吉掏出自己的电话，调出地委领导的号码让他打，这一位又说车上坐着某某，车上果然有挺著名的某某，结果还是不行。原来这位是常年跑这条线的资深导游，一帮老客人在疫情暴发前就到了拉萨，以为可以前往阿里，但文件规定得明明白白。多吉为他们 10 来个人安排住宿，提供热水、馒头、方便面，这已经是那个时节美朵村最好的待遇了。这回这位导游带客人路过，专门前来表示感谢。

晚饭过后，美朵村村委会就基本安静了。前几天，太阳能机组有几块蓄电池出了毛病，现在村里除了给电脑和手机充电，其他用电一律停止。

在检查站，喜欢赶夜路的卡车不时路过，值班 24 小时也不能停止。

多吉在这里的睡眠很不好。毕竟年近 50 岁，跟年轻人不能比，加上大卡车呼啸而过，常常要熬到后半夜才能勉强入睡。这天，刚刚要睡下，电话来了，是 110 转来的，有一辆外地游客的车辆陷在了扎日南木错湖边。看来，这又是一个不眠之夜了。

第八章 响鼓重锤

清晨，当第一缕阳光照进新建的村委会服务大厅时，尼玛伟色已经从月亮湖边锻炼回来。在短暂的夏秋季节，他可不愿意把这大好的时光消耗在被窝里。

清澈平静的月亮湖倒映着漫天彩霞，让人的心情一下舒朗起来。尼玛伟色步履轻快地回到驻村工作队驻地，两个女队员已经烧好了茶，准备好了馒头、点心、糌粑，大家各取所需，简单解决早餐，随后到村委会各就各位忙碌起来。

2020 年是尼玛伟色参加工作的第 10 个年头。10 年前，这个日喀则的小伙子从西藏民族大学毕业后来到了阿里，头一站就在下吾村。下吾村就在尼玛伟色现在驻村的边山村的旁边，同属于措勤县达雄乡。尼玛伟色在基层工作几年后考到了阿里地区，现在是地委老干部局的干部。2019 年 1 月，他从日土县日松乡过巴村调整到边山村，在过巴村之前，他在达雄乡达瓦村驻村，现在已经连续驻村 3 年，可以这么说，尼玛伟色在达雄乡已经是三出三进。这里的山山水水，风土人情，包括许多群众，他都非常熟悉，来这里工作，他没有一点陌生感，现在，他担任驻村工作队队长兼第一书记，觉得身上的担子比前些年驻村时更重了。

建强基层党组织、打赢脱贫攻坚战、开展疫情防控、巩固脱贫成果，每一件都要真落实，尼玛伟色感觉到，这两年是解决事情最多，也是最有成就感的两年。

首先是抓支部建设。“给钱给物，不如建一个好支部。”边山村有党员 38 名，预备党员 1 名，积极分子 2 名，党员人数不算少，但牧区的特点是居住分散，这些党员一分散到各个村民小组，力量就显现不出来。加上有的党员村干部年龄偏大，汉语不好，政策理解能力欠缺，工作方法也不够科学，干事创业能力偏弱等。针对这些情况，尼玛伟色依托阿里地区深入开展“藏西先锋、红色阿里”党建品牌创建活动，扎实推进基层党支部标准化建设，实行党员积分制管理，签订党员不信仰宗教承诺书，提升村干部文化素质，提倡干中学、学中干，建立了驻村干部与村干部结对互帮的模式，积极培养村级后备干部。边山村有 8 个村民小组，按老带小的模式，每个小组配备了 2 名组长。年轻人有双语能力，理解力强，但没有老同志有威信，就让老同志带着他们做工作，给他们打基础，在工作中发现和培养后备力量。现在，已经有 6 名后备干部成长了起来，4 名是村民小组组长，2 名是护林员和草场保护员。这两年，村干部的面貌和素质都有很大的改观。过去，村“两委”一年到头来村委会的时间不多，2019 年以来，村“两委”几乎每周都在党群活动室与驻村工作队、第一书记讨论村里的工作，研究脱贫措施。

2020 年初，突如其来的新冠肺炎疫情打乱了许多既定的计划。随着疫情和防控形势的不断严峻，尼玛伟色带领村“两委”和驻村工作队积极落实防控措施，成立疫情防控工作领导小组，制订预防方案，充分调动党员干部的积极性，签订党员疫情防控责任书，对外来务工人员出行记录进行登记造册，实行基层干部区域分包责任制，制作疫情防控常识宣传手册，组建防控知识宣讲小分队开展入户宣讲排查，严格把好区域监管、疫情预防、舆论管控、疫情输入、物资储备五关，扎实开展疫情防控各项工作。

当时，许多牧民群众认为疫情远在天边，跟自己没有多大关系，加上平常大大咧咧惯了，并不十分注意个人卫生。尼玛伟色利用村干部给各家各户发放蔬菜等食物的机会，要求村干部积极宣传疫情防控知识。4 月间，边山村全体党员干部和驻村工作队队员自发捐款，支援武汉抗疫工作，老支书加参家境并不富裕，却主动捐款 1 万元，充分体现了老党员大爱无疆、维护民族团结的高尚情怀和崇高境界。

西藏的牧区大多海拔高，居住分散，做群众工作的难度无形中也增加不少，尤其是疫情期间，村里要求大家尽量少走动，但许多工作还得做。为了老百姓生产生活的安全，尼玛伟色的原则是驻村工作队多走动。边山村的卡达组距村委会有100多公里，一年四季路都不好走，汽车无法到达，除了骑马还得步行。尼玛伟色在走村串户期间路过一个牧场，感觉头重脚轻，还以为是自己前一天没休息好，后来有工作组用专业仪器测定之后，才知道那个牧场的海拔到了6200米。

走村串户，最重要的是发挥宣讲员的作用，用群众听得懂的语言，用他们喜闻乐见的方式，宣讲“两学一做”学习教育的内容，开展“四讲四爱”教育。这一点，尼玛伟色很自信，这么多年来，他知道怎样把文件精神变成接地气的讲解，也知道群众最需要什么。每走到一家，除了宣讲，了解那家人的身体情况、牲畜和草场情况外，他还要看看这家人储备的粮食蔬菜及卫生状况，对那些家里乱糟糟、头发乱蓬蓬的，他会直接动手帮助他们收拾。

发现问题比解决问题更重要，这是尼玛伟色多年工作的体会。牧民群众的脑瓜子不是不好使，因为生产生活环境的要求，他们观察事物、接受新鲜事物的能力有时超过一般人，只是由于长期单一放牧，许多人习惯于按部就班、听天由命，没有改变命运的主动性。针对部分贫困群众脱贫信心不足、发展动力不足的问题，尼玛伟色带领大家开展“感党恩、算富账、要稳定、求发展”活动，组织大家参观考察先进示范点，灌输自力更生、勤劳致富的观念，让“贫穷落后不光荣、好吃懒做很可耻”思想扎根在群众的脑海中。

2020年初，由村“两委”班子和驻村工作队组成的调研组，通过走村串户、问卷调查、开小组会，全面摸清了全村185户854人的生产生活情况，建档立卡贫困户的致贫原因、脱贫意向，汇总各项信息，制订了帮扶计划。沙石厂项目落地实施，落实15个建档立卡贫困户房屋的维修、新建，争取到村级转场公路的维修，安排26名群众外出务工，推荐12名群众参与技能培训，积极与国道建设项目协调，向施工工地投放劳动力30余人次、机械4台……这些具体而实在的举措，把志气、信心送到了群众的心坎上。

山高路远，过去牧民群众对孩子上学并不十分热心，随着观念的改变和生活条件的改善，控辍保学现在已经不是问题。村主任达桑过去是村里的宣传委员，他的一项主要职责就是动员每家每户把孩子送到学校去。现在边山村有 155 名在校学生，入学率 100%，村里把村集体收入的 20% 都用于对上学的孩子和没有劳动能力的老人的补贴。

2020 年，边山村的学前教育点正式启动，村里安排了 3 名职工：1 名教学老师、1 名负责做饭和学校卫生的生活老师和 1 名门卫，教学老师是幼教职业学校的学生，因为身体问题辍学，各方面考核均合格。学校刚开始有 18 个孩子，除了教授他们基本的知识，尼玛伟色要求，最主要的是教给孩子们好的习惯。牧民的小孩儿，因为游牧生活，时间观念差，尼玛伟色让老师制作一个时间表，除了早饭，其他两顿饭都在学校吃，中午也在学校休息。县教育局给教学点统一配备了服装鞋帽，村里买了大塑料桶给孩子们洗澡。一段时间下来，孩子们的卫生状况、精神面貌和礼貌习惯都与过去大不相同。因为营养均衡，孩子们的身体也长得好，家长们都争先恐后把自己的孩子送到这里。现在，许多孩子年龄不到，家长们也要送过来，不在乎有没有统一的服装，按他们的说法，就是“要从小养成好的习惯”。

时间已进入 9 月，夏季牧场的生产已逐步开始往冬季牧场转移了，这个时候，新一轮的宣传教育培训又该开始了。尼玛伟色已经与村“两委”商量好，利用年底的闲暇时间，在新落成的村委会服务大厅开展党员教育培训、后备干部知识培训，开办牧民夜校，让大家学习掌握最基本的汉语知识、打工技能。

为了使村里的后备干部更加成熟，尼玛伟色准备通过老师授课、现场观摩、经验交流的方式，让他们更加系统地了解基层党建、脱贫攻坚、乡村振兴、扫黑除恶等中心工作，明白共产党人的初心和使命，坚定跟党走的决心，提高依靠群众、为民服务、为民造福的能力。

按照年初的计划，边山村 2020 年的工作安排基本完成，尼玛伟色的驻村时间也快到了，但是，为了给 2021 年村“两委”换届打好基础，也为了交好驻村工作的接力棒，尼玛伟色已打定主意，向单位申请再延长半年的驻村时间。

第九章 种菜大姐

种菜大姐名叫巨莲芳，青海省海东市乐都区人，1966年生，已经50多岁了，老公叫顾德元，两口子是当地有名的种菜能手，经营着好几个蔬菜大棚。2016年，西藏阿里地区措勤县曲强村的高原生态畜牧业综合基地产业园找到他们，聘请他们两口子做技术员。高原生态畜牧业综合基地产业园听上去很“高大上”，来人解释想请他们去指导蔬菜种植。这个他们在行，但一听要去的地方海拔超过4700米，他们又有所顾虑：身体能不能适应暂且不说，要是种不出菜，脸上可挂不住。

措勤县方面的介绍人是当地人，在措勤县开酒店当了老板。老板的哥哥跟顾德元是朋友，知道两口子在种菜方面是一把好手，现在孩子大了，没有负担，了解到县里的需要，便跟弟弟极力推荐，弟弟也在县领导跟前拍了胸脯。为了不辜负朋友的举荐，顾德元也顾不了太多，买好车票独闯高原，临行前巨莲芳千叮咛万嘱咐，让他不行就马上回来，千万不能在阿里栽跟斗！

顾德元在产业园的辛苦没有白费，蔬菜种植很成功，不仅成功，品质还很好，受到了领导的肯定。第二年，50多岁的巨莲芳安顿好家里，也毅然上了阿里。

一直到20世纪末，西藏除了拉萨、日喀则、昌都等城市，许多地方吃菜还是问题，特别是一到冬天，一些如蒜苗、青椒等所谓细菜，还是难得一见的餐桌珍肴。这些年，随着温室大棚技术的日臻成熟和内地许多懂技术的农民进藏种菜，吃菜问题已基本得到解决。但是，在海拔超过4700米的地方种菜，是一件新鲜事。

过去，措勤县的蔬菜供应主要依靠拉萨、日喀则调运，价格比较高，蔬菜运过来也不太新鲜。生态农业产业园成了解决这个问题的一把钥匙。因为温室建设的标准高，再加上种菜大姐两口子带领大家精心管理，现在的20个大棚出产的品种有青椒、胡萝卜、西红柿、小油菜、白萝卜、黄瓜等12个品种，各种蔬菜参照日喀则蔬菜市场价格销售，不仅完全满足县城干部群众的需要，达到了“满足供应，降低菜价”这一目标，还正在改变着广大牧民群众的饮食结构。

曲强村在措勤县南边，离县城不远，全村有2个行政村8个自然小组，跟其他牧业村一样，也是居住分散，气候高寒。这些年，陆续移民搬迁了一些，措勤县城南扩，曲强村有一个自然组就在征地范围，村“两委”和驻村工作队号召征地牧民在县城购房建房，增强致富能力，也给全村的村民带个头，让大家更新观念，尽快完成从传统游牧到新牧民的转变。

早在2015年，措勤县委、县政府就着眼于促进全县畜牧业发展、改善县城肉类蔬菜供应状况，在曲强村开始建设高原生态畜牧业综合基地产业园。项目启动后，县委、县政府组织各部门成立了产业园组建工作领导小组，明确了9家成员单位的分工职责，按照集中连片的原则，制订了详尽的方案，最大限度地整合项目资金，确保了分工明确、组织有序，为园区建设提供了坚强的组织保障。

受地理位置、交通条件和自然资源等因素影响，措勤县整体发展速度较慢，经济水平和科技水平低，畜牧业发展水平落后，靠天养畜。持续增长的养畜需求与天然草场载畜能力之间的矛盾日益突出，建设综合性产业园、带动舍饲和半舍饲设施畜牧业发展、提升牲畜周转速度、缓解天然草场压力、保护生态，是畜牧业发展的必然趋势。

在项目选址和土地征用过程中，有关部门充分进行实地调研，综合考虑基础设施、交通、电力和地理位置等条件，最终选择了曲强村原有的农业开发项目点，前后召开了5次群众会议，广泛征求曲强村村民的意见。为确保产业园布局合理、功能协调，县里还专门聘请了专业设计公司对园区进行规划。通过产业园的征地、建设，曲强村的老百姓无形中受到了教育，观念也在逐步改变。

鉴于全县牦牛、羊肉制品交易存在不规范的实际情况，2019 年，产业园又改造升级为畜产品加工厂，立足于规范交易平台，延长物业产业链，增加牧民收入，打造集牲畜收购、屠宰、分类、切割、真空包装、销售于一体的产业模式，加强原材料干净、卫生、保鲜、无菌化处理，打造高原特色、无公害、无污染畜产品。除了在措勤县农贸市场销售，与县、乡（镇）学校签订肉类供应合同外，产业园还将市场拓展到了阿里地区农畜产品交流会，与河北省保定市徐水区建立合作关系。产业园汇集了牛羊短期育肥、牲畜屠宰、农畜产品生产、民族手工业产品生产、鞣制皮子、肉类冷藏、饲草料加工、肉类加工、蔬菜种植、人工种草等项目，可谓门类齐全。

产业园采取“基地 + 公司 + 合作社 + 贫困群众”模式，利用自身优势，对家中有剩余劳动力的牧户开展技能培训，提供就业岗位，除去人工种草、牲畜屠宰、肉类加工等项目外，还提供清洁员、冷库管理员、放牧员、风干肉加工管理员等就业岗位，帮助建档立卡户实现稳定脱贫。

除了务工及收购、销售牛羊，种菜种草也有收入。适合措勤县气候的燕麦草、绿麦草，每年土地平整、施肥、种植、灌溉、收割都需要人力，也要大量购买农家肥，因此可以帮助牧民增收。种植的燕麦草和绿麦草，鲜草产量每亩可达 1300 斤，干草 560 斤，既是园区的收入，也能够给村民分红。

曲强村依托产业园，不仅实现了建档立卡户的稳定就业，也培养了一批增长见识、学会新技能的新牧民，为曲强村未来的发展奠定了坚实的基础。

产业园位于措勤县城和曲强村之间，在高原连绵起伏的矮山脚下的一条小河旁，200 多公顷的园区整洁有序。靠近河边，种植用水就有保障，那些矮山，遮挡了高原的罡风，在这里形成了一个小气候。

因为离县城和村里都有一段距离，为了上班方便，巴桑她们几个都在园区附近租了房子，工作忙的这几个月，每天早上 8 点就要进棚，给蔬菜浇水、人工授粉、掐芽、间苗。

巴桑是曲强村村民，1962 年生人，快 60 岁了。2016 年，她和次仁旺姆、次旦旺姆、索巴因为家里困难，经过村民大会同意，被照顾安排到产业园上班，具体就是在温室大棚里干活。当了一辈子的牧民，不要说种菜，她们连铁锹也不会拿，对于那些田间地头的活计更是一窍不通。好在给她们当师傅的巨莲芳夫妇很有耐心，语言不通，就比画，教不会，他们就手把手示范，凡事师傅抢着干。次仁旺姆、次旦旺姆、索巴她们年轻一点，学得快，许多在她们看来很简单的事情，巴桑就是学不会。有段时间，巴桑产生了打退堂鼓的念头。巨莲芳知道以后，也不说什么，只是每天干活都把巴桑拉在身边，她怎么做就让巴桑怎么做，也不讲为什么，久而久之，巴桑就领悟了，现在许多时候是巴桑领着其他几个人干。

干农活跟放牧相比各有各的辛苦。放牧一年四季到处转场，辛苦自不必说，但自由自在。在产业园上班，没有风吹日晒，时间固定，收入稳定，但忙起来要从上午 8 点干到中午 12 点，之后大棚里太热无法干活，然后下午 5 点到晚上 8 点还要干几个小时。刚开始真有点吃不消，不过看见巨师傅两口子等大家下班了还要去收尾，还要自己做饭，巴桑她们就不觉得辛苦了。到了后来，因为对农活越来越熟悉，她们也就驾轻就熟，觉得轻松多了。

巨师傅两口子人真的好。老顾没什么话，每天就知道埋头干活。20 个大棚里，卖得好的像青椒、黄瓜、西红柿这些种 2 个棚，一些产量大的种 1 个棚就够了，2020 年还种了 2 个棚的西瓜，还没有完全成熟就被预订一空了。

2020 年，巨师傅两口子应该可以安心回老家过年了。来了这么些年，因为担心暖棚的过冬蔬菜，两口子回家过年也不踏实，现在巴桑她们不要说白菜、萝卜这些大路菜的种植、管理、收割，就是那些细菜的过冬管理，也不在话下。

过几天又要到国庆节和中秋节了，2020 年国庆节和中秋节是在一起的，种菜大姐巨莲芳在想大家聚在一起吃些什么。

从巴桑她们来的第二年起，每年端午节、国庆节和中秋节，巨莲芳夫妇都要做一大桌子的好菜，请在园区工作的藏族同志们一起聚餐。聚餐吃饭，大家不陌生，但餐桌上的每一个菜都是巨师傅他们两口子亲手做的，大家就觉得很惊讶，没想到自己园区里出产的东西，能够做出这么多好吃的。几年下来，这几个节日成了园区固定的聚餐日，藏族同志们从家里拿来牛羊肉、奶制品，也有巨莲芳夫妇没有见过的新鲜玩意儿。县里有领导听说这事，高瞻远瞩地说：这可是民族团结的典范。

巨莲芳倒是没有想那么多，这么些年，带着巴桑她们几个种菜，也不是什么了不起的事情，现在她们都能够独立操作了，语言交流上只要简单几个词语，彼此都能够领会，她们之间的感情，真不是师徒关系能够概括的。每年巨莲芳夫妇从老家回来，都忘不了给巴桑她们买一些礼物，而夫妇俩回家的行李，从来都塞满了巴桑她们带来的牧场特产。

按说，带出了徒弟，师傅就该收山了，按照当时的协议也有这个意思，但县里有关部门并不愿意结束合作，巨莲芳也对这里有了感情，愿意留下来继续干下去。后来，她还向园区党支部递交了入党申请书，在她看来，共产党员都是那些干活抢着干、做事情先想着大家的人，她也愿意成为这样的人。不过，蔬菜大棚的事情已经不用她操心了，按她的说法，就是“再干下去，好像跟巴桑她们抢活干了”。

“我种菜是一把好手，种树栽花也不赖。”巨莲芳说。在产业园里，有几个大棚的南边长满了高原上常见的波斯菊，这些波斯菊在阳光下争奇斗艳，茂盛地开放，旁边是前年种下的班公柳，已经度过了两个冬天。巨莲芳说：“我刚种的时候，有人说措勤从来没有人种活过树，如果养活了他愿意给奖金，这不，都过了两个冬天了。”种菜大姐巨莲芳想在措勤县种树，这样，她既能留下来跟藏族朋友们在一起，也能用她的一技之长，为措勤县的绿化做一些事情。

第十章　尼玛顿珠印象记

尼玛顿珠太有名了。

尼玛顿珠被誉为西藏牧区改革的“排头兵”。2018 年 12 月 18 日，尼玛顿珠作为西藏的代表，在北京出席了庆祝改革开放 40 周年大会，被授予“改革先锋”称号，获颁“改革先锋”奖章。西藏的另一名被表彰的人，是党员领导干部的楷模孔繁森。

全国获此殊荣的 100 人，不是赫赫有名的专家，就是大家耳熟能详的能人，是 40 年改革开放以来中国大地涌现出的杰出代表。尼玛顿珠的改革先锋证书编号为第 028 号，上面盖着两个鲜红的大印：“中国共产党中央委员会”和“中华人民共和国国务院”，这可不是随便什么本子都能够盖的。

2019 年 9 月，尼玛顿珠又获得第七届全国道德模范“全国诚实守信模范”和“最美奋斗者”称号。这些都是“国”字头的荣誉，能够获得其中一项，都是一般人不敢想象的。

到了改则县，我们第一个想到的就是去拜访他。跟乡里联系沟通后，我们得知他当时不在村子里，于是约好第二天早上见面。

第二天，我们如约到了物玛乡，抢古村村委会就在离乡政府不远的地方。乡党委书记郁春林告诉我们，尼玛顿珠现在正在几户村民家谈事情，要晚一点过来，他现在可以带我们先到村委会看看，在那里能够了解抢古村牧业改革的大概。

在抢古村新建的村委会大院里，一块巨大的靠山石上刻着几个鲜红的字：“阿里地区农村改革第一村”。乡党委书记告诉我们，这几年，县、乡党委始终坚持以抓班子、带队伍为抓手，督促和指导抢古村党支部加强党支部建设，牢牢把握“坚持党建引领牧区改革，群众增收致富奔小康”主题，紧紧围绕深化农牧区改革，传承先遣连精神，走出了一条自力更生、艰苦奋斗、开拓创新的改革之路。

抢古村牧区改革发展的成功模式，简单说就是“四个入股”和“六个统一”。“四个入股”是指牲畜入股、劳动力入股、联户放牧、草场流转；“六个统一”是指劳动力统一安排、草场统一管理、产品统一购销、经营收入统一分配、无劳动力和孤寡老人统一供养、在校生统一计分。以这个模式为基础，从 2015 年开始，抢古村生产力得到极大解放和发展，2016 年全村人均收入 13094 元，2017 年人均收入 14700 元，整村脱贫摘帽，2018 年人均收入 15547 元，2019 年人均收入达到 16035 元。

“在抢古村的牧区改革中，我们始终坚持党建引领。改革之初，要求村里党员带头，先行一步发挥先锋模范作用，与群众同劳动同收获。要求党员积极学习技术，提高施工队的技术水平，带领群众增加收入。发挥党支部、党小组的积极作用，设立党员先锋岗，示范带动群众。同时，优先帮助全村建档立卡贫困户中的党员脱贫，脱贫党员与贫困户结对帮扶，带头宣传精准扶贫政策，提高贫困户的思想认识。出台了贫困户管理办法，要求党员加强对贫困户政策落实情况的监督。动员和吸纳贫困户加入专业合作社，推动他们转变靠着墙壁晒太阳，等待国家优惠政策的观念，多劳多得，勤劳致富。想方设法给贫困户安排就业岗位，调动他们的劳动热情。从各方面全面推进改革，实现贫困户捆绑脱贫，让他们共享改革发展成果。”郁春林书记在一面面展墙前给我们热情介绍，如数家珍，十分明显地向我们传达着他的骄傲和自豪。

看完展览下来，尼玛顿珠还没有出现，我想，这么有名的人，见上一面不容易也很正常。郁春林书记似乎看透了我的心思，说：“要不我们到尼玛顿珠家里，那样还不拘束。”我有些犹豫了，冒冒失失跑到人家家里，总归不太好吧。没想到郁春林书记二话不说，领头就走，边走边打电话，我们也只好跟着过去。

横过317国道，往下走一点就是抢古村，进村口的地方有一栋房子挂着“路边茶馆”的招牌，再往里走，是一栋挨一栋带小院的单层房子，跟现在西藏绝大部分地方的安居房比起来，这些房子显得有点破旧。在一栋编号为222的房子门口，站着一个面带微笑的敦实汉子，他就是尼玛顿珠。我在2018年庆祝改革开放40周年大会的电视直播里见过他，但在这样一个场景下见面，我还是有点吃惊。进了屋子，我的吃惊又加了几分，屋子低矮不说，也比较暗。尼玛顿珠热情地招呼我们坐下，张罗着倒酥油茶。

这间屋子的格局跟牧区其他房间差不多，长方形的客厅兼作厨房和餐厅，正面的墙壁上挂着几张大的关于县城和布达拉宫的照片，靠墙是一排藏柜，藏柜上面摆放着一排约10来张各种证书，十分显眼。主墙与靠窗一面放着拐角的藏式沙发和一张矮柜，屋子中间是一个牛粪火炉。这样简单的家庭布局，在现在的许多牧区都难得一见了，没想到赫赫有名的改革先锋，现在住的地方还这样简陋。

就在这个客厅里，我们跟尼玛顿珠进行了近距离交流，深刻地感受着他的质朴和博大。

1965年，尼玛顿珠出生在抢古村一户普通牧民家里，作为家里的长子，尼玛顿珠6岁开始就帮父母放牧，对村里的情况了如指掌：自然条件恶劣，群众普遍缺乏受教育的机会，劳动技能水平较低，村级产业结构单一，“日出而作、日落而息”“靠天放牧、逐水草而居”，以放牧维持生计。

20多岁时，因成功化解一起两村间的矛盾，尼玛顿珠受到村民的尊重和信赖，被选为村委会委员。当时村里的有些村民家中没有牲畜，也不愿外出务工，因此村里贫富差距较大。得想办法改变这种情况，尼玛顿珠从那时起就产生了这个想法。

2007年，尼玛顿珠带着同村6个牧民成立了施工队。2008年夏天，政府划拨资金为改则县牧民建设标准化羊圈，其他村都是请外地施工队建设，而抢古村是自己完成的。当年，抢古村第一次有了牧业之外的村集体收入。接着，利用政府出台的农牧民贷款、税收优惠政策，从2012年利用村里集体资金开设茶馆到2013年集资办商店，再到2015年成立抢古村牧民集体经济合作社，人还是那些人，地还是那些地，观念的转变，使抢古村摆脱了落后单一的传统产业结构，让商品观念、市场意识在抢古村牧民心中扎下了根。

2015年是抢古村发展历史上十分重要的一年，这一年，阿里地区决定在改则县进行牧区改革，在全县确定牧区改革试点村。村“两委”班子积极争取，召开党员大会、村民大会宣传改革试点的好处，可以说，成为改革试点村，是当时的村“两委”班子争取过来的。尼玛顿珠知道，抢古村地盘小，草场小，只有改革才有出路。他也知道牧区的短板在哪里，知道牧民最想要什么，怎么样才能把大家的力量凝聚起来。

接到改革通知后，抢古村村委会和村民反复商议，2015年底定下改革方案：成立合作社，将零散的合作社整合为抢古村牧民集体经济合作社，促进村民与村经营主体“联产联业”“联股联心”，推动粗放落后的牧业生产向集约化、产业化、现代化经营发展，点燃了高原牧区改革的一把火。

抢古村下辖4个村民小组：阿热组、萨波组、尼玛组、玉地组，共有71户，在政府引导、群众自愿的原则下，全村85%的村民加入了合作社，其他9户有的长期在外面经商，有的对合作社不看好，没有加入。为了稳定合作社的架构，尼玛顿珠他们定了入社的3年门槛，即从2016年算起3年内不吸纳新成员，现在门槛期已过，绝大部分村民都加入了合作社，那些在外经商的村民也都把土地流转到了集体里。

金杯银杯不如老百姓的口碑，金奖银奖不如老百姓的夸奖。抢古村改革以牧业产业化为基础，实施多元一体经营，人人参与，人人共享。合作社建立了一套完善的分配制度，82%分红给社员，6%作为合作社管理人员的基本报酬，8%留作合作社风险资金和周转资金。参与合作社的建档立卡贫困户中的低保户和五保户，除享受相应的补助外，合作社拿出纯收入的4%给无劳动力的村民和孤寡老人分红，2018年每人分得了6088元。贫困户子女入学除享受应有的“三包”政策外，参加合作社后，按工分计算办法额外计100分，比如2018年一个工分是16元，贫困户凡有子女上学的，一个就可拿到1600

元。此外，合作社成员在集体不忙的时候可以出去打工，村里的地盘也可以让别人来经营，村委会已经在县城购买了地皮，准备建商品房出租……

原来的贫困户洛桑，一家两口人在牧区改革之前，依靠农村低保和政策性补助过日子，喝的是清茶，偶尔在市场上买一点儿比较便宜的植物酥油，每年只有两三只过冬羊，大部分时间靠亲戚接济。2018 年，他们家光酥油就分到了 50 斤，过冬羊分到了 32 只，分红和其他现金收入也拿到了 3 万多元。

我们在尼玛顿珠家采访时，他的老伴布西热在一旁不时添茶倒水。布西热比尼玛顿珠大 2 岁，身体不太好。他们的孩子才 5 岁多。作为支部书记，尼玛顿珠把村当家，开展了无数次调研走访活动，一次又一次开会研究，经常加班加点，到县城、阿里地区乃至拉萨开会、看项目、跑项目更是不计其数，这些都没有工分补贴。尼玛顿珠顾不上家庭和孩子，除了村干部补贴，他还得跟大家一样投工投劳以获得收入，2019 年他的劳动收入是 3 万多元，老伴没有劳动力，每年有合作社 5000 元左右的分红，因此这个家庭的条件并不是太好。提到这些，布西热说："虽然我们生活在一个村里，但一年到头一起吃不了几次饭，作为妻子，我也吵过、怨过，但作为一名村民，我很欣慰，他亏了我们这个小家，顾全了抢古村这个大家。"

采访告一段落，尼玛顿珠邀请我们到不远的洗沙场去看看，我们请他一起坐车前往，他亮亮手里的钥匙说："我还是骑我的'宝马'方便，等会儿还得到县里去谈事情。"他的"宝马"是一辆国产摩托车，抢古村离县城50多公里，经常这么往返，特别是冬天，可不是件轻松的事情。

洗沙场是村"两委"整合草补资金，让村民以不同数量现金的形式入股成立的，虽然 2020 年受到疫情影响，但整体效益还是不错的，尤其是到了后半年，随着许多工地开工，用沙量增加，都在加班加点干。洗沙场现在有 7 人就业，技术人员每人每天计算 16 个工分，我们到现场的时候，2 辆装载车正热火朝天地工作。除了这个洗沙场，合作社还经营着 1 个施工队，目前正在旁边的村子开展村级厕所围墙建设项目。还有 1 个牦牛养殖基地，现在有 6000 多只羊、400 多头牦牛，由 40 多个人放牧管理，放牧一天每人记 10 分。牧业有目标考核奖罚制度，如果成绩不好，罚款由牧业小组平摊。此外，还有3个集体茶馆、2个集体商店、1个农机修理厂、1个象雄半细毛绵羊短期育肥基地、2座蔬菜大棚和1个人工种草基地。

2019年，由政府投资在抢古村建起了一个冷库，冷库的最大库容是32吨，贮藏本乡和周边乡6个村的牛羊肉，当年10月开始运营，前后出库将近40吨，收购价每斤25元，卖出价每斤30~35元。“过去，我们都是在冬季集中宰杀牲口后各自运到城里面销售，现在可以随杀随卖，也能够进行季节性调整，等于是把市场建到了自己村头。”尼玛顿珠说。

在抢古村，每周部署工作，每月至少检查一次已成惯例。整合资源，切实把资源变资本，结合个人技能，科学分配劳动力，不仅提高了生产劳动效率，也解决了牧区长期以来的懒、散、慢问题。抢古村提倡多劳多得理念，明确提出“不劳作，不计分，不享红利”，优化配置各类资源，主动适应市场需求，积极推动传统牧业向集约化、规范化经营的新型牧业经营模式转变。抢古村牧区改革试点的成功，使这个317国道旁普通的牧区村声名远播。在这个过程中，尼玛顿珠始终是坚定的攻坚者、领路者、推动者。

尼玛顿珠说：“牧民变股东，就像把草拧成了一股绳，变得更有力量了。”这是就形式而言。在抢古村，看见尼玛顿珠见缝插针的时间安排，看见村干部和群众的精神面貌，我不由想起与尼玛顿珠同时被授予“改革先锋”称号的小岗村大包干带头人。40多年以前，平地起惊雷，小岗村18户村民以敢为天下先的精神，在一纸分田到户的“秘密契约”上按下鲜红的手印，实行农业大包干，开启了我国农村改革的序幕。而西藏牧区改革的“排头兵”尼玛顿珠，也是顺应时代召唤，不等不靠，敢闯敢干，带领全村干部群众大胆改革，从征求改革方案，到构建“基地+合作社+牧户”产业化平台，健全合作社管理办法，再到制定社员工分制、分红细则，他马不停蹄地工作，全身心地投入牧业改革的各个环节，是阿里高原上名副其实的最美奋斗者。

第四乐章

噶尔：县域新模式

引子

遥远的噶尔

噶尔县在阿里地区的地位首屈一指，因为阿里地区行政公署所在地狮泉河镇就是噶尔县的一个镇，阿里地区行政公署和噶尔县人民政府所在地隔狮泉河相望，在燕尾山下，形成一个完美的图案。

如果你从天空看下去，狮泉河镇就像一颗碧玉镶嵌在高原的大地上。燕尾山恰如万千燕子飞翔重叠，燕尾山下，康乐新居的房屋鳞次栉比。狮泉河如一条缎带，波光粼粼，由东向西穿城而过。这座九纵八横的城市，是方圆千里人烟最密集的所在。

噶尔和狮泉河，曾经是遥远地方的代名词，神秘，诱人，难以企及。而现在，它以一种昂扬的姿态，风姿绰约地展现在人们的面前。

狮泉河镇因狮泉河流经而得名，四周被喜马拉雅山、冈底斯山和喀喇昆仑山环抱，有如众山之子。狮泉河是印度河的上源，从冈仁波齐峰北面的冰川湖发源，经革吉县，一路奔流到狮泉河镇，在这里，地势变得平坦，水流逐渐缓慢，形成了狮泉河附近的冲积平原——狮泉河盆地。狮泉河盆地生长着阿里高原独有的茂盛的红柳，据老一辈人说，早些时候狮泉河镇的红柳滩，大卡车开进去都露不出顶来。

20世纪60年代初的狮泉河镇，城区面积不足半平方公里，居民400多人，道路全是沙石路，饮用水取自河水，照明靠油灯。这个时期，为了获得生活能源，居民和牧人不得不砍红柳为柴，在高原脆弱的生态环境下，大片的红柳很快消失殆尽。为了改变这种状态，从20世纪60年代中期开始，当地政府从200多公里外的班公湖移栽了红柳，并对红柳林进行严格保护。从那时候开始，阿里人便开始了寻找新能源、保护大自然的努力，这种努力一直持续到今天。

进入新时代，从中共阿里地委开展创建“藏西先锋·红色阿里”党建品牌活动以来，噶尔县委、县政府牢牢把握传承革命精神主题主线，以扎根边疆、无私奉献，对党忠诚、信念坚定，热爱祖国、维护团结，品行端正、纪律严明，善于管理、推动发展，朝气蓬勃、笃学敏行为标准，打造党员干部改革发展稳定先锋；以领导班子好、党员队伍好、工作机制好、工作业绩好、群众反映好为标准，创优建强基层党组织，牢固树立“大党建”理念，以党建引领各项工作，以狮泉河镇为中心，噶尔县的各个乡镇村居，干部职工创优争先，各族群众安居乐业，遥远的噶尔，已经成为祖国西部边陲一个戍边重镇，一颗耀眼明珠。

20年前，我第一次到阿里，从拉萨出发，经过一天的颠簸，在日喀则市区住宿一晚后，第二天继续往西，感觉就像行进在天边：四边是宽阔绵延的群山、低垂的天幕，草地上无数的车辙通向远方，若没有良好的方向感和娴熟的技能，在这样的道路上很容易迷失方向或驾驶失控。不远处不时有一团云朵飘洒着雨雪，草地上忽左忽右，有一簇一簇龙卷风孤独地游荡。过了马攸木检查站，就仿佛到了另外一个世界，那是一个似乎离现代文明很远还不为人知的世界。而今天，要从拉萨前往狮泉河，从贡嘎机场至昆莎机场只要一个多小时的航程，加上两边前往机场的路途，总共也不过五六个小时。如果驾驶车辆，快则两天就能到达噶尔，南北两线，俱是黑色路面，那些想展示自己的豪车性能、逞强斗勇的游客，有时会冒险把车驶向茫茫荒漠，把自己抛给未知的风险和救援人员。

作为阿里的中心，噶尔是西藏西部重要的交通枢纽，昆莎机场、正在建设中的普兰机场构成了充满活力的空中通道，有到西安、拉萨、喀什、乌鲁木齐等地的航班。219国道和317国道在这里交会，是连接新疆和西藏的大动脉。噶尔是新藏公路、日阿公路、黑阿公路的起始点，西通新疆喀什，南往札达、普兰，东去拉萨，像一只有力的臂膀，紧紧地挽住边疆与祖国。

现如今，无论你从东边的拉萨，或者北边的喀什，抑或你从空中翩翩而来，从南边的昆莎机场来到阿里，进入噶尔，还在很远的地方，你就会看见一座繁华的小城，在周边的荒漠中它是如此耀眼。一进城，“天上阿里欢迎你”的牌匾会让你如入天境，进城道路沿线一片新绿，一排排枝叶繁茂的柳树阻挡着高原的风沙，还有青海杨、班公柳、榆树、国槐、山杏，你都不能相信这是在高寒山区。在绿树中间，一簇簇景观花卉宛如迎接远方来客的笑颜，把笔直宽阔的大道点缀成一条独特的绿色景观长廊。再往城里走，道路两旁的乔木绿化带连接在一起，到处鲜花绽放，生机盎然。连绵群山怀抱中，一座绿色小城静静躺卧其中，仿佛一颗从天而降的绿翡翠镶嵌在荒原滩地上。眼前这个绿染黄沙的世界，无法使人们与记忆中茫茫戈壁飞沙走石的“阿里印象”联系在一起，更像是走进了一个绿色舒适宜居的地方。假如你是夜间抵达，狮泉河上一泓清水倒映着两岸街道的路灯和家家灯火，与满天繁星辉映，你会分辨不出这是在人间，还是在天上。

我国著名文学家、新诗奠基人之一郭沫若先生有一首诗歌叫《天上的街市》，诗中写到：

远远的街灯明了，
好像闪着无数的明星。
天上的明星现了，
好像点着无数的街灯。
我想那缥缈的空中，
定然有美丽的街市。
街市上陈列的一些物品，
定然是世上没有的珍奇。
你看，那浅浅的天河，
定然是不甚宽广。
那隔河的牛郎织女，

定能够骑着牛儿来往。
我想他们此刻，
定然在天街闲游。
不信，请看那朵流星，
是他们提着灯笼在走。

诗人把繁星满天的夜空，想象成点着无数街灯的天上街市，那浅浅的天河边，牛郎织女提着灯笼在街上闲游。你看那夜色中的噶尔，可不就是诗人想象中的天上的街市吗？

中国秘境，天上阿里。这里是我们这个星球上离天空最近的人居之地，晴空万里，大气稳定，空气洁净，成就了这里独特的星空观测资源。在狮泉河镇以南25公里的地方，阿里暗夜公园成了高端的户外星空观测地，吸引着许多天文爱好者和国内外游客。阿里暗夜公园位于阿里天文台山脚海拔4700米的山谷之中，是我国首家以星空观测、星空摄影、星空保护为主题的公园。在这里，人们可以通过专业的星空摄影设备、高倍率天文望远镜观测古老的星座，那些星座发出的光，可能来自亿万年之前；或者在这里仰望璀璨星空，成千上万颗星体组成的银河在头顶静静流淌，不时有一两颗流星从天际划过，仿佛银河里溅出的几滴水珠。在这里，你可以感受到“宇宙无穷，盈虚有数”的沧桑和“星垂平野阔，月涌大江流”的美妙意境。

而在距狮泉河镇中心约8公里的加木村，有一片狮泉河盆地最大的天然红柳林，这就是噶尔县有名的加木红柳湿地公园。在狮泉河支流加木河沿岸，大片的湿地、草地以及成片的天然红柳林组成了一道靓丽的景观。红柳是多变的，夏红，秋白，冬绿，河道两旁望不到尽头的红柳，在不同季节变换着不同的颜色。红柳林周边广阔的草地水草丰美，天然的水库碧波荡漾，这在林木稀少的苍茫高原上显得尤为秀美。

从星空璀璨的暗夜公园，到狮泉河畔的湿地、草场；从姹紫嫣红的红柳公园，到生态园区的热带风光；从康乐新居的安居乐业，到象雄广场、星空广场的载歌载舞，噶尔这座过去的“草原孤城”正以惊人的变化、迷人的景色，在高原的巍峨群山间、河流湿地畔，散发着独特的魅力。

如果你在冬天来到噶尔县，你会发现一个奇特的现象：在 -20 多摄氏度的环境下，狮泉河依然波光粼粼，常年不冻。这是因为狮泉河上游距离城区几公里的地方是狮泉河水电站，水流通过机组发电后，温度有一定的上升，所以狮泉河冬天不封冻，这也成就了阿里地区冬天充满生机的景观。偏高的水温遇到强降温天气，狮泉河面雾气弥漫，雾气不停地集聚、扩散，经过一夜的酝酿，最终笼罩了整个狮泉河镇，形成了狮泉河镇的大雾天气，行人走在雾气之中犹如迈进仙境。

噶尔，这颗藏西高原的明珠，四季不同天，年年换新颜。如今，噶尔各族人民告别昔日的漫天风沙，正以崭新的姿态迎接更加美好诱人的明天。

第一章　噶尔的前世今生

我久久地徜徉在狮泉河（森格藏布）的两岸，噶尔县，这座新兴的高原小城，随着夜幕慢慢降临，散发出一种独特宁静的气质。

噶尔县，北距新疆喀什1300公里，东去拉萨1655公里，西边的扎西岗乡典角村离城市中心只有80公里，那里是中印边境情况最为复杂的地段。漫步在狮泉河镇平静清洁的街道上，你无论如何都不会想到，在只需1小时车程的地方，就是我国的边境地区。你也不会感受到，在几年之前，这里还是常人难以涉足的地方，一方面因为它的遥远，道路艰难，另一方面也因为它地处边陲，抵达这里需要完备的手续和健康的体魄。

如今，人们已经很难体会到抵达阿里的艰辛，更领会不到当初阿里人生活的艰苦。奔腾的狮泉河被橡胶坝拦截，在噶尔城区汪出一泓碧波荡漾。在河流两畔的街道上，各类现代化的大楼鳞次栉比，里面水、电、暖气、网络等一应俱全。在高楼之间，绿色点染，高大的乔木和五彩花卉相映成趣，商店、超市、网吧散落分布，这里是新疆草原风情的餐厅，那里是陕西特色面馆，风味独具的藏餐更是比比皆是。在这里，你完全不能把它跟四面全是荒漠的高原小城等同起来，如果没有远方头顶白雪的山峰提醒，你会以为自己置身于内地某个小城，不由自主地加快步伐，如果那样，你会立刻体会到这里的不同，毕竟，这里的海拔超过了4300米。

曾经，这里少为人知，除了西藏、新疆与之相关的人，就只有那些热爱冒险关注边疆的人知道。出生于20世纪80年代之前的人，第一次听说阿里，可能大多是通过那部轰动全国的电视剧《孔繁森》。而现在的年轻人，说到阿里恐怕第一时间想到的是那个著名的阿里巴巴。曾经，阿里给人的印象是可畏的：这里平均海拔 4500 米，被称为“世界屋脊的屋脊”。这里一年 12 个月，无霜期不足 2 个月，常年平均气温在 0 摄氏度以下，冬天有零下 40 多摄氏度。一年 365 天，大约有一半日子刮七八级大风。作为阿里的首府所在地，“噶尔”这个名字更是很难为世人知晓。

恶劣的环境、艰苦的生活条件与淳朴的牧民，构成了曾经的“阿里印象”。

2018 年底，经国务院扶贫开发领导小组批准同意，噶尔县等西藏自治区 25 个县（区）符合贫困县（区）退出条件，正式脱贫摘帽。这是西藏自治区第一批退出贫困县序列的县级单位，噶尔县也是阿里地区这次唯一一个脱贫摘帽的县。

反贫困，是古今中外治国理政的一件大事，同时，减贫脱贫也是一个历史性、世界性的难题。早在先秦时期，我国就有“夫施与贫困者，此世之所谓仁义”的观点和论述。这些年来，我国脱贫攻坚力度之大、规模之广、影响之深，前所未有，谱写了人类反贫困历史的新篇章。

2018 年，习近平总书记在给“改革开放与中国扶贫国际论坛”的贺信中指出：中国作为世界上人口最多的发展中国家，一直是全球减贫事业的积极倡导者和有力推动者。新中国成立 70 年来，中国共产党领导人民自力更生、艰苦奋斗，为解决贫困问题付出了艰辛努力。特别是 40 年前，中国开启了改革开放的伟大历程，同时也开启了人类历史上最为波澜壮阔的减贫进程。过去 40 年来，中国人民积极探索、顽强奋斗，实现 7 亿多贫困人口摆脱绝对贫困，创造了人类减贫史上的奇迹。

西藏是我国 14 个集中连片特困地区中贫困程度深、贫困发生率高、脱贫任务重的地区之一，基础条件差，致贫原因复杂，民族、宗教、维稳问题交织。而阿里，这个西藏最偏远的地方，更是西藏脱贫攻坚的难中之难、坚中之坚。西藏举全区之力，五级书记抓乡村振兴，脱贫攻坚取得了令世人瞩目的成绩，成为全国脱贫攻坚战场上战果辉煌的地方。

2020 年是全面建成小康社会、决战决胜脱贫攻坚和“十三五”规划收官之年，也是西藏自治区成立 55 周年。自和平解放以来，在中国共产党的领导下，西藏社会实现了由封建农奴制度向社会主义制度的历史性跨越，西藏发展实现了由贫穷落后向文明进步的伟大跨越，成就了“短短几十年，跨越上千年”的人间奇迹。尤其是党的十八大以来，党中央高度重视扶贫工作，对西藏脱贫攻坚给予了巨大支持和特殊关怀，为西藏决战决胜脱贫攻坚提供了强大支撑，注入了强大动力。

几年来，西藏贫困人口识别准确率、贫困人口退出准确率均达到100%，扶贫综合满意度达到94%，高于全国平均水平，全区累计实现了62.8万贫困人口脱贫，74个贫困县（区）全部摘帽，贫困发生率降为零，农村居民人均可支配收入从2012年的5697元增加到2019年的12951元，成为继西藏和平解放、民主改革和改革开放之后西藏发展史上的又一里程碑。西藏历史性地消除绝对贫困，极大地增强了西藏各族干部群众对习近平总书记、党中央和伟大祖国的深厚感情，培养锻炼了一支对群众有感情、对基层有了解、工作有能力、干事有办法的干部队伍，铸牢了西藏各族人民的中华民族共同体意识，筑牢了国家安全屏障、生态安全屏障，彰显了社会主义制度和民族区域自治的无比优越性，扩大了共产党领导下西藏长治久安和繁荣发展的国际影响力，赢得了维护社会稳定和反对分裂的政治主动权。

党中央高度关注脱贫工作，脱贫攻坚也是习近平总书记心里最牵挂的一件大事。在贵州考察时，习近平总书记说：“脱贫攻坚是我心里最牵挂的一件大事。这次我专程来看望乡亲们，就是想实地了解‘两不愁三保障’是不是真落地，还有哪些问题。小康不小康，关键看老乡，关键看脱贫攻坚工作做得怎么样。全面小康路上一个也不能少。”总书记的谆谆教诲言犹在耳。在2020年即将过去的时候我来到阿里地区，来到噶尔县。虽然已近冬季，但依然能够感受到这里绿色围城的痕迹，依然能够感受到高原小城宣传贯彻中央第七次西藏工作座谈会精神和十九届五中全会精神的热潮，在与阿里地委委员、噶尔县委书记高宝军同志的谈话中，我依然能够体会到他毫不松懈、撸起袖子加油干的干劲和豪情。

发展生产脱贫一批，易地搬迁脱贫一批，生态补偿脱贫一批，发展教育脱贫一批，社会保障兜底脱贫一批，这些年，噶尔县因地因人制宜，缺什么补什么，能干什么就干什么，扶到点上扶到根上，打造了一批经过时间检验、叫得响立得住的典型。

在噶尔县燕尾山下，一排排崭新民居十分醒目，这里是噶尔县康乐新居易地搬迁点，共有714户居民，他们是来自阿里地区5个高海拔县的贫困户，现在人数已有3000多人，康乐新居是阿里地区最大的社区（村居）。2016年，噶尔县利用中央和自治区投入的资金开始修建，目前已经粗具规模，居民都开始从牧区搬进城市，正在实现从牧民到居民的转变。

脱贫攻坚战打响以来，噶尔县精心编制全县脱贫攻坚“十三五”规划和产业扶贫等9个专项规划，提出了“一年打基础，两年保脱贫”的工作思路，规划实施“123456”工程，成立脱贫攻坚指挥部，下设12个专项组，制定全县精准扶贫精准脱贫工作责任体系、干部驻村帮扶考核办法、精准扶贫问责办法等系一列规章制度。

围绕“藏西中心·党建先锋”党建品牌创建，以打造“党支部＋合作社＋农牧民（贫困户）”集体经济发展模式为抓手，全面强化村党支部在脱贫攻坚中的引领作用。投入资金对全县村（居）组织活动场所实施了新改建工程，全县15个村（居）组织活动场所均达到标准化建设水平。配齐所有村（居）第一书记，配齐配强村（居）组织班子，为脱贫攻坚提供了坚强的组织保障。

近年来，噶尔县还成立青嘎尔投资有限责任公司，出台产业扶贫项目管理办法等规章制度，建设阿里地区扶贫产业中心、康乐新居商品房等9个产业扶贫项目，打造了噶尔县生态农业产业园、昆莎现代农牧科技示范园、噶尔亚沙高原设施农牧示范园等3个产业示范园，成立18个农牧民专业合作社，大力发展苗木花卉、蔬菜水果、特色养殖、观光农业等生态休闲产业，2018—2019年实现收入2070万元，带动372人就业，836户3380人参与合作经营，累计分红资金521万元，全县农牧民人均增收1693元。

此外，还投资6.35亿元新建康乐新居、噶尔亚沙新村两个易地搬迁小区，共建设751套安置房及附属项目，安置阿里地区5个县贫困户751户3105人。

抓住边境小康村建设机遇，投资 3.65 亿元，建设典角、扎西岗、鲁玛、门士、索多 5 个边境小康村。

制定全县转移就业“十三五”培训规划，重点开展驾驶技能、蔬菜种植、农机维修等 9 项技能培训。2018—2019 年累计投入 194 万元，举办农牧民技能培训 38 期，参训人员达 629 人，其中贫困人口 385 人，实现转移就业 526 人，其中贫困人口 225 人。

认真落实民政兜底保障政策，全县 228 户 515 名低保人员实现应保尽保，37 名五保老人、11 名孤儿实现供养、供上学。全面完善县乡村三级医疗卫生服务体系，建立贫困人口电子健康档案，全县贫困户新农合参保率达 100%。针对特殊困难群体，全力做好临时救助，共发放农村医疗救助 162 人 41.7 万元、大病救助 16 人 35.35 万元、临时救助 64 人 23.4 万元，兑现 386 名残疾人“两项补贴”51.02 万元。

优先从建档立卡贫困户、农村低保人口及农村边际人口等农村低收入家庭中选聘有劳动能力的群众从事生态管护工作，2019 年全县生态岗位上岗人员达 3126 人，近 3 年来已累计兑现生态岗位资金 2907.3 万元。

全面开展党员干部结对帮扶活动，落实各类帮扶资金 300 多万元，实现结对帮扶全覆盖，落实帮扶项目 14 个、资金 600 多万元。大力推行“十企帮十村”行动，12 家民营企业 2 年共扶持资金 340 万元，帮助 24 名贫困群众实现就业。

抢抓自治区实施“十项提升”工程政策机遇，这两年累计投资 10.08 亿元，实现了村村通油路、组组有水吃、户户用上电、网络全覆盖、村村有阵地，全县各项社会事业取得突破性发展，广大群众生产生活条件得到极大改善。

噶尔县委常委、组织部部长邓成才是一个干练的年轻人，在他的脑子里，这些数据和材料熟悉而准确。到实地走走，体验、感受一下噶尔县的山山水水、人民群众的生产生活，是我现在最想要做的。

第二章　四个坚持

“第一站想去哪里？”高宝军同志问我。

“典角村！”我脱口而出。

典角村是噶尔县最抵边的一个村子，地处中印未勘定边境地区，距离噶尔县城所在地只有80公里。这几年，典角村以党建带动，守边固边工作十分出色，到那里看看，一直是我的一个心愿。

“去那里也不错，路程比较近，还可以顺便看看吉德尼玛衮刚到阿里时建的城堡遗址和甘丹次旺最后待过的寺庙。”吉德尼玛衮和甘丹次旺都是阿里乃至西藏历史上很著名的人物，同为文学写作者，高宝军知道我会对这些也感兴趣。

高宝军同志是阿里地委委员、噶尔县委书记，也是我此次重点采访的对象。见到他之后，他却告诉我，他自己没什么可采访的，每天就是那么些事情，县委的日常运作、农牧区的脱贫攻坚、老百姓的平安冷暖，都平平常常。他说我更应该到基层去看看，边境建设、易地搬迁、村居标准化、产业带动脱贫等，任何一件事情，在噶尔县都是开天辟地的壮举。一说起工作，这位看上去有些腼腆的汉子便滔滔不绝起来：“典角村的建设，我的理解，就是抓住了四点：配强班子、建好房子、多赚票子、守牢卡子。”

我的这位作家同行之前是延安市委正县级的副秘书长，2013年7月主动向组织申请援藏，从革命圣地延安来到阿里工作，先在阿里地区普兰县担任县委书记。在普兰县工作3年，他带领普兰县干部群众抓党建、促发展、保稳定、惠民生，在祖国最艰苦的地方谱写了一曲人生壮歌，被西藏自治区评为“全区民族团结进步模范个人”，连续3年荣获“优秀援藏干部”称号。

2016年7月，他被中央组织部授予“全国优秀党务工作者”荣誉称号。

2016年援藏期满，高宝军申请调藏工作，担任噶尔县委书记。由援藏到调藏，高宝军迈出了很多人迈不出去的一步。

2018年底，西藏自治区宣布25个县（区）脱贫，噶尔县榜上有名，成为阿里地区第一个脱贫摘帽的县。干部群众都说，这和高宝军书记的付出是分不开的。刚刚接任的时候，噶尔县贫困发生率达20%，高宝军立下“不摘穷帽交官帽”的军令状，利用一个多月时间跑遍了全县5个乡镇15个村（居）500多户贫困户。如今，高宝军已走遍全县3000多户农牧民家庭。他联系陕西纺织企业帮扶噶尔县易地扶贫搬迁群众学习纺织技术，还创造性地在阿里高原发展无土栽培果蔬种植，开展种树工作。这场“绿色革命”不仅缓解了干部群众吃菜难题，让阿里变绿了，更让数百名群众有了一条稳定增收的致富路。他也因此被群众称作“菜篮子书记”“种树书记”。而边境地区建设，更是高宝军心心念念的头等大事，只有边境建设好了，所有的付出才有保障，只有边防安定，才是对国家最大的贡献！

阿里地区行政区划面积与3个浙江省相当，有30多万平方公里，但人口仅11.9万人，不如内地有的县的一个乡的人口数量。因地理位置偏远、交通基础设施薄弱、自然条件恶劣、生活成本高等，脱贫攻坚难度大。在中央和西藏自治区的关心支持下，阿里地区干部职工抓关键、补短板、攻难关，不因地处偏远而降低扶贫标准，在最艰苦的地方向贫困发起攻坚战。像典角村这样的地方就是典型。

陕北高原的风霜和阿里高原的冰雪，给高宝军的脸颊涂抹了一层黑红的釉色，这位身材修长的陕北汉子身上，如今更多了一分阿里人的粗犷，不过，他说起话来，依然有些文化人的慢条斯理。高宝军书记告诉我，要做好边境地区工作，就要做到“四个坚持”。

第一个坚持，就是坚持党建夯实战略，给乡村配强班子。习近平总书记嘱咐西藏各族人民要做“神圣国土守护者，幸福家园建设者”，神圣国土守护得牢不牢，幸福家园建设得好不好，一定程度上取决于各级班子配备得强不强，党员干部作用发挥得好不好。因为边境地区，是蚕食与反蚕食、分裂与反分裂的前沿，比非边境地区更需要一个坚强的班子和一批得力的党员干部。这几年，典角村党支部把加强自身建设摆在突出位置，抓住近年来大抓特抓基层的有利契机，主动争取，推动村干部与包村领导、驻村工作队、第一书记、乡村振兴专干结成帮带对子，主动学文化、学政策、学技能，不断提升村干部自身素质和能力，同时还争取资金建成集党员活动室、农家书屋、村史馆、远程教育点于一体的村级组织活动场所，确保村干部和党员学习有场地、有途径。另外，还加强村级后备力量培养，在返村知识青年、“双联户”户长、护边员、致富能人中，有针对性地加强培养，培养村干部后备人选 12 名，为村级组织输送源源不断的新鲜血液。

整个噶尔县，最近几年坚持的原则就是能人往边境派，干部在边境选，2019 年以来，就向边境一线充实调整优秀干部 26 人，培养边境一线后备力量 72 人，配齐配强了县乡村三级力量，建立健全了各项规章制度，积极发展壮大党员队伍，确立了抵边放牛羊、贴边建住房、沿边巡敌情、靠边兴产业、固边强党建的“五边”工作思路，并在边境一线巡逻点、放牧点成立临时党组织，扩大党的组织和工作覆盖，使边境一线乡党员比例达到 20.2%，边境一线村党员比例达到 23.1%，从而使基层党组织成为护边兴边的坚强堡垒，党员成为护边兴边的钢铁长城。高宝军说他觉得边境地区组织和政权建设工作，从噶尔县的情况看，配强班子选对人，是重点中的重点。

第二个坚持，就是坚持政策扶持战略，为群众建好房子。家的核心是房子。房子建得漂亮，群众就住得踏实，边境才可以巩固。最近几年，噶尔县紧紧抓住国家和自治区兴边富民政策的机遇，大力实施兴边富民政策扶持战略，全面加强边民的住房、基础设施等建设和村容村貌整治，实现了最好的房子在边境，最好的基础设施在边境，广大边民由过去围着寺庙转、围着神山转变为围着活动场所转、围着村委会转、围着市场转，普遍感受到了“山这边比山那边好”，幸福感、自豪感、获得感显著增强。典角村居民由 20 世纪 80 年代的 3 户 13 人增加到目前的 51 户 171 人，党员由 3 人增加到 40 人。

现在又启动了极高海拔生态搬迁工程，未来将有更多的农牧民贴边居住。这么多农牧民到边境一线居住，就是最好的神圣国土守护者。

第三个坚持，就是坚持产业支撑战略，让边民多赚票子。富边是稳边的前提。要想国土守得好，就得群众过得好。从噶尔县这几年的边境情况看，要处理好既不影响国家外交大局又不丢失神圣国土二者的关系，依靠群众力量是最有效的途径。当前噶尔县边民主要依靠国家补助的政策性收入和放牧收入维持生活，随着人口的逐渐增多和现有草场的退化，培育一个稳定的产业显得尤为重要。所以，在边境地区培育旅游产业、文化产业、设施农牧业等产业，很迫切也很必要。有必要通过产业培育、政策扶持，让边民的口袋与脑袋共同富起来，进一步增强感党恩、听党话、跟党走的思想自觉和行动自觉。因此，典角村党支部大力发展集体经济，采取“党支部 + 合作社 + 农牧民（贫困户）”的模式，成立典角村农牧民专业合作社，经营范围涉及牧家乐、商店、劳务创收队等。2019 年合作社纯收入超过 51 万元，吸收建档立卡贫困户 15 人就业，群众分红了 9 万多元，他们主动作为，动脑筋想办法，取得了不俗的成绩。

第四个坚持，就是坚持群防群治战略，在边防守牢卡子。任何一个边境地区，特别是毗邻印度或印控的边境地区，蚕食国土、分裂渗透、走私偷渡、潜入潜出等不可避免。要确保边境安全，最好的办法就是群防群治。这些年，噶尔县按照“点线面卡站结合、党政军警民联防”的办法，统筹全县力量，教育边民牢固树立国家意识，从而构建起生产是执勤、放牧是巡逻、人人是哨兵、家家是堡垒、处处有防范的维稳防控格局。典角村党支部还突出共建守边，借助驻军部队党组织党建优势，邀请驻军部队官兵组织边境党员群众广泛开展爱国主义、民族团结、国防教育、法制宣传、新旧对比等主题教育，旗帜鲜明揭批达赖集团，让老百姓真正明白“团结稳定是福，分裂动乱是祸”的道理，增强爱国意识、边防意识，积极探索推行机制稳边、监控覆边、放牧抵边、党员护边、群众守边的全民固边模式，组建以党员为骨干、群众广泛参与的巡边护边队、社情民意收集队、民兵执勤队、应急小分队，2020 年以来就完成巡逻、维稳执勤任务 140 余次，参与的党员干部群众有 550 余人次，切实筑牢了边境和谐稳定的钢铁长城。

高宝军掰着手指头跟我一一道来，最后说：“你去实地看看，比我给你讲三天三夜都有说服力。”

第三章　边境第一村

出了狮泉河镇，沿狮泉河一路向西，扑面而来的是满眼的土黄色，其中零星夹杂着几簇趴地的灌木丛，这是阿里高原深秋常见的景象。

道路都是黑色柏油路面，没有扬尘漫天，越野车行进的速度很快，过鲁玛桥，拐了几个弯，突然眼前出现一片绿地。原来，狮泉河在这里蜿蜒向前，漫出一大片湿地，湿地的周边长满绿草，几十头牦牛远远近近散落着，在草地上悠然觅食。在朝阳的照耀下，远处的雪山熠熠闪光，四周的荒凉映衬着这团水光山色，好一派美丽的高原风光。同行的摄影师摇下车窗，惊呼："快看，有仙鹤。"果然，湿地边赫然站立着几只大小不等的黑颈鹤，仰着头远远地注视着我们。

看见当地带路车没有停下的意思，我们也只好遗憾地驱车跟上，摄影师举着长焦相机半天舍不得放下。

我们走的是过去的老路，再往前就是典角村所在的扎西岗乡。1959 年，西藏反动上层叛乱，那里的许多老百姓被裹挟到了国外，典角村当时只剩下 3 户人家。就是这 3 户人家，在当地驻军官兵的帮助下耕田放牧，与官兵们一道守边巡逻，度过了艰难的岁月。1984 年，100 多公里外的狮泉河镇加木村嘎玛次仁一家和其他几户人家搬到这里。然而没过多久，就有两户人家忍受不了边境一线的艰苦生活，返回了加木村。在此后的许多年里，嘎玛次仁一家和其他几户人家在满目砾石的土地上开荒，在终年不息的大风中建房，顽强地在边远的典角村扎下了中国老百姓的根。直到 1990 年，又有一些群众陆续搬过来，典角村才有了村庄的模样。现在，经过 20 多年的发展，典角村已经有 51 户 170 多人。这个故事很有典型意义，所以我们在此次调研的行程中临时加入了前往典角村采访的内容。

因为典角村地处边境一线，前往那里要先到扎西岗乡。于是我们先到乡政府落脚，乡政府就在这一片湿地旁边，进了大门，乡长王清军已经在那里等候了，寒暄之后，乡长跟陪同的当地干部说，还是去生态园吧。

应该是养着一些绿色植物的茶室之类吧，我想。在西藏高海拔地区，稍有条件的地方都建一些这样的场所，占地二三十平方米，有一些盆栽植物，空气的含氧量和湿度都会比外面好一些，有利于调节身体。这样想着，大家跟着来到乡政府院内两栋两层周转房宿舍楼跟前，在两栋楼之间，像工厂的车间一样架起高大的铝合金棚子，做成玻璃阳光棚，把两栋楼完全封闭式连接起来。

进入高大的铝合金大门后，我一下子目瞪口呆了——我眼前是一片绿意葱茏的植物海洋。虽然在进到乡政府大院之后，看见左右两边小楼跟前都栽种着花草树木，不同颜色的鲜花迎着阳光开放，在雪山环抱的荒凉环境里，已经十分赏心悦目了，但进到这一个阳光棚里，见到一个高 10 来米、宽近 20 米、长近 60 米的巨大温室，温室里甚至还修了两个凉亭和六七个几米见方的花坛，花坛里种着扶桑、铁线莲、金盏菊、波斯菊、蜀葵、天竺葵，林林总总，不下 10 种花草，还有鹅掌木这样的绿色盆栽植物，繁花绿叶间，夹杂着几株小树，完全是一座植物大观园啊！空地上，乒乓球台、台球桌、休闲茶桌一应俱全，两面墙上的学习宣传栏也丰富多彩，在一楼的一个单元房里，还辟出了几间专门的吸氧室……我在西藏基层行走，断断续续也有 30 多年了，这样的条件，完全出乎我的意料。我跟王清军乡长感慨了几句，乡长说，这几年国家各种政策向基层倾斜，现在阿里几乎所有的乡镇都是这样的配置，人才进得来留得住，条件是过去没法比的，叫“现在比过去好，边境比后方好，这边比那边好”。这三个好，真没得说。

跟边防部队沟通后，他们同意我们前往典角村。继续沿狮泉河西行，我们就到了这个有名的边境第一村。近年来，典角村以噶尔县“藏西中心·党建先锋”党建品牌创建为总目标，以党的建设统领各项工作，各项事业蓬勃发展，成为阿里地区乃至西藏自治区边境村建设的一个典型。村庄坐落在一片开阔的土地上，对面就是被印度占领的巴里加斯地区，驻村干部领我们到村西头的一个平台上，能够看见对面村庄稀疏的土坯房，相距不过千米。据说对面看见我方经常有人前来，将那些土坯房都粉刷了一遍。在那些房屋背后，是一面巨大的山坡，顶上的碉堡历历在目，驻村干部说，这会儿对面的山上肯定有望远镜看着我们哩。

“他们能看见我们？”同行中有人好奇地问。

驻村干部说：“岂止能看见，我们村子里干部群众的一举一动，他们都看得清清楚楚，其实你们从乡政府一出来，他们就知道了。”

看得这么清楚，那两边对比，对面的人还不得羡慕死啊，我心里不由这样想。

的确，不比不知道。我们所在的地方是典角村的村民二组，有 28 户，从 2011 年开始建设边境小康示范村，到 2018 年，整合各方资金 4200 多万元，村里统一建成了宽敞明亮、生活功能齐备的两层小楼，每户的居住面积超过 200 平方米。村民二组的村屋呈“八一”字样布局，两排“八”字形的连体小楼，每栋两户，南面敞口处是村委会办公楼，办公楼前是村民活动广场，办公楼后有篮球场，篮球场的北面又依次排列着几排连体小楼。整个村子井然有序，掩映在一片绿色之中，村子里路灯、公厕、垃圾填埋场等设施齐备，建有 15 千伏太阳能电站，村民一组、村民二组的转场公路有 200 多公里，为沙石路面。两个组都实现了供电、饮水、电信移动网络、邮政全覆盖，中国农业银行在村民二组设立了三农金融服务点，全村有 2 名科技特派员、2 名村医、4 名兽医，全村人都用上了手机。典角村的村民一组也是清一色的两层小楼，新建了一所幼儿园，即将投入使用。这些年来，典角村获得了“全国文明村镇”“自治区边境示范村”等诸多荣誉称号。

典角村绿树掩映，房前屋后、道路两侧都种满花草树木，一位老人正在为花草树木浇水。老人叫旺扎，是典角村的科技特派员，自 2013 年开始，他就承包了全村 3000 余株班公柳、柏树的养护任务。几年来，无论寒冬酷暑、风吹日晒，旺扎每周都要花费至少 5 天的时间，给所有的树苗浇一遍水，对年近六旬的他来说，这可不是一份轻松的活儿，特别是由于浇水时只能穿薄薄的雨靴，每天回家后，他的双脚冻得走路都费劲。家里的人也曾劝他不要干了，可是他说："你们年轻人每天早出晚归，放牧巡边，我们留在村子里的人也不能闲着。"如今，旺扎养护的树苗绝大多数都已经存活，长成了几米高的树。噶尔县大力实施绿化工程，典角村又新种植了 10000 多株青海杨、杏树等，整个典角村就像一处荒漠中的小小绿洲。

要知道这里海拔超过 4200 米，空气干燥，现在已过寒露，但村里的花草树木都还郁郁葱葱，一派生机。我们向驻村干部讨教种植经验，驻村干部说，也没什么诀窍，草地多浇水，但是要在早上太阳出来之后。树木的栽种也经过了许多次尝试，现在有青海杨、小叶杨、班公柳、红柳、苹果树、梨树等几种，都经过两三个冬天了。我看见，草地深绿，红柳火红，波斯菊、金盏菊、向日葵等竞相开放，两层的小楼白墙红顶，在蓝天白云下，衬托着整齐的路面、太阳能路灯，谁能想象这是紧临边境的村庄？倒像是一处宁静的世外桃源。在绿色掩映间，散布着许多大小不一的石头，有的刻着红五星，有的画着紧握的双手，很有古朴遒劲的味道，更多的石头上刻着"军民团结如一人，试看天下谁能敌""视部队如长城、视军人如亲人"这样歌颂军民情谊的文字。这是驻村工作队和村"两委"利用随处可见的石头资源，精心打造的红色石头文化。这些石头点缀在绿树白墙之间，有一种化腐朽为神奇的力量。

村里人不多，青壮年都在村支书和村主任的带领下放牧巡边去了。"别看表面上平静，对国土的守护，一刻也不能放松。"驻村工作队队员如是说。在这里，青壮年身上都肩负着守边固边和彰显主权的神圣责任，所以，青壮年没有出去打工的，牧业的收入和边民补贴等优惠政策，使他们早就实现了不离乡不离土，在家门口就能致富的目标，践行着"神圣国土守护者，幸福家园建设者"的光荣职责。

正说着，我们路过一处小楼，门口挂着"尼吉商店茶馆""电子商务代购点”两块牌子。驻村工作队队员介绍，这是他们村里的先进，自治区的“巾帼脱贫攻坚女能手”，他们家也是2019年自治区的“五好文明家庭”，女主人叫尼吉拉姆，她的爱人是青海藏族人，现在已经落户在典角村。夫妻俩经营了小茶馆和百货商店，村子里农行金融服务点也设在这里，除了满足村子里乡亲们的需要，附近驻军官兵也是他们服务的对象，同时他们还把村子里的特色产品发往全国各地，小日子过得红红火火。我们进了屋子，看见宽大的暖廊里放着自动取款机，还有电脑验钞机什么的，有模有样。夫妻俩领着我们参观，藏式客厅里摆满了尼吉拉姆获得的荣誉，货架上也摆满了商品。屋子中间的煤炭火炉上煨着的茶水滋滋冒着热气，没有到上学年龄的小女儿骑着一只充气的橡胶小马，在旁边窜来窜去，小两口的脸上充满幸福感和满足感。主人邀请我们坐下喝茶，但我们要赶去参观村里的村史馆，只好和他们告别了。

典角村的村史馆很有名。因为西藏自治区的成立是在新中国成立16年之后的1965年，加上自然条件艰苦，社会发育相对滞后，一个村子能够建起村史馆，这本身就是一件了不起的事情。

来到村委会办公楼，村史馆位于二楼东西两头的房间中，陈列包括典角村概况、军民共建、守边固边、维护稳定、党建天地等八大块内容，有图片及说明、实物等，布局合理，完全不逊色于专业的小型博物馆，真让人吃惊。给我们作讲解的驻村工作队队长讲得头头是道，逻辑清晰。

在村史馆里，驻村工作队队长指着几张房屋的图片，给我们讲解从最早的住房算起，典角村居民住房发生过的五次巨大变化。

1959年以后，典角村由于地处边境一线，未进行民主改革，也没有建立人民政权，被称为“未改乡”。1962年，这里也是对印自卫反击战的战场。那时典角村村民的住房都是用石头干打垒砌成的屋子，矮小憋窄，现在只剩一些遗迹了。20世纪七八十年代，村民居住的是土坯房，屋顶都是以红柳枝覆盖，算是第一代住房。第二代住房是到了20世纪90年代建造的第一批土木结构的安居房。2006年，村民住上了带玻璃暖廊的第三代土木结构安居房。

现如今，家家户户住上的第四代住房是用钢筋水泥空心砖建成的，是“楼上楼下，电灯电话”的现代化小楼，堪比内地的小别墅。图片中的几代住房，正是典角村巨大变化的真实写照。

在村史馆我们了解到，1984 年，嘎玛次仁带领其他几户人家搬到典角村以后，积极参与边境建设，光荣加入中国共产党，从 1990 开始担任扎西岗区典角乡乡长，1996 年撤区并乡之后，担任典角村村主任到 2002 年，1996—2002 年又兼任了村党支部书记。他因为为人公道正派，肯出力，在村子里威信很高，大家都亲切地叫他老书记。至于边境放牧巡逻，对他来说是家常便饭，一年至少要去 10 余次，足迹踏遍了边境线上的山山水水。他还给家里定下了规矩，除了两个在外读书的女儿外，其他女儿要结婚必须招上门女婿，唯一的儿子自然也在当地成家。2018 年 10 月，老书记因病在地区医院去世了。老书记是 1947 年 10 月生人，去世时刚年过 70 岁。

如果从老书记 1984 年搬迁到典角村算起，也能与改革开放的历史同步，从 3 户人家到 15 户到今天的 51 户，从 1 名党员嘎玛次仁到全村 41 名党员，除了几户独居老人外，基本上是户户有党员，从石头屋子到今天的第四代住房，典角村的变化真可谓天翻地覆。在典角村街道上，我们没见到多少村民，但房前屋后停放的大卡车、小轿车，每个家庭院落里的炊烟袅袅，无不向我们展示着典角村今天的美好生活。岁月流逝，世事变迁，唯一不变的，是这个边境第一村人民守边固边、爱党爱国的赤子之心。

第四章　历史的回响

告别典角村，我们又驶上沿狮泉河而建的柏油路。狮泉河，这条与马泉河、象泉河、孔雀河一起，发源于我国著名神山冈仁波齐的四大水系之一的古老河流，这条孕育了古老的象雄文化、见证了阿里几十年沧桑巨变的河流，这条养育了西部边陲英雄儿女的河流，此刻，在身边平缓地流淌，恰如母亲温暖的双手抚慰着我们一行人激动的心情。在典角村这个边陲小村巨大变化的背后，我们看到的是伟大祖国日益强大的身影。

典角村所在区域的战略地位极为重要，是喜马拉雅山、冈底斯山、喀喇昆仑山三大山脉交会之处，流经典角村的狮泉河向西北流淌约80公里后拐弯，切穿喀喇昆仑山的南部支脉拉达克山，进入克什米尔地区。这条河流是我国西藏自治区阿里地区通往克什米尔的一条重要通道。典角村是扼守这一通道的重要节点，如果没有典角村，外侵势力就可能顺着狮泉河一步步蚕食阿里高原，而典角村东侧不远的地方，就是西藏自治区与新疆维吾尔自治区交通的生命线——219 国道。

典角村周边地区土壤肥沃、草甸丰饶，是我国牧民世代放牧的传统牧场，典角村村民“抵边放牧、贴边生活、沿边巡逻、依边致富”，他们去高山牧场放牧，不仅是为了填饱牛羊的肚子，更有守护神圣国土的责任。他们面对侵略者的碉堡枪口，勇敢无畏，勤劳机警，为国家的安宁作出了特别的贡献。

我们回程走的是狮泉河的东岸，在返回之前就商量了到位于公路边上的典角村的村民一组去看看。这个时间，青壮年基本在放牧巡边，孩子们都在学校上学，虽然在村子里见不到什么人，但看看那些鳞次栉比的新房也是好的。

典角村的村民一组是一个新的定居点，落成不久，在狮泉河畔的向阳坝子上，人口多的人家单家独户，人口少的人家住两户一栋的连体楼，上下两层，带着小院，如果在内地看到这样的地方，一定会以为是哪家房地产公司开发的高档别墅。

我们在安静的村子里漫步，四周也是遍植绿树，虽然都还不大，但已经亭亭玉立了。田野里种植的是饲草，在滴灌系统的润泽下郁郁葱葱。在标着“9 栋 1 号”的一栋连体楼前，我们遇到了一户正在搬运家具的人家。户主叫索朗旺久，老房子就在定居点南边不远的地方，今天有一些空闲，便跟妻子白玛一起去县里拉回订购的藏柜。那是一组带拐角的矮柜，柜门上都是机雕的吉祥图案，配在新房的客厅里，显得大方又喜庆。

主人家热情邀请我们进屋，又为难地说没有来得及烧水打茶，要去隔壁看看有没有人弄点开水。看着还没有收拾停当的新居，我们连忙谢绝了。索朗旺久从停在门口的猎豹越野车里拿出几罐饮料塞到我们手上，这才踏实下来。

“这套家具很贵吧？”我摩挲着光滑的柜子问他。

“不贵，县里有补贴，如果不是屋子小，我们还想买更大的呢。”白玛落落大方地说。在牧区，这样大方的妇女还真不多见。后来我们了解到，白玛上过初中，汉语也说得不错。过去，牧民逐水草而居，居无定所，家里值钱的东西都是容易携带的细软，如今有了安居之地，他们很喜欢把中意的东西都买回家。白玛这么说，我们都心领神会。

索朗旺久一家 5 口人，他 44 岁，妻子 38 岁，有 3 个孩子，老大和老二是男孩，老大上初中，老二上小学四年级，小女儿也在县里上小学了，都住校。站在索朗旺久家楼下的客厅里，索朗旺久告诉我们，这栋房子楼上楼下共 80 多平方米，楼下为客厅兼过厅，有一个厨房、一个卫生间，设备齐全，上下水通畅。我之所以强调上下水通畅，是因为这种在内地城乡被视为再正常不过的事，在高寒的牧区，真的是一个惊喜。楼上是 3 间面积不等的卧室，好像是为他们家量身定做的一样。

索朗旺久两口子放牧着自家的40多头牦牛，他们也都是村里的民兵，平常边放牧边巡逻，因为牦牛的特性，不用随时跟着，也能够插空照看孩子，做一些家务。两口子每年的牧业收入加上各类补贴，有8万多元，孩子的学杂费、生活费都是国家全包，日子过得很充实。我们问他为什么买一辆越野车而不是皮卡之类的。在我们想来，那样的车子更实用些。索朗旺久告诉我们，到牧场的路不好走，车子不好不行，2018年买了这辆车之后，从牧场往返就方便多了。“再说了，开着这辆车去学校看孩子，也很有面子呀。”索朗旺久这样说。

告别索朗旺久两口子，离开村民一组的定居点，看着一排排整齐漂亮的楼房，我们同行的摄影家感慨地说：“哎呀呀，比我在拉萨买的房子强多了！”

路过乡政府旁那片湿地时，我们又看到了那几只栖息的黑颈鹤。还在乡政府的时候，乡长告诉我们：这几只黑颈鹤，最初来的时候是一对，可能是因为这里环境太安逸，它们冬天都不迁徙了，现在已经有6只了。此刻，那几只可爱的黑颈鹤在湿地里“咣咣”地叫着，张开翅膀跳上跳下，欢快地舞蹈，看见有车辆驶近，它们一起在水中小跑几步，飞翔起来。我们的司机慢慢刹住车子，那位摄影家朋友终于如愿在镜头里留下了黑颈鹤展翅起飞的靓影。

离开乡政府不远，是一片狮泉河孕育的湿地，蜿蜒的河水倒映着蓝天白云，草甸上鸟群起落，如果不是远处的群山映衬，你真会误将此乡当作江南。在离公路不远的河汊对面，几匹野驴悠闲地吃草，连同行的县里的同志都有些吃惊地说：“这片草甸是县里干部群众周末休闲之地，什么时候被野驴占领了？”

我们的下一站热拉红堡，就在野驴现身的河滩对面的公路边上。说起热拉红堡，有一段古代阿里的兴衰历史与它相关，今天的阿里，所到之处，无不遗留着这段历史的痕迹。

热拉红堡，传说由吉德尼玛衮所建。吉德尼玛衮是历史上吐蕃王朝最后一代赞普达玛的孙子。这位达玛赞普，在位期间对佛教采取禁绝措施，史称“朗达玛灭佛”。“朗达玛”意为牛转世的魔王，是佛教徒对他的一种蔑称。

842 年，朗达玛被佛教僧侣拉隆・贝吉多杰刺杀。相传朗达玛逼迫佛教僧侣脱下袈裟上山打猎的情景，被正在拉萨附近的札耶巴山中修行的拉隆・贝吉多杰看见。他看见佛教徒遭遇的惨状，便携带弓箭下山，伺机刺杀迫害佛教徒的头号敌人朗达玛。根据藏文史书记载，朗达玛在拉萨大昭寺前阅览唐蕃会盟碑文时，拉隆・贝吉多杰假意前往叩见，用箭射死了他。

朗达玛被刺杀后，吐蕃王室内部分成两派，两位王后各自支持两位年幼王子来继承赞普位，于是发生内战，一发不可收拾。不久，西藏地方又爆发了平民起义，吐蕃王朝很快被推翻，以前统一高原各个部落的吐蕃王朝分裂成若干个小邦，从此西藏地方进入割据势力时代。

923 年，朗达玛的其中一个儿子，逃往西部的贝考赞被手下大臣在现在的仲巴拉孜一带杀害。贝考赞的儿子——年幼的吉德尼玛衮不得不逃向更加遥远的西边，那里曾经是古老的象雄王国的领地，也就是现在的阿里。

漫漫逃亡途中，吉德尼玛衮肯定吃了不少苦头。到达阿里许多年之后，这位王子的境遇迎来了转机，他得到了布让（现在的普兰）王扎西赞的青睐，娶布让王的女儿为妻。经过许多历练的吉德尼玛衮，在政治、经济、军事等许多方面都已经成熟，借着地方势力支持的东风，很快在阿里打开了局面。等到他晚年的时候，已经控制了东面的布让、西面的古格，并且将西北面的日土、拉达等地都纳入了他的势力范围。

也许是为了避免子孙重蹈先辈争权夺利导致王朝崩溃的覆辙，吉德尼玛衮在生前便将领地一分为三，分给了三个儿子。这就是西藏历史上有名的“三衮占三围”，从此，吐蕃王朝原来辖属的大小羊同（象雄）地区改称“阿里三围”。“阿里”这个地理名词一直沿用至今，这也是现在“阿里三围”（普兰——雪山围绕的地方，札达——岩石围绕的地方，拉达克、日土——湖泊围绕的地方）形成的由来。

吉德尼玛衮对当地的风俗习惯非常尊重，这让当地百姓心生感激，他也能根据当地的实际情况，制定相应的法规和发展策略，这使他的威名远播。人心向背确实能够成就一个王子的梦想。吉德尼玛衮的军队东征西讨，从《拉达克史》中，我们得以瞥见他的行程。他的军队通过了热拉山口，并在附近修建了热拉红堡。

热拉红堡位于噶尔县扎西岗乡热拉石山，城堡遗址东西长 100 米，上端宽 19 米，三面围墙内侧修建了 70 多个大小不同的房间（戍所），顶端为城堡的最高处，房间密集。西墙高处约 6 米，北墙中下段高处约 7 米，两处墙体建筑工艺精湛，其余墙体建筑粗糙。吉德尼玛衮迁往普兰后，此城堡随之废弃。

在西藏历史上，修建城堡是个极为明显的标志，意味着对某个地方实施了有效的统治。

这段落难王子复兴记的故事就是这样。在以后漫长的岁月里，吉德尼玛衮的后代们又演绎出许多爱恨情仇的故事。其中，有关古格王国的兴衰，又是中国近代边疆史上一段跌宕起伏的传奇，一直到今天仍然为人们所津津乐道。对古格王朝的历史和传说能够说上一两句，似乎也成了阿里地区的入场券。而在扎西岗乡周边，在清康熙年间，发生过一场影响深远的战争。这场战争改变了阿里地区的政治格局和历史版图，并因为周边势力的介入，成为一个颇具争议的事件。

话说“三衮占三围”几百年之后，作为古格王国小兄弟的拉达克王国实力日益壮大。清康熙二年（1663 年），拉达克国王趁拉萨格鲁派的甘丹颇章地方政权与不丹地区的战争失利，相继在古格、普兰、日土、贡塘（今吉隆县）等地展开了军事行动并占领这些地方。清康熙十八年（1679 年），五世达赖派遣甘丹次旺率兵前去征讨。甘丹次旺本是扎什伦布寺的喇嘛，同时，他也是蒙古和硕特部的贵族，是固始汗的孙子。

正是这种双重的身份，使他能同时获得蒙古族和格鲁派的信任，在腾格里海（纳木错）周边召集蒙古族、藏族骑兵加入。蒙藏联军与拉达克军队在扎西岗乡西南的高原旷野相遇，甘丹次旺大获全胜。次年，他的军队直抵列城，拉达克国王措手不及仓皇出逃，列城不战而降。

回到了拉萨的甘丹次旺被任命为阿里总管，他又任命了阿里各县县官，形成定制。据说，作为僧人的甘丹次旺，后来一直在扎西岗寺居住直到去世。我们现在所见到的扎西岗寺，周边有护城河，两旁有碉楼的遗迹，墙上还有射箭孔，证明当时这里确实是一个战略要地。

拨开历史的迷雾，我们可以看到，曾经作为“阿里三围”一部分的拉达克，在漫长的岁月里逐渐脱离西藏地区的管辖，但至少在17世纪，拉达克依旧是西藏地区的一部分。甘丹次旺率领蒙藏联军与拉达克军队的战争，有效遏制了来自西边的威胁，对维护中国版图完整作出了一定的贡献。噶尔，这一扇祖国的西大门，一直以来就为维护祖国统一、国家安全而矗立。

第五章　燕尾山下逛新城

在噶尔县的地理标志燕尾山下，有一座规划整齐的新兴小镇，它就是阿里地区迄今为止最大的一个易地搬迁点康乐新居。康乐新居于 2016 年 7 月开始建设，2017 年 12 月第一批居民入住，2018 年七八月全部完工，现在已经全部完成搬迁入住。714 套统一规划、独栋独院的两层新房，“楼上楼下，电灯电话”，国家统一配备了基本的家具和电器，搬迁的牧民群众只需带上各自的生活必需品就可以入住。

特殊的地理环境，是西藏许多地区致贫的主要原因。极高海拔、大雪封山、土地贫瘠……一些地方几乎与世隔绝，“一方水土养不了一方人”，维护群众日常生活的成本极高，阿里地区又是西藏高原的高原，世界屋脊的屋脊，西藏脱贫攻坚碰到的所有问题，阿里地区都存在，而且更严重，这使得这里的牧民群众在脱贫路上步履维艰。

阿里地区的各级政府深深知道，只有啃下易地扶贫搬迁的硬骨头，才有脱贫奔小康的好盼头。

康乐新居吸纳了阿里地区除了海拔较低的普兰县、札达县的其他 5 个县易地搬迁户，那些地方平均海拔超过 4800 米，有的在 5000 米以上，一年只有两个季节，那就是冬季和“大约在冬季”，他们离开不适宜人类居住的“生命禁区”，住进了新家园，开启了新生活。

“十三五”规划实施期间，西藏计划对 26.6 万建档立卡贫困人口实施易地扶贫搬迁。现在，西藏易地搬迁的计划也已经完成了 95% 以上。

从“怎么样实现搬”到“搬完以后怎么办”，这是一个系统性问题，这个问题如果解决不好，精准脱贫的效果将大打折扣。虽然是不宜居住之地，但中国老百姓自古以来的故土难离观念，对城市生活的陌生，对未知前景的不安，都让初期的动员工作困难重重。更要紧的是，搬迁以后，过往的生产生活方式完全改变，过去只要藏袍里揣上干肉和糌粑，无论是放牧还是走家串户，心里都是踏踏实实的，而搬进城市之后，不要说出门走走，就是坐在家里，要用电，要用气，要用水，上个厕所一冲水，也看见水表滴溜溜转，那些都是钱哪！如何让搬进城市的贫困群众实现“搬得出、住得下、有事干、可发展”的目标，对广大扶贫干部以及他们扶贫的对象而言都是严峻的考验。

我早就耳闻噶尔县的康乐新居做得好，但真要去采写，又有些为难了。康乐新居就在噶尔县城，驱车不用10分钟，前前后后不知有多少人去采写过，里里外外应该挖了个底儿掉，要想看到些新东西，恐怕不太容易。思前想后，我们婉言谢绝了当地领导的陪同，嘴里说“随便转转”，一行人悄悄溜了过去，虽然显得有些随意，却希望看到一些别人看不到的东西。

第一站到达康乐新居的商业广场，宽大的圆形十字路口，临街四面弧形的两层建筑都是用于商业发展的店铺，形状独特的噶尔县标志燕尾山就在眼前，在蓝天的映衬下格外醒目。“民族团结一家亲，同心共筑中国梦”的巨大标语下，超市、宽带服务站、藏餐、旅社、茶馆、烧烤店、洗浴中心，林林总总，已经粗具规模，其中最为醒目的是康乐新居 4 个党支部开的茶馆，有别样的味道。

时间尚早，我们挑选一家茶馆坐下，经营茶馆的是来自改则县物玛乡的两姐妹。改则县的搬迁户在康乐新居中数量最多，有 250 多户。我们要了茶馆的早餐标配：一壶甜茶、一碗藏面、一个肉饼外加一小碟酸萝卜丝，浇上些辣椒油，完全不比拉萨的差。同行的罗布是拉萨人，对拉萨甜茶馆的藏面有近乎执拗的认知，认为除了拉萨有名的几家茶馆，别的地方的甜茶和藏面都无法下咽，可能是此行离家时间长的缘故吧，喝了两口热乎乎的奶茶，他不禁感慨起来：“真有点拉萨茶馆的感觉呀。”

我打趣道：“是不是缺一点三聚氰胺的味道？这里的奶茶可是纯正的牦牛奶。”

罗布说："拉萨茶馆现在也是纯正牦牛奶哦。"

这倒是，拉萨的净土产业也是以"公司 + 基地 + 农户"的模式开展精准扶贫，牦牛奶的产量比过去增长不少，甜茶馆很多都改用牦牛奶了。

喝着甜茶，我们了解到，姐妹两个有各自的家庭，因为孩子小负担重，居委会让她们负责茶馆经营，同时可以照看孩子，如果经营得好超额完成任务，还有一定的奖励。姐妹俩积极性很高，茶馆也窗明几净，客人不少。

喝完茶，按照之前的设想，我们信步往小区院子走去。在康乐新居大门外摆着一溜地摊，有卖服装的、卖首饰的，更多的是卖一些日用品，问一问得知，他们都是康乐新居的居民，从批发店批发了这些小商品，中午以后摆个摊子，挣点小钱。这也应该算是地摊经济吧。看见绝大部分的买主和卖主都戴着口罩，搞得我们几个倒有点不好意思了，赶紧拿出口罩戴上，往小区院子里去。

未进大门，已被门口的保安拦住。保安见是几个不认识的面孔，立马警惕起来，问是干什么的，找哪个人。幸亏我们来的时候问清楚了居委会书记的电话，赶忙掏出来递上去，要知道，除了疫情的防控，这里还是边境地区，安全马虎不得。接到电话，那位叫次仁玉珍的干练女士小跑着过来，想必之前接到了县里的通知。

相互介绍完毕，次仁玉珍书记问我们想了解些什么情况，我说，先随便走走吧。

到一个地方，如果直接进会议室听情况介绍，或者跟着去几个家庭看看，固然很直接，但因为缺少铺垫，不免浮皮潦草，先到处转转，一来可以跟次仁玉珍书记增进了解，二来更有直观的感受，是一个好的选择。

我们就这样在康乐新居的街道上随意走着，街道上人不多，倒是有 10 来个不到上学年龄的孩子在小广场上嬉戏打闹，骑车的，踢球的，穿着新潮整洁。

"他们不上幼儿园吗？"罗布问次仁玉珍。

"今天是星期天，领导。"次仁玉珍这么说。我们想起来了，出差在外，很容易忘记上班时间，也就经常占用当地同志的休息时间。我向次仁玉珍表示歉意，她说："除了休假，我们这里基本是没有周末的。"

"你今年休假没有？"我问。

"今年肯定休不成了，上半年疫情，下半年脱贫攻坚大检查，居委会这样那样的事情，忙不完。"次仁玉珍淡淡地说道。

来之前我们了解到，次仁玉珍书记2017年5月就到新区工作了，那时候第一批搬迁户还没有进来，次仁玉珍先担任居委会第一书记，现在是党总支书记，改选刚刚完成，各种交接的工作还很多。

新的建筑是一栋栋两户相连的两层小楼，建筑风格又跟我在典角村所见不同。次仁玉珍介绍，这些建筑有的是普兰民居风格，有的是札达民居风格，房屋有120平方米、125平方米、150平方米等几种规格。这些藏式风格的小楼，跟周边的环境契合，营造出一种十分和谐的气氛。而每家每户楼顶上飘扬着的五星红旗，在蓝天白云下，更显得鲜艳夺目。

我们边走边看边聊，这个过程中，次仁玉珍不断接电话，一会儿是日喀则话，一会儿是阿里东部方言，一会儿是阿里西部方言，内容大都是日常生活的琐碎小事。次仁玉珍在电话里或者直接答复，或者告诉对方等一等，有的就转到其他电话上。我们惊奇于她语言转换之间的流畅，更惊奇于她处理这些事情的熟练得体。在这期间，也有几个人跟在我们身后，询问后才知道是要等着她签字的。

"玉珍书记，你先去处理公务，我们转完之后再到办公室去找你。"我提议说。

次仁玉珍书记没有推辞，看得出她是事务缠身，我们也各得其便。不过她还是派了一个工作人员给我们带路，这样至少有个方向。

康乐新居的居民来自阿里地区5个县30个村（居），虽然都是牧区，但自然条件、生活习俗也有许多不同。为了让他们尽快适应新的生活，居委会安排他们"插花式"居住，就是来自不同地方的居民的住房相嵌，这样可以使他们尽快摆脱小圈子意识，有效融入大家庭。听到这个介绍，我倒是觉得很新鲜，就走进了开着门的一家院子。

户主来自革吉县亚热乡强玛村，52岁，身体不是太好，我们进去的时候，暖廊里围着一圈人，是老家到噶尔县来走动的亲戚，因为人多，都席地而坐，看见我们进去，他们连忙起身退到客厅里面。

10来平方米的暖廊打扫得很干净，正面墙上挂着一幅康乐新居的全景照片。这张航拍照片上，康乐新居全貌历历在目：呈规则圆形的商业广场，中间是两条交叉的宽敞街道，两条街道分隔出四个大致相当的区域，就是康乐新居的四个居委会。714套房子整齐分布，醒目的绿色点缀其间，居委会、幼儿园等一应俱全，而燕尾山就像康乐新居巨大的靠山，为新居里的人们遮风挡雨。

户主让我们在暖廊的沙发坐下，端来热腾腾的酥油茶，虽然刚刚才一壶甜茶下肚，我们还是象征性地抿上几口，女主人在一旁站着，不断地续茶。她平常在附近的停车场收费，每月有2000多元的收入，今天家里来客人没去上班。家里两个儿子，大儿子在县里当保安，儿媳妇在居委会的服装厂上班，已经分家单过，孙女由户主两口子带着，小儿子在工地打小工。在我们交谈时，那些老家来的人都笑盈盈地挤在周边。我问户主对现在的生活满意不满意，没等户主回答，旁边有人插嘴道："他要是不满意，我们愿意跟他家对换。"说得大家都哄堂大笑起来。

我想，不用再问，从他们开心的笑颜上就可以感受到他们的满意度和幸福感。为了不打搅他们的亲友相聚，我们挥手告别，临了居然忘记问户主尊姓大名，不过我想，他叫什么并不重要，重要的是他是康乐新居居民的一个代表。他们强玛村一共搬来14户。

习近平总书记讲，党中央的政策好不好，要看乡亲们是笑还是哭。这句质朴的话，真是比所有的比喻和描绘都更能切中要害。

第六章　年轻的居委会

康乐新居的居民人员结构复杂，应该说是最困难、最边远也是跟城市生活距离最大的一群人，他们的生活习惯、思想观念、对事物的理解跟一般人明显不同，在衣食住行各个方面都很难一下子适应城市生活，管理难度很大。在次仁玉珍的办公室里，她告诉我们，几年来，她深刻体会到了老百姓观念的转变。牧区的人性格倔强，认死理，刚来的时候，有的人说没钱吃饭，拿着碗筷就到居委会来。没工作，居委会帮助找了工作，一天没干完就跑了，还跟人家要当天的工资。说到这里，她有点不好意思地补充道，这种现象现在都没有了。

康乐新居一个党总支，按照4个片区成立了4个党支部，次仁玉珍刚刚接任党总支书记，还兼着第一书记。党总支共有149名党员，3名预备党员。这种规模的搬迁，在阿里历史上是第一次。虽然在党总支成立之初就做了大量预案，但许多问题还是无法预料，都是出来一个解决一个。

今天的康乐新居祥和美丽，居民安居乐业，生活质量之高是过去想都不敢想的。这些成绩的取得，是因为有一大群无私奉献、冲锋在前的党员干部默默地在背后付出辛劳与汗水。

在康乐新居“两委”班子成立之前，负责康乐新居具体工作的是康乐新居临时管委会。临时管委会由5个县分别抽调的7名干部和1名带队领导组成，工作人员有近40名。他们长年驻守在康乐新居，负责群众的搬迁、就业、学习、调解纠纷等工作，担当着康乐新居居民的管家、保姆和朋友。

“只要群众有需要，不管是家里的水管堵了，还是邻里之间发生纠纷了，我们都得派出干部去帮助解决。”次仁玉珍说。

这些年来，康乐新居的干部们为群众修厕所冲便器，爬上屋顶疏通烟囱，开着水车挨家挨户送水，每人每天要接 100 多个电话，每个月话费超过 2000 元，几乎全部的身心都扑在了群众身上。而次仁玉珍自己从 2017 年到现在也没休过假，几乎没有度过周末，一周至少有 6 天住在临时管委会办公室里。

次仁玉珍老家在日喀则，爱人是当地人，家离康乐新居不远，孩子也小，但是一回到家，就不停地有电话找她解决各种事情，所以她干脆就住在康乐新居，抽空回去看看孩子，洗澡换衣服。

现在，康乐新居“两委”已正式成立，临时管委会的同志们依然跟居委会一起工作，因为来自各地的居民所有的关系还在当地，还有大量的事情要协调解决。次仁玉珍记得，为了解决事情，许多会议要开到半夜两三点。比如 2020 年 8 月 17 日召开的康乐新居临时管委会与“两委”班子工作座谈会，临时管委会的干部职工、“两委”班子、作业组组长、各党支部委员参加了会议，因为“两委”班子的成员白天大都要上班挣钱，所以会议都安排在晚上。这天的座谈会有许多议程，首先由各产业负责人通报产业收支情况，进行详细清单公示。服装地毯加工厂副厂长、产业园区负责人、负责商业广场收租的工作人员、奶牛养殖场负责人在会上公布收支情况和租金收缴情况以及用于分红的详细数据，每个参会人员有疑问都可在会上提出，由汇报人一一解释并通过举手测评。

在向参会人员通报奶牛养殖场工作开展情况及目前运营情况时，因为奶牛养殖场员工工资之前一直由噶尔县扶贫办发放，从 2020 年 7 月开始，需要从奶牛养殖场收入中支出，许多人搞不明白，在这个事情上，具体负责康乐新居的噶尔县副县长张鹏年解释了很长时间。

由于所有的事业都起步不久，过去康乐新居的财务从未在群众大会上进行公示。康乐新居人数较多，如果专门召开群众大会进行财务公示，需要分批进行。为了实现财务公示全覆盖，会议决定 2020 年底分红时进行合作社财务公示，并且规定今后合作社资金支出严格按照审计流程执行，经会计审核、会议讨论、法人签字、党总支书记签字。

接下来的议程是，为了完善康乐新居各项事宜，加强临时管委会与“两委”班子团结协作，参会人员要提出自己的意见建议。又是一阵认真激烈的讨论。康乐新居居民是一个特殊的群体，面临的问题纷繁复杂，为了更好地管理这一特殊的群体，大家要团结协作，这样就没有什么事情是不能解决的。现在面临的最大的问题是商业广场租金收缴，由于疫情影响，个别租户不愿交租金，因此许多工作不能正常开展。

对收缴租金的问题，主管康乐新居的张鹏年副县长表示，“两委”班子做好未交租金的名单及资金数额统计报给他，他尽自己最大努力去给这些租户做工作。

张鹏年副县长指示今后工作上大家要配合好，有什么事情应放在会上研究讨论，康乐新居是一个整体，大家是一家人，有事会上说，以后“两委”班子召开任何会议都必须有党总支书记参会，研究的事项和决定及时向党总支书记、狮泉河镇党委汇报。2020 年下半年各项工作如何开展，由“两委”班子会议研究讨论，并以书面形式上报。

最后张鹏年副县长通报说，由于近 3 年来康乐新居居委会每月出现电费差价，2018 年向噶尔县人民政府申请解决了电费差价，2019 年以来，所有差价由居委会承担，为了减少差价，康乐新居的幼儿园、警务站、居委会办公楼、商业广场的电费统一交给电力公司。二期搬迁中有 42 户在 2019 年由于各种因素未通暖气，现在正与热电厂衔接，对这 42 户的供暖设备做供暖前的维护等工作，确保年内通暖气。同时强调“两委”班子、作业组组长、“双联户”户长要做好卫生管理工作，通过加强群众思想教育，转变群众观念，提升卫生质量，让卫生评比流动红旗活动取得实效。这次会议一直开到第二天凌晨。

说到搞好卫生，这曾经是一个老大难问题。康乐新居统一规划统一建设，硬件条件是没得说的，绿化有绿化公司统一管理，于是，在整洁的环境中，过去在老家随手扔垃圾，甚至随地大小便的问题，就显得触目惊心。

为了改变居民的卫生习惯，使其积极参加环境卫生整治工作，居委会成立了由年轻党员组成的康乐新居新时代爱心志愿服务队，调动“双联户”户长、群众每周星期天开展一次环境卫生整治工作。通过强化组织管理，让“双联户”户长发挥积极作用，调动“双联户”群众的积极性，使其自觉维护家园环境卫生，树立“讲卫生光荣，不讲卫生可耻”的良好风尚。不定期组织大扫除活动，主要清理重点区域、重点地段、卫生死角，还有河边、无硬化路边的垃圾和杂草，远离白色生活垃圾，创造干净整洁的居住环境。

要有一个好的商业成绩，首先要有一个好的营商环境，除了政策、人流等因素，环境卫生好不好非常关键。康乐新居新时代爱心志愿服务队经常带领商铺人员对社区商铺、楼道等进行全面清扫。大家的辛勤付出，换来了一个整洁、文明、健康的营商环境。同时加大对商铺卫生的宣传力度，落实好门前“三包”，保持店面洁净，让良好的环境形象得到进一步巩固，让社区的环境更加文明和谐。

整洁、舒适、健康的生活环境，是加快推进搬迁农牧民转变为城市居民的有力抓手。为进一步改善康乐新居整体环境卫生面貌，提升居委会的社区管理水平，康乐新居党总支坚持每月开展流动红旗卫生评比活动。

卫生监督人员检查房前屋后的卫生绿化情况，要求大家不乱堆杂物，不妨碍交通，在公共停车场不乱放自家的东西，爱护公共环境卫生，做到垃圾入桶，并以打分形式评选最佳卫生家庭。检查内容包括：屋内、庭院和门前、四周是否清扫彻底；是否将垃圾倒到指定地点；家具摆放是否整齐；是否能讲出“四讲四爱”内容；个人卫生是否整洁；房屋是否经常通风，保持室内空气新鲜。条条清晰，款款到位。自搬迁到现在，在居委会和全体居民的共同努力下，康乐新居群众思想有了很大的进步，家庭卫生更是发生了翻天覆地的变化，这为打造文明家园奠定了坚实的基础。

“讲党恩爱核心、讲团结爱祖国、讲贡献爱家园、讲文明爱生活”，这是西藏开展的“四讲四爱”群众教育实践活动的内容。康乐新居根据自己的实际，组织“两委”班子、作业组组长、群众宣讲员、“双联户”户长带头发挥作用，掌握宣讲要义，明确实践要求，广泛开展宣讲，确保活动不流于形式、不走过场，取得实实在在的效果。群众宣讲员巴桑，通过通俗的讲解、经典的案例、深刻的分析，把解决思想问题与解决实际问题有机结合起来，融思想教育于实践活动，让大家在潜移默化中理解从“要我稳定”到“我要稳定”，从“要我富裕”到“我要富裕”，从“要我脱贫”到“我要脱贫”，“要我贡献”到“我要贡献”，从“要我文明”到“我要文明”的不同，把群众教育实践活动中取得的好经验、好做法、好习惯固化到居委会规章中，使之成为大家的行动标尺，牢固树立知党恩、感党恩、报党恩、跟党走的决心。围绕“讲贡献爱家园”“精准扶贫、精准脱贫”以及自力更生、艰苦奋斗等内容，巴桑说，简单来讲就是摒弃“等靠要”的思想，传承自力更生、艰苦奋斗的传统美德，树立劳动创造幸福生活的意识，认识到游手好闲等不来好日子，光靠国家扶持实现不了全面小康，要敢闯敢干建设美丽家园，吃苦耐劳共建小康生活。

2002 年 4 月 9 日，浙江省安吉县溪龙乡黄杜村 20 名党员给习近平总书记写信，汇报了村里种白茶致富的情况，他们满怀深情地说“吃水不忘挖井人、致富不忘党的恩”，提出捐赠 1500 万株茶苗帮助贫困地区群众脱贫。习近平总书记对此作出重要指示：“增强饮水思源、不忘党恩的意识，弘扬为党分忧、先富帮后富的精神，对于打赢脱贫攻坚战很有意义。”肯定了当地干部群众主动帮扶贫困地区群众这件事。群众宣讲员巴桑结合黄杜村 20 名党员给习近平总书记的信和习近平总书记的指示精神，对比搬迁前和搬迁后、已经搬过来的和还在艰苦山区的，以及康乐新居的产业发展情况，给大家生动阐释了“四讲四爱”的深刻内涵。居民们纷纷表示：“在党的好政策下我们一定能走向脱贫道路，今天来之不易的幸福生活是党和国家给我们的，我们一定吃水不忘挖井人。”

2020 年 10 月 1 日，康乐新居居委会邀请狮泉河镇森格居委会、藏布居委会共同庆祝中华人民共和国成立 71 周年，庄严的音乐响起，党员群众随之高唱国歌，并向徐徐升起的五星红旗行注目礼。这一天，大家用多种形式欢度国庆，向祖国送上祝福。

升国旗仪式上，居委会干部作为升旗手，身穿整齐服装。康乐新居成立以来，每个星期一都会组织升国旗仪式，而每年国庆节更是一年当中参与升国旗仪式人数最多的日子。升国旗仪式能带给居民庄严、自豪的情感，提升大家热爱祖国、建设家乡的动力。

随后，在康乐新居党群活动中心广场举行了“我和我的祖国”文艺演出，居民用文艺表演的方式，共同庆祝祖国华诞。这场演出的主力是康乐新居追梦文艺演出队。在噶尔县文旅局和狮泉河镇党委、政府的大力支持下，康乐新居居委会通过自愿报名、群众推荐等方式，发现了一批有文艺天赋的年轻人，经过考核和筛选，最后选定 20 名作为演出班底。追求梦想，实现愿望，他们优美的舞姿和幸福的表情，正是康乐新居幸福生活的写照。

舞蹈、独唱、小品等精彩的文艺节目轮番上演，居民用歌声和舞姿赞颂党的恩情，用真挚的情感表达对党的祝福。康乐新居妇女联合会带来的以歌唱伟大的祖国、争做党的好女儿为主题的舞蹈《羌塘妇女》把活动推向高潮，赢得群众阵阵喝彩。

从第一批搬迁到现在的 714 户，从 3000 人出头到目前的 3295 人，两年中增加的新生儿就有 120 多名。投资 1100 万元建设的康乐新居村级组织活动场所已经投入使用。按照噶尔县打造八个阵地、抓好十有配置、保障十大功能区的要求，康乐新居党群活动中心配备了齐全的办公场地以及便民服务大厅、医务室、超市、健身房等各类活动场所，这是阿里地区最大、最新、功能最完善的村级组织活动场所。

康乐新居居委会主任索南加错来自改则县麻米乡，高中文化，会一口流利的汉语，是群众公认的有能力、有担当的带头人。前年，居委会一名群众生病需要去拉萨住院，他主动承担起了陪护工作，在拉萨一陪就是 3 个月，还自己承担了数千元的生活费。在选举中，他主动申请居委会主任一职，当着现场数百名群众的面，进行了一番慷慨激昂、鼓舞人心的演讲，赢得了群众如雷般的掌声，成功当选。

来自改则县麻米乡的贡桑年纪不大，2016 年才参加工作，却已经是管委会里的老人——他是目前仅有的两名从管委会成立一直工作到现在的干部之一。

这些年里，贡桑随着管委会搬了五次工作地点，自己搬了四次家，陪着群众去拉萨看了两次病，早已习惯了管委会的工作，身上透露着干练与从容。

“很多群众从牧区搬过来，连水龙头都不会用，我们只有手把手地一个个教，直到教会为止，改则县又是搬迁县里的大户，共有255户搬迁群众，所以工作量还是挺大的，加班到深夜是常有的事。”贡桑说。

现在，康乐新居“两委”班子有10名成员，管理着居委会的“六大产业”也就是6个合作社，合作社里都是党支部带头、党员带头，党支部的活动也主要以经济活动为抓手。居委会辖区68个“双联户”，一个党支部下面有2个作业组，每个作业组组长都是群众选出的能人。

桑增是来自措勤县达雄乡达娃村的残疾人，40多岁，带着一家5口人搬到康乐新居后，他和妻子次吉轮流上岗，在噶尔县当环卫工人，每月工资加起来有2500元。以前在乡里当加油员、工资只有1500元的大儿子石确饶布，在康乐新居合作社的安排下，到阿里地区住建局参加了造价员培训，如今已顺利考取资格证上岗，工资每月近5000元。小儿子则通过地区统一培训，到西藏自治区人民检察院阿里分院当上了保安，工资每月2500元。

“以前在村里时，因为我的身体残疾，家里很穷，根本没想过能住上这么好的房子，别说来狮泉河镇了，就是措勤县城都很少去。”桑增感慨地说道，“现在我们一家人的月收入加起来1万多元，国家的各种政策性补贴还能继续享受，再也不用为生活发愁了。”是啊，从农牧民到居民，除了全新的生活，稳定的就业，观念上也发生了巨大改变，以前以为一辈子放牧，吃穿不愁，现在到了狮泉河镇才发现有这么多的机会，可以挣到比想象中更多的钱。

为了让易地扶贫搬迁群众实现搬得出、稳得住、能致富的目标，阿里地委，噶尔县委、县政府把就业增收作为康乐新居的头等大事来抓。推荐贫困群众到阿里地区的环卫公司、阿里大酒店、保安公司、噶尔县产业园区、康乐新居合作社等单位工作。帮助贫困群众自主创业，加强培训，成立了康乐新居合作社，发展服装厂、地毯厂、超市等多个经济实体，并把康乐新居商品房交由合作社经营，由噶尔县项目管理中心实施的扶贫酒店项目已经承包给西藏喜马拉雅国际旅游有限公司经营，该公司每年向康乐新居合作社交承包费。噶尔县生态农业产业园的枸杞园、奶牛场和部分温室大棚由康乐新居合作社经营。这一系列举措，不仅为康乐新居了提供稳定的就业岗位，也为康乐新居的集体经济提供了有力支撑。康乐新居集体经济 2018 年收入 80 多万元，每人分到 237 元；2019 年分红将近 90 万元，每人分到 280 元；2020 年分红超过了 200 万元，每人分到 642 元。

居民里面也有一些头脑灵活、会做生意的人，他们先在康乐新居周边卖点小玩意，慢慢开起洗车场、水吧。革吉县 30 多岁的旦达就在商业广场开了洗车场，雇了两三名员工，每个月开五六千元的工资，现在准备开一家电信商店，在物业的手续都办好了，等物业启动以后就承包。康乐新居打扫卫生的有六七个人，每月收入 2300~2500 元，当保安的最多，有 230 多人。现在，康乐新居每家每户基本都有人就业。在次仁玉珍的办公室里，她向我们介绍了上述情况。我们在她的办公室待了将近一个上午，有效谈话时间不过一个小时，中间不断被电话和找她办事的人打断。到了年底，来开证明回老家的人很多，因为居民们的隶属关系都留在原地，所有的惠民政策都予以保留，所以每年每家都会派人回去办理各种惠民手续，回来之后都说老家太冷了，灰尘太大，还是康乐新居干净舒服。

在采访的最后，我问次仁玉珍现在最想做的事情。我想作为新上任的党总支书记和康乐新居的“老人”，她会对未来有一些展望。没想到她告诉我的是现在小学碰到一个问题，2020 年新学期，学校把一年级的学生安排到了格桑路的老校区，二年级以上的在新校区，新校区有公交车，老校区比较远，孩子小，天气又冷，康乐新居的许多家庭接送孩子成了大问题。她希望学校能够重视这个问题，找到一个解决办法。

时间接近中午，告别次仁玉珍出来，我们走马观花地看了康乐新居幼儿园、服装厂和生态产业园。康乐新居幼儿园是阿里地区最大的幼儿园，最多能容纳 400 多人。幼儿园有 3 个大班，300 多人，2020 年 125 人毕业，还剩下 180 多个孩子，有 26 名老师。因为疫情，现在家长上午 10 点把孩子送来学校，晚上 7 点接回，幼儿园有早餐和午餐，下午还有一次营养加餐。

康乐新居服装厂缝纫机、裁剪机等设备齐全，有老师从最基本的车线、压脚、穿线教起，这些以前只会放牧的牧民，从来没有接触过缝纫，有的在厂里学了 1 年多的时间，还是连线都车不好。除了教缝纫，老师还完善了车间管理，把裁剪区、熨烫整理区、缝纫区各项工作安排得井井有条。慢慢地，服装厂的产品质量上去了，样式有了很大改观，订单也多了起来。如今，康乐新居服装厂承接了阿里地区 7 个县的校服、窗帘、环卫工人工作服等产品的生产，有 30 多名工人从事服装制作。

为了加强康乐新居的“造血”功能，噶尔县把噶尔县农业产业园部分产权让渡给了康乐新居，同时吸纳康乐新居的居民就业。产业园就在距离康乐新居不远的象泉河畔，走进园区，一排排无土栽培的蔬菜新鲜可人，即将成熟的西红柿挂满枝头，刚刚栽种的草莓苗生机勃勃。

经过几年的探索实践，产业园走出了一条符合当地实际的新路子。2019 年以来，园区已经带动当地 400 多名群众就业，为农牧民群众带来收入 130 多万元。38 岁的姆朗坚参搬到康乐新居不久，就来到产业园打工，每天能有 200 元收入，一年有六七个月能在这里干活。他的大儿子在阿里地区上学，媳妇因为要在家照顾小儿子，就在离家不远的地方打工，姆朗坚参的生活比以前好太多了。产业扶贫是打赢脱贫攻坚战的有力举措。只有产业发展起来了，带动贫困群众素质能力提升了，“输血”变为“造血”，才能实现持续增收，从而彻底拔掉穷根。

习近平总书记强调：脱贫攻坚是一项历史性工程，是中国共产党对人民作出的庄严承诺；让全国现有贫困人口全部脱贫，是我们打赢脱贫攻坚战必须翻越的最后一座高山；我们将举全党全国之力，坚决完成脱贫攻坚任务，确保兑现我们的承诺。现在，这座高山已经翻越，康乐新居，正是在翻山越岭进程中的一所美丽的驿站。

第七章　心灵的洗礼

高宝军书记跟我说起党性体检中心的时候，我完全没有反应过来，以为他说的是一般的体检中心。的确，因为高寒缺氧，生存条件恶劣，这些年，阿里地区十分重视对干部职工和农牧民的身体保健，阿里地委组织部专门成立了干部保健科，开展全区范围内的供暖、供氧工作，现在已经实现暖气全覆盖、氧气全年供应，每人每天至少可以吸氧半个小时，大大地改善了生存环境；同时还推行传统常规体检和新型基因检测体检二选一的体检模式，坚持早发现、早预防、早治疗，最大限度保障干部职工的健康。但高宝军嘴里的体检中心，却不是身体的体检中心，而是针对全县党员推出的党性“体检”。

在新落成的噶尔县党员党性体检中心里，我也经受了一次党性的洗礼。进入大门，首先是一面大大的镜子，“照镜子、正衣冠、洗洗澡、治治病”。习近平总书记指出：照镜子，主要是以党章为镜，对照党的纪律、群众期盼、先进典型，对照改进作风要求，在宗旨意识、工作作风、廉洁自律上摆问题、找差距、明方向。正衣冠，主要是按照为民务实清廉的要求，勇于正视缺点和不足，严明党的纪律特别是政治纪律，敢于触及思想、正视矛盾和问题，从自己做起，从现在改起，端正行为，自觉把党性修养正一正、把党员义务理一理、把党纪国法紧一紧，保持共产党人良好形象。洗洗澡，主要是以整风的精神开展批评和自我批评，深入分析发生问题的原因，清洗思想和行为上的灰尘，保持共产党人政治本色。治治病，主要是坚持惩前毖后、治病救人方针，区别情况，对症下药，对作风方面存在问题的党员、干部进行教育提醒，对问题严重的进行查处，对不正之风和突出问题进行专项治理。

开宗明义，这面镜子把党性体检中心的核心内容展示出来，让我们不禁生出敬畏之心。然后是报到打卡系统，全县每一名党员的资料都在其中。党性体检中心设置了初心唤醒、历史回顾、警示教育、党性会诊、初心诊疗、成果展示、未来展望七个板块，党的历史、西藏和平解放、入党誓词、进藏英雄先遣连、孔繁森、历次西藏工作座谈会、反面教材……大量的图片和实物唤醒了你的党员身份，启动了你的红色基因。在“党性健康会诊”的环节，列出西藏党员干部、基层党员干部的言行负面清单，比如村党员负面言语清单里写道：“农村就是这个样子的，肯定做不好。”“这件事情你们让我做我会做的，如果老百姓来找我我不管。”“你们最好去上面反映，这样上面才会重视。”再比如村党员负面行为清单写道：“对上级布置的任务，阳奉阴违，讨价还价，讲条件。”“参与唆使村民上访。”“为个人利益损害集体利益。”再比如党性不足十种“常见病”：理想信念的“缺钙病”、对待群众的“冷漠病”、履职用权的“擅权病”、选人用人的“关系病”、工作作风的“漂浮病”、廉洁自律的“腐化病”、干事创业的“慵懒病”、“四风”问题的“多发病”、主次不分的“扯皮病”、嫉贤妒能的“红眼病”。这一条条自我检查下来，有被猛击一掌的感觉。初心诊疗是一个提醒与警示，给你开出药方，去疾病强信念，轻装前进。

从党性体检中心出来，自我感觉真是进行了一次生动的党性教育。

除了党性体检中心，噶尔县还研发了发展党员动态管理系统，按照“一事一记、一步一审”的要求，对发展的每一名党员、发展党员的每一个环节都如实记载，全程留痕。这些举措都能让人看到噶尔县在党建工作中的创新与亮点。

都说高宝军是“点子书记”，在基层党建工作上，他确实点子多、思路清。高宝军到噶尔县后，噶尔县连续 5 年党建工作被评为全阿里地区第一。他说：“党建工作没人干事，没钱办事，没有阵地开展活动，就等于一句空话，要跳出党建看党建，在带领大家干事创业中抓党建……只要村级党组织党员干部手里有钱，能给大家带来实惠，就是党建工作的成效。”

高宝军结合实际，提出“以党建保稳定、以党建促发展、以党建惠民生”的工作思路，坚持“书记抓、抓书记，重点抓、抓重点，经常抓、抓经常”的工作措施，使党建工作迅速由后进变为先进。在落实党建责任上，他建立了县级主要领导包抓党建示范乡、县委常委包抓党建示范村、县级领导联系党建示范点、党员干部包建党员示范户等机制，严格了奖惩考核，有效地解决了有人管事、有人干事的难题。在边境党建上，开展了分裂活动零参与、边境山口零出入、公共安全零事故、刑事案件零发生、矛盾纠纷零积累、辖区群众零非访的“六个零创建”活动，实现了党建和维稳的有机结合，得到了自治区党委的充分肯定。在阵地建设上，多方筹资，对党员活动阵地进行改扩建，确保了有阵地开展活动。

习近平总书记指出，我们在脱贫攻坚领域取得了前所未有的成就，彰显了中国共产党领导和我国社会主义制度的政治优势。这些成绩的取得，凝聚了全党全国各族人民的智慧和心血，是广大干部群众扎扎实实干出来的。

近年来，噶尔县以“藏西中心·党建先锋”党建品牌创建工作为抓手，牢固树立“围绕扶贫抓党建，抓好党建促扶贫”工作理念，将基层党建与脱贫攻坚深度融合，取得了积极成效。

一是厚植基层基础，把基层党组织打造成脱贫攻坚的坚强战斗堡垒和一线指挥部。统筹资金，新建、改扩建村级组织活动场所，完善配套设施建设，按照“因地制宜、适度超前、功能完备、突出特色”的原则，确保达到“有标识、有党旗、有誓词、有领袖像、有电教设备、有书报学习材料、有宣传栏、有上墙制度、有办公桌椅、有党建专柜、有特色品牌、有党务公开、有公开承诺、有五种精神（老西藏精神、‘两路’精神、阿里精神、孔繁森精神、先遣连精神）、有设岗定责”的“十五有”标准，满足党员干部群众各个层面的不同需求，切实增强组织吸引力，确保活动场所建成后10年乃至20年依然不落潮流、作用突出。坚持强化政治考量，提高政治站位，算政治账、长远账、明白账，把村级组织活动场所标准化建设与基础设施建设、产业发展、脱贫攻坚、边境小康示范村建设紧密结合，统筹整合各方面资金，坚持新建、改造、提升相结合，切实做到好钢用在刀刃上，实现效益最大化。聚焦发挥基层党组织活动场所的政治、社会、经济、法治效益，以教育引导农牧民党员旗帜鲜明讲政治为目标，广泛组织农牧民群众开展新旧西藏对比、政策法规教育、实用技能培训、文艺演出等活动，办好惠民超市、便民茶馆，让广大农牧民群众在家门口就能享受到新时代的好政策，把村级组织活动场所建设成为党员群众愿去、爱去、常去的好地方。

二是持续开展三级书记遍访贫困对象工作。县、乡、村党委书记深入田间地头、群众家中，面对面听取群众意见建议，解决他们生产生活中遇到的实际困难和问题。全县 1083 户建档立卡贫困户中，三级书记走访全覆盖。

三是坚持责任融合、目标融合、机制融合，压实各级党组织的主体责任和党支部书记的第一责任，把“两张皮”拧为“一股绳”，层层建立责任制，形成上下联动、各方配合、人人参与、齐抓共管的新格局。以富民型农牧区党建、效益型园区党建、和谐型村居党建、效能型机关党建、稳定型边境党建为载体，大力推广“党支部 + 合作社 + 农牧民（贫困户）”扶贫模式。持续推进“五个一”工作法，为 15 个村居配齐配强第一书记、大学生村官、乡镇包村干部、经济指导员、公安和边防民警，充分利用党员干部和帮扶单位的人财物、技术信息等优势，制订一对一的脱贫方案，帮助建档立卡贫困户立足优势，理清思路，找准致富门路。为推动薄弱村合作经济组织发展，开展先进村党员致富带头人到薄弱村宣讲、优秀种植养殖能手到薄弱村传授先进经验、薄弱村“两委”班子带头向村集体经济发展较好的村居取经等活动，积极支持薄弱村创业增收。

以稳定增加贫困户收入为主要目标，噶尔县严格按照“六个精准”和“七个一批”要求，开展结对帮扶活动，各个党员尽心竭力，积极帮助贫困户理清思路、合理运用帮扶资金及技术、调整产业、培训专业、增加收入、移风易俗；在党建促扶贫工作中，始终把“双带三培养”作为增强党员党性、加强党的执政能力建设的重要抓手；将党员培养成为致富带头人，将致富带头人培养成为党员，将党员致富能手培养成为后备干部；把村级组织活动场所标准化建设作为“一把手工程”和党建提升工程的突破口和着力点，多渠道筹措资金，对全县15个村级党组织活动阵地进行了统一规划和全面建设，平均面积500平方米，均达到了“十有配置”和“十大功能区”的目标要求，各村居的“八个阵地”作用得到有效发挥，实现了党员干部和农牧民办公有场所、活动有场地、学习有氛围、娱乐有去处。

狮泉河镇加木村距离狮泉河镇中心不远，如果从狮泉河沿317国道东行，不到10公里，远远就能看到一大片绿色的树林静卧在加木河谷中，这里就是阿里地区天然留存的最大的一片红柳林，如今被噶尔县改造成了加木红柳湿地公园，成为远近干部职工休闲娱乐的好去处。加木村有100户292人，该村以“党建强村、生态立村、农牧富村、旅游兴村、和谐稳村”为总体发展思路，致力打造噶尔县“小康建设第一村”。近年来，加木村党支部结合本村实际，以发展产业为基础，以项目建设为抓手，以促农增收为目标，积极引导全村党员干部群众转变思想观念，提出了“充分发挥城郊区位优势，以示范基地为依托，发展特色农牧业和特色旅游，实现全村共同富裕”的发展思路，推行“示范基地＋特色旅游＋劳务创收”的发展模式，全村党员自觉学习技能，积极探索致富新路，村民逐步破除了小农经济观念，树立了市场经济意识。

次仁加布家曾经是村子里有名的贫困户，一个人的收入要养活全家8口人，勉强能够吃饱穿暖。在脱贫攻坚战的隆隆号角声中，不甘贫穷的次仁加布找到党支部书记次仁巴姆，以加木村农牧民经济合作社为担保，向银行贷款20万元，又从合作社资金里借出10万元，购买了一辆拉货车，2016年就实现运输收入22万元，创造了加木村的一个奇迹。由次仁加布这个成功的例子开始，加木村党支部决定，对于有意愿买车跑运输的群众，合作社都给予借款10万元的帮扶，并对报考驾照的群众每人资助3500元学费。于是，群众学车买车、跑运输的积极性逐年提高。作为党员的次仁加布也积极帮助其他群众共同致富。

在加木村党支部和全村 37 名党员的带动引领下，加木村群众自觉学习生产生活技能，主动送子女上学，积极探索致富新路，逐渐破除了小农经济观念、“等靠要”思想、畏难保守情绪和陈规陋习，树立市场经济意识，形成了自力更生、艰苦奋斗的观念和抢抓机遇、敢闯敢试的进取意识，更加坚定了在党的领导下，依靠科技、双手致富的信心和决心，在奔小康的道路上一步一个脚印地笃定前行。

早在 2012 年，加木村党支部就组织群众通过自筹和贷款总计 60 万元，成立了扶贫综合合作社。几年来，加木村先后在狮泉河镇中心和村里开办商店，盖起了门面房；建起了奶牛养殖和饲草种植示范基地，发动群众种植紫花苜蓿等优质牧草 4000 亩，有效解决了奶牛养殖饲草原料问题，年均奶制品销售收入达到 5 万元；发展“菜篮子”产业，新建占地 500 亩的温室蔬菜大棚 160 个，试种枸杞 100 亩，年产蔬菜 300 吨；开发红柳滩休闲度假村，打造牧家乐品牌，动员群众退牧还草 4000 余亩，建设红柳生态保护区 15 平方公里，仅门票一项每年就为全村带来 12 万元的集体经济收益。

此外，村里还组建了民间艺术团，成立了劳务创收队，组织村里剩余劳动力外出务工创收或承包小型基建项目，每年介绍安排工作超过 30 人，特别是利用近郊优势和人力优势，鼓励群众参与狮泉河镇各个工程建设，将加木村打造成狮泉河镇工程领域重要人员、车辆输出地。在村“两委”班子和驻村工作队的引领下，全村群众积极行动起来，想方设法帮助 7 户无劳动能力的贫困户实现脱贫。在工程建设中，村里安排贫困户子女或亲属前去务工，收入归贫困户所有。

将近 80 岁的独居老人平措南加靠着孙子强巴格桑务工每月挣来的 3000 元以及其他政策性收入，与其他贫困户一道顺利脱贫，如今住在两层楼高的独栋小院里，安享晚年。

我们在村子里采访的时候，老人正跟其他一些人在村委会的活动室里晒太阳，他对我们说：“我的父亲和许多亲人在旧社会是被活活饿死的，而我却能过上现在这么好的新生活，真是太幸运了。感谢党，感谢政府，我还要再多活 10 年，多过一下现在的好日子！”

按照噶尔县打造“八个阵地”，抓好“十有配置”，保障“十大功能区”的建设要求，以“环境优美化、管理制度化、服务便民化、三务公开化”为标准，加木村投入 60 多万元对村级组织活动场所进行升级改造，使各职能办公室的分工和职责更加明确，建立了村史馆和西藏新旧对比陈列馆，完善了会议室的设备，实行各项规章制度的上墙，特别是新建了总面积 400 余平方米的暖廊，添加了桌椅、台球桌、乒乓球桌、健身器材，还有盆栽绿色植物环绕，为村里开展活动提供了舒适的环境。

在活动场所，我们看见许多村民在各种器械上活动。“只有身体锻炼好了，才有力气挣更多的钱，早日奔小康。”这是许多村民共同的想法。

次仁白姆书记介绍，过去群众忙了一天下来，就各自在家里关起门来看电视，现在大家没事都喜欢到活动场所看书、运动，大家都觉得活动场所建好以后，村里更有家的感觉了，更有凝聚力了。

在村里的便民服务大厅，我们看到了正在值班的驻村第一书记。他是西藏农牧学院农牧专业毕业的学生，2018 年到村里工作。我们说他来这里真是专业对口，他也笑嘻嘻地跟我们说，自从到村里工作之后，每天处理大量的实事，很有成就感，今天一早，他就为村民解决了好几件事情。“过去群众经常反映办事找不到人，或者要等上半天，现在有了便民服务大厅和专人值班制度以后，群众办事更方便、心情更舒畅了，我们辛苦点也值了。”这位学生出身的第一书记说。

在日常的党建工作中，村“两委”班子充分发挥党员的旗帜引领作用和党组织的红色堡垒作用，积极打造“藏西先锋·党建强村”党建品牌，借助“党员小书包”、西藏党员教育网等平台，充分利用“四讲四爱”群众教育实践活动、学习《习近平谈治国理政》系列图书活动，每季度开展一次全体村民学习会，每周进行一次党员专题学习会，不断提高党员服务群众、干事创业的能力和水平，号召党员争当脱贫攻坚、经济建设、社会和谐、服务群众、守边固边的先锋。

次仁白姆书记说："加木村能取得今天的成绩，与党员充分发挥作用密不可分，无论是植树绿化、脱贫致富还是精神文明建设等工作，永远是党员走在最前面。"

现在，加木村实现了通路、通水、通厕、通电、通广播电视、通网络，为提高村民的文化素质，村党支部积极开展"崇尚科学文明，破除封建迷信"学习，创办扫盲夜校，对60多名没有文化的村民分批进行扫盲。按照自治区党委书记吴英杰"消除无树单位、无树村、无树户"的要求，依托天然红柳湿地公园的优势，加木村把改善人居环境列入村级日常工作的重点，党员带头引导群众大力开展植树活动。加木村以班公柳、加木红柳为主，并大量种植山杏、青海杨、毛头柳、沙棘等树，修建花池种植花卉，这些树在加木村的成活率超过90%，堪称噶尔县绿化植树史上的奇迹。村里向县林业部门出售红柳苗木收入不菲，在美化环境的同时，又增加了村集体经济收入。

为了保护好这片来之不易的绿色，加木村除了依托县林业部门不定期的技术指导外，还发动全村群众对树木进行悉心照料，号召群众养护自己房前屋后的苗木花卉，同时指派村务监督委员会主任西绕加参和村委会委员嘎桑次仁专门负责树木浇灌工作，给他们每人每年支付5000元工资。

他们的工作主要是调节水阀，每过五天给全村树木浇灌一次，每浇灌一次要花整整两天。其实算下来，他们的工资每天只有100多元，还不如到县城打工的人，但他们觉得这是为全村的环境作贡献，工资低一点也没关系。

树木种活了，环境卫生整治也不能落下。村"两委"班子长期组织群众以"双联户"为单位，对村驻地和周边进行环境卫生综合治理，每周对加木河流域、红柳湿地公园、国道317线加木至朗久段进行分片清扫，每天安排一户对村级组织活动场所、村民广场等公共区域进行打扫，并给予180元的补贴。通过这个以道路管护、河道保洁、垃圾处置、美化家园为主要内容的环境卫生综合整治活动，一个环境优美、生活富裕、村风文明、和谐稳定的新加木展现在了人们的面前。

第八章 民族团结开新花

藏布居委会是狮泉河镇中心的一个居委会。从性质上说，藏布小区是那种标准的城镇小区。跟内地许多居民小区不同的是，藏布居委会的居民大都是进城的务工人员和阿里地区各县退休的干部职工。藏布小区有 1000 多户家庭，常住人口超过 20000 人，集合了藏族、汉族、维吾尔族、蒙古族、回族、土族等 13 个民族，是一个多民族聚居的社区。

走进藏布居委会便民服务中心，最具特色的是荣誉室。藏布居委会以创建民族团结美丽示范区为契机，坚持和发扬各民族“心连心、手拉手”传统，各民族之间相互了解、相互尊重、相互包容、相互欣赏、相互学习、相互帮助，推动民族团结工作深入开展。这些年，藏布居委会先后获得了“全国民族团结进步模范集体”“全国民族团结进步创建活动示范区”“西藏自治区民族团结进步创建活动示范区”等荣誉称号。在 2020 年 11 月中央文明委发布的《第六届全国文明城市、文明村镇、文明单位和第二届全国文明家庭、文明校园及新一届全国未成年人思想道德建设工作先进名单》中，藏布居委会的孙洋家庭榜上有名。

藏布居委会于 2002 年成立。从成立之日起，格桑曲珍就是这里的工作人员，现在，她已经成长为藏布居委会的党支部书记。格桑曲珍说，藏布居委会最大的特点就是民族团结搞得好。这里靠近新疆，维吾尔族在这里经商的很多，居委会有 80 多户维吾尔族商人，待的时间长的都二三十年了，他们热情开朗，热心公益，居委会的很多活动要是没有他们参加，效果可要大打折扣。的确，在居委会陈列室里，最吸引眼球的就是各民族穿着鲜艳的服装载歌载舞的照片。

藏布居委会有 5 个居民小组，2 个网格化服务管理区，84 个“双联户”服务管理单位，其中，患有残疾的居民有 74 人，享受城镇居民最低生活保障的有 145 户 303 人，享受廉租房的有 147 户 457 人，享受租赁补贴的有 130 户 174 人。从这些数据中可以看出，居委会的许多成员生活并不富裕。维吾尔族居民大部分卖干果、开餐厅、当拉面师傅、做铁皮加工等，藏族等其他民族居民有的开出租车，有的在茶馆、商店、朗玛厅当服务员，主要的时间都在为生活劳碌奔波，但这并不妨碍他们积极参与社区活动，共同建设美好家园。元旦、春节、藏历年、妇女节、青年节、儿童节、国庆节，每当到这些节假日，社区业余演出队就会给大家送上精彩的节目。

不到 30 岁的阿卜杜杰力力 · 麦提如则是新疆维吾尔自治区墨玉县人，6 年前，他和哥哥一起来噶尔县做干果生意，刚开始的时候，人生地不熟，虽然有很多做生意的维吾尔族同胞，但买卖还是要靠当地人的消费。他们在藏布居委会租房住下来，没几天，居委会的干部就找上门来，热心帮助他们，介绍他们在狮泉河桥头做生意，刚开始是拉着架子车，现在已经租下了不小的门面房。2020 年国庆节，兄弟俩特地用皮卡车装来了满满一车面粉、食用油、新疆干果，委托居委会发放给困难居民。

阿卜杜杰力力 · 麦提如则说：“噶尔县的老百姓心眼特别好，我们刚来的时候不了解当地的饮食习惯和爱好，走了很多弯路，大家看我们生意不好，都给我们出主意，那些不好卖的品种，不管需不需要，他们都要买一点，真的让我们很感动。现在我们挣钱了，也应该去帮助其他困难的人，就像习主席说的那样，各个民族应该像一家人那样相亲相爱，像石榴籽一样紧紧团结在一起。”

国庆节前一天，藏布居委会举办了一场民族团结联欢会，近 10 个民族的干部职工和居民身着节日盛装，欢聚一堂。联欢会上，努增和阿瓦姑丽的双人舞赢得了大家热烈的掌声。努增是社区派出所的户籍民警，主要工作是为新疆籍务工、经商群众提供帮助。阿瓦姑丽则是一家新疆特色餐馆的老板。2020 年 3 月，阿瓦姑丽生了一场大病，躺在医院不能下床，受新冠肺炎疫情影响，她的亲人都不在身边，多亏了努增及其家人照顾。因为饮食习惯不同，努增还专门买来新的厨具为阿瓦姑丽熬汤做饭，阿瓦姑丽很快便康复了。那个时候，大家对医院都唯恐避之不及，努增及其家人的帮助真是雪中送炭。阿瓦姑丽说："从那以后，我们就像一家人一样，她就是我的亲妹妹。"在舞蹈中，努增穿的是维吾尔族南疆服装，阿瓦姑丽穿的是藏族阿里服装，现场的效果简直好到爆棚。

成立民族团结进步创建工作领导小组、构建学习型社区、广泛开展交流活动、积极培养先进典型，藏布居委会在促进民族交往交流交融方面做了大量卓有成效的工作。依托"不忘初心，牢记使命"主题教育实践活动、"四讲四爱"群众教育实践活动等主题教育，组织辖区党员、各族群众学习习近平总书记系列重要讲话精神、党的十九大精神、中央第七次西藏工作座谈会精神、党的民族宗教政策等；以维护祖国统一，促进民族融合，各民族平等、团结、互助为内容，在社区内广泛宣传民族政策，使各民族之间关系更加融洽和谐；以团拜会、联欢会等形式，邀请社区内各民族居民代表对居委会工作提建议出主意，共建和谐社区；同时组建 5 个红袖标巡逻分队，定期不定期对社区流动人口进行清查，深入社区走家串户，做好维稳安全工作；节假日期间对社区的低保户、困难户开展走访慰问。前不久，狮泉河镇产业园 14 家企业到森格居委会和藏布居委会慰问帮扶56户困难家庭，给他们送去大米、面粉、食用油等物资，还给每户发放了 300 元慰问金。这些年，社会各界积极帮扶藏布居委会，为贫困户提供就业岗位，帮助大学生就业创业，"五十六个民族，五十六朵花，五十六个兄弟姐妹是一家"，在长年的交往交流交融中，藏布居委会形成了团结一心、守望相助、共同奋斗的民族关系，在阿里高原绽放出美丽的民族团结之花。

习近平总书记强调：民族团结是各族人民的生命线。船的力量在帆上，人的力量在心上。做好民族团结重在交心，要将心比心、以心换心，各民族同胞要手足相亲、守望相助，共同维护民族团结、国家统一。

阿里地区现在居住着 12 万人、27 个民族，作为地区行署所在地的噶尔县，积极开展民族团结进步创建“八进”活动，构建相互嵌入式社区环境，藏布居委会就是一个典型代表。

而在距藏布居委会将近60公里的地方，也有一个典型，那就是有着噶尔县“小康建设第一村”美誉的昆莎乡噶尔新村。噶尔新村虽然离狮泉河镇不远，又位于219国道沿线，但由于地广人稀，居住分散，在没有成立党总支之前，党员集中困难，很难开展活动，制约了党组织作用的发挥。为此，噶尔新村党支部主动向上级党委申请，成立了村党总支，并在3个作业组分别设立党支部，在居住相对集中的牧业点设立党小组。组织体系健全后，噶尔新村把开展好党内活动、加强党员队伍建设摆在突出位置，主动争取乡镇、驻村工作队的支持和帮助，健全完善、严格落实各项制度，组织村干部、农牧民党员持续深入学习党的路线方针政策，增强他们带领群众增收致富的能力。

我们来到噶尔新村的时候，正值乡小学放学，留在家里的村干部大都去接孩子了。听说我们主要想了解党建带动的情况，驻村工作队的同志便把我们领进党群综合活动中心。跟其他村居的活动中心一样，这个活动中心也是集党员活动、决策议事、便民服务、教育培训、文体活动于一体的场所。一楼有农资和生活日用品超市、便民服务大厅、党员活动室等，二楼是图书室、健身用房以及一些办公室，“八个阵地”“十大功能区”，一房多用，各种功能俱全。

据驻村干部介绍，噶尔新村有正式党员72名，预备党员3名，这个季节基本上在外头忙活，有的在合作社工作，有的在外打工，致富奔小康的干劲很足。2019年，全村的人均收入超过18000元。

敢在全县乃至整个阿里地区打出“小康建设第一村”的口号，噶尔新村是有底气的。从2005年开始，陕西省第四批援藏干部就在这里试种紫花苜蓿并获得了成功。此后的10余年里，噶尔县委、县政府大力支持，噶尔新村人工种草面积不断扩大，成了阿里地区人工种草第一大村。试种的枸杞也顺利越冬，枝繁叶茂，长势喜人。2011年康道农牧民专业合作社成立以后，吸纳了全村群众参股，参股率达到了100%。经过这几年的发展，合作社业务范围扩展到了奶牛养殖、奶制品销售、短期育肥、商店、茶馆、农家乐、装载机租赁、建设项目承包、加油站、砖厂等10余个项目。

2016年，村“两委”班子和驻村工作队针对全村20户贫困群众自身发展动力不足的情况，成立了贫困户脱贫合作社，将贫困户的人力、农具、草场、耕地、牲畜等可利用资源纳入合作社统一管理调配，实行绩效考核、按劳分配，67名党员带领贫困群众开展奶牛养殖、人工种草、放牧、劳务创收，以记工分的形式发放劳务费，顺利实现了全村如期脱贫摘帽。腿脚不便的贫困户石确次仁与妻子在贫困户脱贫合作社工作仅一年，收入就超过了30000元。石确次仁说：“感谢党和政府，感谢村里的党员，让我不用离开村子到很远的地方打工，就可以挣到钱实现脱贫，将来我一定多学技术，努力干活，多挣些钱改善家里的生活。”

“群众富不富，关键看干部”，助力脱贫攻坚，带领群众增收致富，关键在于村干部和党员是否能够做到说给群众听、做给群众看、带着群众干。这些年，村干部、农牧民党员与驻村工作队一道，进组入户宣讲党的政策，引领群众转变思想观念，理清发展思路，组织群众参加驾驶、餐饮服务、大棚蔬菜种植等技能培训，积极联系就业岗位，身体力行、示范带动，并积极寻求支持，建起了高原枸杞种植实业园。目前，噶尔新村种植紫花苜蓿11800亩、枸杞600亩，短期育肥的牛羊有260多只。2019年，噶尔新村康道农牧民专业合作社纯收入达到2228万元，给农牧民群众分红近130万元，其中建档立卡贫困户有35户108人，每人分到2200元，非贫困户184户520人，每人分到2000元。自2020年新冠肺炎疫情暴发到现在，短期育肥中心就卖了140多头牦牛，均为两年牛，每头售价3800元，利润有20多万元。

有13年党龄的村妇女主任拉增还不到40岁，由她负责管理的奶牛基地奶制品加工生产效益很好，在基地务工的12名贫困群众人均增收都超过1万元。而她自己每天晚上监督奶制品加工，早上安排产品运往狮泉河镇销售，亲自到区直单位联系产品销售，还要操心家里的活计，每天工作的时间都在10个小时以上，收入却远远低于普通群众。许多人觉得她不值得，拉增却说：

“我们家里的生活条件还可以，工作累一点、收入少一点不算什么，只要能够带领大家都富起来，我就很有成就感了。”

次仁群佩是噶尔新村的党建负责人，在他的操持下，村里建起了党员远程教育系统，实行19名“双联户”户长分片包干的网络化管理体系，通过强化对户长和党员的管理，推动全村工作的开展。噶尔新村一组紧临219国道，居住也相对集中，村“两委”引导群众建商店、开茶馆，积极拓宽增收渠道，巩固脱贫成果。在村委会附近，我看到街道两旁的绿化带后面排列着各类门面。

随着昆莎乡现代农牧科技示范园项目的实施，噶尔新村面临更好的发展机遇。这个投资4000多万元、占地面积2万多亩的现代化农业园区，规划建设“一村二厂四区八园”，建成后可增加就业岗位200多个，实现产值1000多万元。目前园区农牧民劳务收入超过200万元，人均增收3600元。

噶尔新村具有很好的区位优势，在分草场到户时，老支书把村委会周边的草场保留了下来，成为集体资产。现在，噶尔新村党总支决定好好利用这个优势，建设糌粑加工厂、沙石厂、农牧业基地等一系列实体经济项目，依托产业园、农业基地、昆莎机场等项目，带领群众干事创业、大展宏图。

在噶尔新村粗具规模的商业街上，有一家白塔藏餐吧，驻村干部告诉我，这家餐吧主人是高宝军的帮扶对象，高宝军经常会来指导帮助，他现在已经成了村里的致富能手。

顺着219国道回狮泉河镇，国道两旁的醒目之处矗立着各种内容的党建标志物，标志着阿里党建工作的深入人心，而国道两旁连续不断的是这几年人工种植的树木，许多洒水车不停地往返浇水。这使我想到了高宝军，这位被人们称为“点子书记”“二杆子书记”“种大树书记”“泥腿子书记”的陕北汉子，在阿里高原实践的精彩人生。

2016年，噶尔县启动实施了狮泉河镇城区及乡村和国土植树绿化工程，高宝军带领县党政一班人下乡村、入农户，测水质、验土壤，组织技术人员到气候条件与阿里相似的青海、甘肃、内蒙古和陕北等地综合考察，求教于园林绿化专家，并多次召开论证会进行讨论，分析噶尔县植绿行动的水质、土壤、气候、光照条件，开始了这项前无古人的事业。

新的事物总会有反对的声音，当时在阿里地区甚至有人说“今年冬天可不缺柴火烧了”，认为这是一种不负责任的冒险，只能以失败告终。既要与恶劣的自然条件作斗争，又要争取到干部群众的理解支持，面对种种困难，高宝军没有退缩。因为他坚信专家的判断，坚信只要科学施策，就能战胜自然的重重阻碍，坚信通过不懈努力和辛勤付出，就能把高原种树的梦想带到阿里地区。阿里地委书记朱中奎、行署专员彭措也大力支持，多次强调责任由地委、行署来承担，鼓励县里大胆地试栽试种。自此，噶尔县放开手脚，以“树绿街、河变湖、菜成业、草富民”为思路，开始了一场史无前例的“绿色革命”。

在噶尔县委的带领下，按照城市田园化、街区景观化、单位园林化、村镇绿荫化、小区公园化的“五化”理念，采取以“种大树、大种树”和“精植花、广种草”为主的试栽试种路子，噶尔县狮泉河镇城区 19 条街道、5 个公园广场、40 多家机关庭院栽植了毛头柳、青海杨、国槐、山杏、云杉等 10 类树木，种植波斯菊、月季、蜀葵等花草 5 万多平方米。

为贯彻落实习近平总书记“绿水青山就是金山银山”的发展理念，按照西藏自治区关于在“十三五”规划实施期间在条件适合地区逐步消除“无树村、无树户”的要求，噶尔县确立了“城见绿荫、乡成景观、村有片林、组见树丛、户有树木”的绿化目标，成为阿里地区第一个全面消除“无树村、无树单位、无树户”的县。

曾经，噶尔县出现过这样极端的情况：大风季节，吹起来的沙子堆得跟院墙一样高，大家回家时直接从沙堆上翻墙就行，有时一夜起来，家门被沙子封得严严实实，只能敲着窗户求助邻居。噶尔县有这样的谚语：“一年一场风，从冬刮到冬，四季不下雨，有雨是沙粒。”

为了确保这些花草树木的成活率，噶尔县从内地邀请林业专家，给树木注射营养液，给树干包裹旧棉花，给树身固定支撑杆，给树冠架设遮阳罩，给树根喷洒生根粉，给树底铺设塑料膜。看到刷着红漆、裹着棉被、挂着营养液、刚刚吐露嫩芽的毛头柳，有人编出生动的顺口溜："攥着小拳头，抹着小口红，扎着小辫子，穿着小裙子，背着小书包，一定要在这阿里高原扎根下去。"从最初的不解、质疑到后来的兴奋、欢呼，对于世代生活在荒漠戈壁，一直饱经风沙之苦的当地老百姓来说，眼前这一切无疑是个奇迹。他们的脸上露出惊喜，眼里充满希望，嘴上挂着笑容。今天的噶尔县，通过植树绿化工程，实现了"七个增加三个减少"：增加了降水量，增加了湿润度，增加了无霜期，增加了含氧量，增加了候鸟群，增加了生态屏障，增加了自然景观；减少了扬尘天气，减少了水土流失，减少了蒸发基数。这些都有明确的数据支撑。

从脱贫攻坚一线到城市建设现场，从易地扶贫搬迁点到贫困群众家庭，高宝军遇事都亲力亲为。在易地扶贫搬迁点走访中，高宝军每到一户都详细询问他们生产生活、看病就医、子女就学等情况，和他们拉家常、算生活账，了解他们的实际困难和问题，并再三叮嘱有关部门负责人，要时刻把搬迁群众的冷暖放心上，想群众之所想，急群众之所急，把为人民造福的事情真正办好办实。

"身为一个县的主官，不管你知识多渊博，自身多干净，如果不干成几件摸得着看得见的事，就算不上很好。""宁叫身体透支，不让使命欠账。"在我跟高宝军最后的交流中，我问他是不是这么说过，高宝军谦虚地告诉我：那些都是记者们的加工美化，但为官一任、造福一方，尤其在阿里地区这样的地方，没有点"拼命三郎"的精神是干不成事的。

高宝军说："现在，建设中国特色社会主义现代化国家新征程即将开启，按照中央、区党委、地委的工作部署，噶尔县要着力打造'藏西中心·党建先锋'品牌，深入推进文化旅游胜地、商贸物流中心、特色农牧基地、和谐宜居城市'四大城市发展战略'，全面开展卫生城市、文明城市、平安城市、'双拥'城市、旅游城市'五城同创'，统筹实施人进城、畜入棚、树绿街、河变湖、菜成业、党从严'六大工程'，走出一条党建引领、产业带动、城乡统筹、跨越发展的新路子。"在我看来，噶尔县，这座祖国西部的边境小城，也开启了高质量发展的中国边疆县域新模式。

尾　声

在这本小书收尾之际，时间已进入 2021 年，距离我第一次驻村，已接近 10 年。10 年来，我经历了中国最边远的农牧区翻天覆地的变化。这是我人生的大幸，也是我人生中最宝贵的经历。

西藏，一直以来都是人们津津乐道的话题，有炫耀自己入藏历险的，有抖落在西藏各种奇遇的，更有甚者，编造一些荒唐的故事和离奇的身世，以博取眼球。殊不知，在西藏脱贫攻坚一线奋斗着的西藏各族干部群众，他们生于斯长于斯，面对沧海桑田的时代巨变和“一日长于百年”不是魔幻胜似魔幻的生活日常，他们没有大惊小怪，没有招摇过市，而是兢兢业业，以“不破楼兰终不还”的精神坚持在脱贫攻坚一线，他们的经历和人生，何止雄奇，何止伟大。然而他们又是普通大众的一员，有他们的鸡毛蒜皮，有他们的酸甜苦辣。这些年，跟他们接触多了，我觉得自己也多了些沉静，少了些浮躁。

这本书从 10 年前昌都的一个村庄开始，那个村子的故事琐碎平常，但其中蕴含的时代变迁却切实明白，让人百感交集。第二部分和第三部分分别表现了 2018—2020 年日喀则边境一线和阿里东三县脱贫攻坚中的点点滴滴，有各级党委的顶层设计，有扶贫干部的付出，有驻村工作队队员的努力，更多的是广大农牧民群众内生的动力和奋斗。虽然西藏的脱贫还只是初步的，但由此而带来的观念转变，经济生活发展铺设下的大格局，都预示着西藏农村下一步的光明前景。最后一个部分，我用阿里地区噶尔县这么一个县域作为标本，试图发现和总结一些西藏县域发展的新途径。

纪实文学不是理论构建，只能记录一些作者认为感人的、精彩的片段，虽然如此，以本书近10年的时间跨度、挂一漏万的点滴所记，依然能够反映出这些年在雪域高原发生的历史巨变。

习近平总书记在2020年12月14日致人类减贫经验国际论坛的贺信中指出：“消除贫困是人类共同理想。中国共产党和中国政府始终把让人民过上好日子作为奋斗目标，为此进行了长期艰苦卓绝的努力。2012年以来，中国在之前扶贫攻坚的基础上，全面打响脱贫攻坚战。经过八年持续努力，今年中国现行标准下农村贫困人口已经全部脱贫，贫困县已经全部摘帽，近一亿农村贫困人口实现脱贫，为全球减贫事业作出重大贡献。中国将继续巩固和拓展脱贫攻坚成果，扎实推进共同富裕，不断提升民生福祉水平。”2021年春节前夕在贵州考察时习近平总书记说：“中华民族是个大家庭，五十六个民族五十六朵花。全面建成小康社会，一个民族不能落下；全面建设社会主义现代化，一个民族也不能落下。”

脱贫攻坚战打响以来，西藏坚持把脱贫攻坚作为头等大事和第一民生工程，扛牢脱贫攻坚政治责任，在全国开创性地设立了脱贫攻坚指挥部，地县乡逐级成立脱贫攻坚指挥部，统筹推进脱贫攻坚工作，真正做到责任到人、任务上肩，形成了上下贯通、横向到边、纵向到底的责任体系。坚持五级书记抓扶贫和党政一把手脱贫责任制，坚持党政主体和部门主责相结合，将规划项目资金安排、人员调派与自治区年度脱贫计划同拍合奏、同频共振，切实把脱贫攻坚与行业工作同谋划、共安排、齐推进。

西藏紧紧围绕“两不愁三保障”基本要求和核心指标，坚守底线标准，对标党中央的方针政策，既不脱离实际、拔高标准、吊高胃口，也不虚假脱贫、降低标准、影响成色，避免陷入“福利陷阱”，出现“悬崖效应”，严把“入口关”和“出口关”，通过建立村（居）实时监测发现机制、乡镇实地审核上报机制、县（区）预警帮扶机制，确保返贫、致贫人口零纪录。

西藏围绕解决好“扶持谁、谁来扶、怎么扶、如何退”等重大问题，强化四梁八柱顶层设计。坚持制度先行，规划引领，差异化扶持，梯次摘帽，有力有序推进脱贫攻坚计划实施。按照“盘活存量、用好增量，突出重点、雪中送炭”的原则，建立与脱贫攻坚任务相适应的资金保障体系。实行“多个渠道引水、一个龙头放水”的资金统筹整合使用格局，确保资金向贫困地区聚集。深入贯彻落实“四个切实”“五个一批”“六个精准”要求和措施，科学分析，深挖穷根，落细各项脱贫攻坚举措。尊重群众意愿，因贫因人施策，实行到人到户、靶向治疗、精准帮扶。

2015年底，西藏精准识别出建档立卡贫困人口588711人，结合74个县（区）的具体情况，研究核定44个深度贫困县（区）、315个深度贫困乡镇、2440个深度贫困村。2016年以来，全区财政累计统筹整合涉农资金591.24亿元，年均增幅超过15%。累计发放扶贫贴息贷款624.74亿元，全面落实“免担保免抵押”户均5万元以下小额信贷政策，累计发放小额信贷资金71.44亿元，覆盖18.26万户次。这些年，全区培育产业化龙头企业145家、专合组织10000余家，探索推行“企业＋基地＋合作社＋贫困户”等带贫益贫模式，累计投资362.24亿元，实施项目2661个，带动23.8万贫困人口脱贫，受益农牧民群众超过70万人。支持27个县（区）开展电子商务进农村综合示范工作，网络销售额2亿多元。采取“订单式”“委培式”等培训模式和专场招聘、援藏供岗、大项目带动等方式，累计建成扶贫车间193个，培训贫困人口15.49万人次，转移就业18.64万人。采取大集中与小分散相结合的方式，将“一方水土养不起一方人”区域的26.6万贫困人口搬迁至城镇周边、生产资料富裕和基础设施相对完善区域。结合624个边境小康村建设，将边境区域贫困人口以小集中为原则就近就地安置。整合中央对民族地区、主体功能区、边境地区转移支付等重大生态资金，对有劳动能力的贫困人口实行定岗、定员、定责、定酬，累计落实专兼职生态补偿岗位244.17万个，其中为建档立卡贫困人口提供的岗位116.11万个，岗位年补助标准从3000元提高到3500元。实施15年免费教育和贫困家庭大学生“三免一补”政策，连续3年提高义务教育阶段“三包”标准，目前，年生均资助金额达到3700元，受助学生达231.21万人次。资助在校贫困大学生4.68万人次，资助资金18.63亿元。补充义务教育阶段教师6500人，全区义务教育学校生师比全部达到国家标准。实现农村低保制度与脱贫攻坚的有效衔接，农村低保人口 13.35 万人，其中建档立卡贫困人口 11.35 万人。农村低保及特困人员集中供养、分散供养标准每年逐步提高。落实困难残疾人补贴和重度残疾人护理费 4.89 亿元，残疾人两项补贴资金提高到每人每月 100 元、200 元。全面落实住院“先诊疗、后付费”制度，贫困人口报销标准提高 5%。大力推进“三个一批”救治制度，农牧区医疗政府补助标准提高到 475 元，将包虫病、白内障、肺癌、肝癌等 20 种疾病纳入大病救治范围，大病专项救治病种扩大到 33 种。西藏会同国务院扶贫办连续 4 年召开了西藏深度贫困地区脱贫攻坚现场推进暨深化对口援藏扶贫工作会议，33 名援藏省市和央企省部级以上领导干部赴受援地开展调研考察，累计签约项目 247 个，签约总额 349.48 亿元。深入推进医疗和教育人才组团式援藏，5 批 841 名援藏医疗专家发挥自身优势，不断提升“1+7”医院医疗服务能力和管理水平，实现 367 种“大病”不出自治区、2208 种“中病”不出地、市，小病、常见病不出县。实施“万名教师支教计划”和骨干教师出藏培训工作，累计有 1676 名教师进藏支教，选派 1407 名西藏骨干教师和管理人员到对口支援省市培训学习。援藏消费扶贫签约超过 20 亿元，跨省安排就业 8000 多人，其中高校毕业生 5000 多人。援藏央企吸纳西藏籍高校毕业生 744 人，央企在藏机构录用西藏籍高校毕业生 1527 人，吸纳当地农民工 1.12 万人。深入开展央企助力西藏脱贫攻坚活动，“央企助力富民兴藏”和“央企助力脱贫攻坚”累计投资 1752 亿元。全面实施区内企业“百企帮百村”行动，推动 683 家非公企业、社会组织与 1009 个贫困村结对帮扶，投入资金 23.2 亿元，受益贫困人口 7.68 万人。连续选派 8 批干部 17 万多人次，深入全区 5480 个村（居）开展驻村工作。连续选派 3 批共 1.6 万余人次，担任驻村第一书记，实现村居全覆盖。几年来，驻村工作队落实扶贫项目 9272 个，帮扶资金 29.6 亿元。

数据是枯燥的，但数据也最能说明问题。在我的眼里，这些不带感情色彩的数据的背后，是一幕幕温暖的场景和一个个感人的故事。道阻且长，但总有人在路上。韩非子说：“夫施与贫困者，此世之所谓仁义。”这个仁义的事业，成为当今时代最为壮丽的色彩。数据显示，改革开放 40 多年来，中国有 8 亿多人口实现脱贫，对全球减贫贡献率超过 70%。特别是党的十八大以来，中国连续 7 年每年减贫规模都在 1000 万人以上，脱贫攻坚任务完成后，我们将提前 10 年实现联合国 2030 年可持续发展议程的减贫目标。

打赢脱贫攻坚战，不是结束，而是新生活的开始。习近平总书记强调，党团结带领人民进行革命、建设、改革，根本目的就是让人民过上好日子，无论面临多大挑战和压力，无论付出多大牺牲和代价，这一点都始终不渝、毫不动摇。

根据实际，西藏制定了贫困再发生的发现机制、核实机制、帮扶启动机制，确保第一时间将可能返贫的人员及时帮扶到位，在“四个不摘”的基础上，长期保持贫困人口零增长，长期保持贫困人口群体收入高于全区平均水平，切实巩固脱贫攻坚成果。

西藏在脱贫攻坚上取得前所未有的成就，铭刻着全区各族人民团结拼搏、艰苦奋斗的前进足迹，书写着全区各族人民与时俱进、锐意进取的雄心壮志，包含着全区各族人民不甘落后、奋勇争先的澎湃豪情，这是党的脱贫攻坚政策在西藏的具体体现，是党的大政方针和战略部署在西藏的生动实践。

“其作始也简，其将毕也必巨。”脱贫攻坚越是到最后越是艰难，越需要啃硬骨头，在这个关键时期，更要绷紧弦，铆足劲。从社会民生角度看，因病返贫致贫和因疫情等灾害返贫致贫的情况有可能发生，已脱贫人口中还有很多人存在返贫风险；从经济学角度看，随着产业结构的调整、区域经济差距的扩大、智能技术的发展，也可能会出现新的贫困问题。

“摘帽”不是终点，而是新生活、新奋斗的起点。站在迈向全面小康、走向社会主义现代化的重要关口，需要凝聚一切可以凝聚的力量，坚定百倍的信心，打起百倍的精神，决战决胜脱贫攻坚战的伟大事业。在脱贫攻坚全面收官的关键阶段，积极投身攻克深度贫困堡垒，撸起袖子加油干，频道不换，靶心不散，一定能够迎来新的历史性跨越。面对未来，必须勇往直前，不骄傲，不烦躁，保持初心，砥砺前行。奋斗的人生一定在路上，只有以此作为新生活、新奋斗的起点，才能够不负时代、不负韶华。

“装点此关山，今朝更好看。”如今的西藏，处处焕发新的生机，风景别样，气象万千。伟大的时代不乏感人的故事，勤劳的人民不乏英勇的壮举，古老高原正在奏响新时代的华美乐章，高原儿女也必将迎来全面实现现代化的辉煌明天！